中国石化公文档案业务综合训练手册

《中国石化公文档案业务综合训练手册》编写组◎编

中国石化出版社
HTTP://WWW.SINOPEC-PRESS.COM

图书在版编目（CIP）数据

中国石化公文档案业务综合训练手册 /《中国石化公文档案业务综合训练手册》编写组编. — 北京：中国石化出版社，2021.7（2022.8 重印）

ISBN 978-7-5114-6365-4

Ⅰ. ①中… Ⅱ. ①中… Ⅲ. ①石油化工企业—公文—写作—手册 ②石油化工企业—档案工作—写作—手册 Ⅳ. ①H152.3-62

中国版本图书馆 CIP 数据核字（2021）第 128715 号

中国石化出版社出版发行

地址：北京市东城区安定门外大街 58 号

邮编：100011 电话：（010）57512500

发行部电话：（010）57512575

http：//www. sinopec-press. com

E-mail：press@ sinopec. com

北京艾普海德印刷有限公司印刷

全国各地新华书店经销

*

787 × 1092 毫米 16 开本 24.75 印张 327 千字

2021 年 11 月第 1 版 2022 年 8 月第 3 次印刷

定价：78.00 元

编 写 组

组　长： 方忠于

副组长： 夏献民　陈晓青

成　员（按姓氏笔画为序）：

丁新兴　王子军　王　进　王洪志　王振华　王善群
牛颖琦　卞仁杰　石　展　田多艺　史欣萍　冉丽娟
台莉莉　吕海民　吕　晨　任春颖　全青丰　刘一春
刘玉妹　刘宝书　刘　娜　刘海勇　刘　燕　许鹏伟
孙　杰　孙　巍　苏晓琳　李会灵　李旭峰　李春艳
杨建勇　杨思湘　谷学良　邹永杰　张文涛　张立杰
张　莹　张　鹏　张效强　陆金华　陈红艳　陈莉莉
易善志　屈传刚　孟新颖　赵　庆　段义彭　洪　雁
陶思学　高吉发　徐　勇

前言

Preface

抓好“三基”工作是石油石化战线的优良传统，其中以岗位练兵为主要内容的基本功训练，是“三基”工作的一项重要内容，也是石油石化行业广大员工提高自身素质、干好本职工作、推动企业发展的“传家宝”。

公文和档案管理是日常办公中的基础工作，在公司生产经营、改革发展和党的建设等各领域发挥着重要作用。做好公文和档案管理工作，不仅要深入学习基本理论、法规制度、标准规范，还需有必要的实践锻炼、经验积累，以及有针对性地进行基本功训练，以达到学思践悟、事半功倍的效果。

本书对现行公文和档案管理的法规制度、格式规范涉及的知识要点、重点难点等进行了归纳讲解，选取了典型案例进行分析，并配备了精选的训练题。根据公文和档案管理业务特点，书中还增加了近一段时期与行业相关的时事政策内容，以及与公文和档案管理相对密切的通用知识。书中多数题目选自近年来中国石化公文、档案业务岗位练兵和竞赛中的训练题，有较强的针对性和实用性。

在编制公文档案业务岗位练兵、竞赛和本书练习题的过程中，得到了公司总部人力资源部、物资装备部、油品销售事业部等部门，石油工程、炼化工程、化工销售、管理干部学院、石油勘探开发研究院、胜利油田、中原油田、河南油田、江苏油田、西南油气、燕山石化、天津石化、上海石化、金陵石化、扬子石化、洛阳石化、北京石油、湖南石油、销售华北分公司、化销华北分公司等单位的大力支持，中国石化出版社在编辑出版工作中给予了指导和帮助，借此机会，向给予我们大力支持与帮助和付出辛勤劳动的同志们致以衷心的感谢！

习近平总书记说，“新时代是奋斗者的时代”。当前，中国石化正朝着打造世界领先洁净能源化工公司的目标迈进，每一名石化员工都应适当学习一些公文档案等业务基础知识，更好地做新时代的奋斗者，做打造世界领先洁净能源化工公司的参与者、建设者、开创者和贡献者。

限于时间紧张、能力有限等多种因素，本书内容难免有不尽人意的地方，甚至会出现偏颇、错误，请大家批评指正。

本书编写组

2021 年 9 月

目 录

Contents

第四编　格式规范

第五编　通用知识

附　录

第一编

时政要点

一、概述

公文具有很强的政治性、政策性，与时事政治联系紧密。在日常工作中，大家常常会发现个别文稿甚至是已经印发的文件，存在着对时事政治理解偏差、领悟不透的现象，有的引用上级领导人讲话不全面、不准确，有的传达有关文件精神时断章取义、引语失义，有的对国家一些方针政策、企业发展战略一知半解、片面理解，凡此种种都影响了公文的严肃性和效用的发挥。

作为公文处理人员和国有企业的员工，要想做好本职工作，必须关注和学习了解时事政治。从大的方面说，有助于我们正确运用马克思主义的立场观点方法来分析国家政治、经济社会现象，及时准确传达党和国家的方针政策，全面理解上级政策精神，深入领会企业发展战略、方向和路径；从小的方面说，有助于我们增强政治敏锐性和社会责任感，增强干好工作的积极性、主动性。

关注和学习了解时事政治，要提高政治站位，用战略的思维看待时事政治，解决认识问题。国有企业首先要讲政治，国家的指向就是企业的奋斗方向。如，集团公司提出的世界领先发展方略，是按照国家开启全面建设社会主义现代化新征程、向第二个百年奋斗目标作出战略部署的要求，因时因势作出的重大决策部署。我们只有用战略的思维，从更高的层面和更广的角度来认识国家要求与企业目标相互依存、互为支撑的关系，才能更深刻地理解公司实施世界领先发展方略，将公司打造成为世界领先洁净能源化工公司，为建成社会主义现代化强国贡献石化力量的重大意义。再如，“爱我中华、振兴石化”的企业精神、“三老四严”“四个一样”的光荣传统、“精细严谨、务实创新”的企业作风，既饱含着我国石油石化工业的发展史，也承载着石油石化人的艰苦奋斗史，既是中国石化从哪里来的“根”，也是指引中国石化向何处去的“魂”，更是我们建设世界领先洁净能源化工公司的精神支柱和行动指南。所以，时事政治并不是高高在上，更非可有可无，它是指导企业发展的有力武器。我们只有学习掌握了时事政治，才能方向更明、干劲更足，工作起来更能得心应手。

时事政治内容丰富、涵盖面广，公文处理人员要在多学习了解的基础上，有选择地重点学习理解和准确把握：一是要掌握党和国家的重要方针政策；二是要了解历届党和国家领导人对国有企业、能源行业，特别是对石油石化的重要指示批示精神；三是要掌握中国石化的发展历程和企业文化，现阶段工作部署和要求。除了要多学习掌握重要知识点之外，还要注重用发展的眼光、普遍联系的观点去分析判别一些重要论断的前因后果、来龙去脉。特别是一些重要表述，有些虽然只有一字之差或一词之差，但含义却迥然不同，我们只有深刻理解这些差别背后的时代变迁，才能与时俱进、精当把握时代发展的主旋律，从而更好地指导公文处理与写作。

学习的目的是为了指导实践，推动工作。公文中用到时事政治要理解透彻、转述精准、表达贴切，切忌因对时事政治理解不透、表述不准而出现原则性、政策性错误，影响了公文的严肃性和权威性，甚至是影响了工作。如，有一篇公文在阐述经济发展和生态环境保护的关系时，说“宁要绿水青山，不要金山银山”，就犯了断章取义、以偏概全的错误。这句话的全文是：“我们既要绿水青山，也要金山银山。宁要绿水青山，不要金山银山，而且绿水青山就是金山银山。”这句话揭示了生态环境保护和经济发展不是矛盾对立的关系，而是辩证统一的关系，我们不能厚此薄彼，更不能非此即彼。因此，在公文中转述、引用上级领导讲话或政策性文件时要做到语义全面、表述明确、不产生歧义，特别是在宣传贯彻重要讲话、重要文件、重要思想时要追根溯源、反复核实，绝不可马虎草率、敷衍了事。

公文处理是一项政策性、原则性、规范性非常强的工作，时事政治是公文处理不可或缺的一项重要内容，我们只有时刻保持高度的政治觉悟性、强烈的政治敏锐性、坚定的政治自觉性，才能在公文处理中做到不出事、不误事、不漏事，才能让公文成为指导各项工作的有力工具。

二 主要知识点

习近平新时代中国特色社会主义思想，党的十九大和十九届二中、三中、四中、五中全会精神，习近平总书记在庆祝中国共产党成立100周年大会上的讲话精神，习近平总书记“四个革命、一个合作”能源安全新战略，党和国家对档案工作的新部署新要求，学习党史、新中国史、改革开放史、社会主义发展史等，集团公司党组、集团公司近年来生产经营改革发展有关部署要求等。

三 例题解析

1.“两步走战略”的主要内容是：第一个阶段，从2020年到2035年，在全面建成小康社会的基础上，再奋斗15年，基本实现社会主义现代化。第二个阶段，从2035年到21世纪中叶，在基本实现现代化的基础上，再奋斗15年，把我国建成富强民主文明和谐的社会主义现代化国家。

答案：×

解析：错在“把我国建成富强民主文明和谐的社会主义现代化国家”这句话上。正确的说法应该是“把我国建成富强民主文明和谐美丽的社会主义现代化强国”。党的十九大提出的“两步走”战略，描绘了从现在到21世纪中叶我国现代化建设的宏伟蓝图。从这个时间表和路线图可以看出，“两步走”战略极大提升和丰富了我们党第二个百年奋斗目标的内涵，是中国特色社会主义理论与实践的丰富和发展，体现了习近平新时代中国特色社会主义思想的继承性、创新性、时代性。一是把基本实现社会主义现代化的目标提前了15年。我们党过去提出的奋斗目标是到21世纪中叶基本实现现代化，这次提出到2035年就要基本实现社会主义现代化。二是明确了第二个百年奋斗目标实现的步骤。我们党过去对第二个百年奋斗目标的设计，还没有划分出实现步骤，党的十九大明确分两步走。三是丰富了我们党第二个百年奋斗目标的重要内涵。过去对第二个百年奋斗目标的内涵描述很宏观，就是到21世纪中叶“基本实现现代化，把我国建成富强民主文明和谐的社会主义国家”。十九大提出的“两步走”战略，对奋斗目标的内涵有具体设计和微观描述。更重要的是，在目标内涵的总体设计上，“两步走”战略做出了两处调整：在“富强民主文明和谐”之后加上了“美丽”两个字，把“现代化国家”改为“现代化强国”。这样，调整后的第二个百年奋斗目标，就不再是原来的基本实现现代化的社会主义国家，而是在基本实现现代化的基础上再奋斗15年建成的社会主义现代化强国。

2. 中国特色社会主义事业总体布局“五位一体”的内容是：经济建设、政治建设、文化建设、社会建设、生态建设。

答案：×

解析：错在最后一句“生态建设”上，应为“生态文明建设”。生态建设，是对受人为活动干扰和破坏的生态系统进行生态恢复和重建，是根据生态学原理，利用现代科学技术和生态系统的自然规律进行的人工设计，实现环境、经济、社会效益的统一。生态文明建设，不同于传统意义上的污染控制和生态恢复，而是克服工业文明弊端，探索资源节约型、环境友好型发展道路，大规模开发和使用清洁的可再生能源，实现对自然资源的高效、循环利用，真正实现人与自然和谐相处。二者看似一样，其实内涵不同：生态建设重在恢复和重建，是局部的、事后的；生态文明建设重在未雨绸缪、顶层设计，是个系统工程、前瞻性工程。

3. 党的十九大报告在阐述“四个伟大”时明确，“四个伟大”的前后关系不是随意排列的，而是有严密的内在逻辑关系。排在第一位的是（　），它是统揽“四个伟大”的前提。

A. 伟大斗争　B. 伟大工程　C. 伟大事业　D. 伟大梦想

答案：A

解析：排在第一位的是伟大斗争，它是统揽“四个伟大”的前提；排在第二位的是伟大工程，它是统揽“四个伟大”的保障；排在第三位的是伟大事业，它是统揽“四个伟大”的方向；排在第四位的是伟大梦想，它是统揽

“四个伟大”的目标。这里要注意的是，“四个伟大”中起决定性作用的是党的建设新的伟大工程。之所以这样强调，是因为中国特色社会主义最本质的特征是中国共产党领导，中国特色社会主义制度的最大优势是中国共产党领导。只要把我们的党建设好了、建设强了，取得伟大斗争的不断胜利，推进伟大事业的不断发展，实现中华民族伟大复兴的中国梦，就有了坚强的政治和组织保障。

4.（　），习近平总书记在有关文件上批示，要求进一步提升勘探开发力度，坚定不移保障国家能源安全。

A. 2016 年 2 月　B. 2016 年 6 月　C. 2018 年 7 月　D. 2019 年 9 月

答案：C

解析：这道题的四个时间节点都与习近平总书记对石油石化的关怀有关，也是考查大家对这些重要节点的理解和认知程度。2016 年 2 月，习近平签主席令公布深海海底区域资源勘探开发法。2016 年 6 月，在庆祝中国共产党成立 95 周年前夕，习近平总书记作出重要批示，强调要大力弘扬“苦干实干”“三老四严”为核心的石油精神。2018 年 7 月，习近平总书记在有关文件上批示，要求进一步提升勘探开发力度，坚定不移保障国家能源安全。2019 年 9 月，习近平总书记在致大庆油田发现 60 周年的贺信中指出：大庆精神、铁人精神已经成为中华民族伟大精神的重要组成部分。其中，习近平总书记 2018 年 7 月的批示，对中国石化加大油气勘探开发力度注入了强劲动力。

5. 党和国家第一代领导人十分关心中国的石油工业，（　），毛泽东主席亲自发布命令，决定将中国人民解放军 19 军 57 师转为石油工程第一师，支援石油工业建设，这成为石油精神、石化传统的重要源头。

A. 1952 年 2 月　B. 1956 年 2 月　C. 1959 年 12 月　D. 1964 年 2 月

答案：A

解析：这道题的四个时间节点都与国家第一代领导人对石油石化的关怀有关，也是为了让大家了解中国石油石化发展的来龙去脉，提高“爱我中华、振兴石化”的使命感和责任感。1956 年 2 月，毛主席得知在戈壁、荒滩、沙漠野外开展勘探开发工作十分辛苦时，提出“发展石油工业还得革命加拼命。”1959 年 12 月，周总理在了解大庆石油会战的情况后指出：“要用毛泽东思想指导大会战，用辩证唯物主义的立场、观点、方法，分析解决大会战中遇到的各种问题”，成为大庆油田“两论”起家基本功的开端。1964 年 2 月，毛主席在人民大会堂春节座谈会上发出号召：“要学习解放军、学习石油部大庆油田的经验”，此后，“工业学大庆”的口号在全国传播。

6. 中国石化成立后进行过多次重大改革，其中第一次重大改革的时间是（ ）。

A. 1981 年 11 月　　B. 1984 年 10 月

C. 1998 年 7 月　　D. 2000 年 2 月

答案：B

解析：该题是考查大家对中国石化进行重大改革的时间点的掌握情况。A 选项中的“1981 年 11 月”是中国石化成立前的改革试点时间，当时是组建高桥石化公司，对当地 5 个分属中央不同部门管理的工厂实行统一领导、统筹开发，打破管理体制分割状况，为成立全国性的公司积累经验。中国石化总公司成立于 1983 年 7 月，进行第一次重大改革的标志是 1984 年 10 月 19 日国务院批转中国石化总公司《关于进一步推进改革，提高经济效益的方案》，该方案提出 1985—1990 年投入产出承包目标，即总投入 300 亿，总产出 900 亿。1998 年 7 月实施第二次重大改革，国家将中国石化和中国石油两大公司重组，全面实行上下游、产供销、内外贸一体化，形成适应社会主义市场经济体制的竞争格局，增强企业活力。2000 年 2 月中国石油化工股份有限公司成立，按照国际标准开展股份制改革，以优质资产为基础组建上市公司，实行现代企业治理结构，也是第三次重大改革。

7. 坚守“发展决不能以牺牲安全为代价”红线，树立“（ ）”理念，落实责任，强化措施，标本兼治，提升本质安全环保水平，塑造石油石化企业安全绿色良好形象。

A. 安全第一、预防为主、综合治理

B. 严之又严、吹毛求疵、铁面无私、六亲不认

C. 绿水青山就是金山银山

D. 管生产必须管安全

答案：C

解析：安全环保方面的提法比较多，大家在公文制发中容易混淆概念，甚至张冠李戴、引用错误。这里选取几个重要提法加以区别："安全第一、预防为主、综合治理"是安全工作方针；"严之又严、吹毛求疵、铁面无私、六亲不认"是安全检查工作要求；"管生产必须管安全"是安全生产责任制；"绿水青山就是金山银山"是党的十九大报告提出来的，"增强绿水青山就是金山银山的意识"被写进新修订的《中国共产党章程》之中。

8. 以下选项属于"四个全面"内容的是（　　）。

A. 全面建设小康社会　　　　B. 全面深化改革

C. 全面依法治国　　　　　　D. 全面从严管党

答案：BC

解析：A 选项"全面建设小康社会"应为"全面建成小康社会"。"建设"与"建成"是两个完全不同的概念。建设是个过程，意味着永远在路上；建成是个结果，意味着任务已经结束，这个易错的细节要特别注意。D 选项"全面从严管党"应为"全面从严治党"。全面从严治党是党的十八大以来党中央做出的重大战略部署，是"四个全面"战略布局的重要组成部分，也是全面建成小康社会、全面深化改革、全面依法治国顺利推进的根本保证。"全面"就是管全党、治全党，覆盖党的建设各个领域、各个方面、各个部门，重点是抓住领导干部这个"关键少数"。"严"就是真管真严、敢管敢严、长管长严。"治"就是从党中央到省市县党委，从中央部委、国家机关部门党组（党委）到基层党支部，都要肩负起主体责任，党委书记要把抓好党建当作分内之事、必须担当的责任；各级纪委要担负起监督责任，敢于瞪眼黑脸，敢于执纪问责。全面从严治党，基础在全面，关键在严，要害在治。

9. 中国石化成立以来，始终传承和弘扬以"苦干实干""三老四严"为核心的石油精神，在"振兴石化"的生动实践中，贴近企业实际，体现行业特点，逐渐形成了以（　）为主要内涵的石化传统。

A. 家国情怀　B. 事争第一　C. 求真务实　D. 精细严谨

答案：ABCD

解析：这里要搞清楚“石油精神”和“石化传统”两个概念的内涵。石油精神是中国共产党人在推动伟大社会革命中创造的宝贵精神财富，是石油石化人在继承党和人民解放军的优良传统、“我为祖国献石油”的崇高情怀基础上形成的，具有浓浓的国家意识、责任意识、奉献意识、担当意识。石油精神不仅仅包涵“大庆精神”“铁人精神”，也包含“苦干实干”“三老四严”“四个一样”等。其中把“大庆精神”“铁人精神”单提出来，与“红船精神”“井冈山精神”“延安精神”“西柏坡精神”“两弹一星”精神等一道，升格为中华民族伟大精神的重要组成部分。这一点要特别注意。石化传统与石油精神一样，都是党领导人民进行建设和改革所凝结的宝贵精神财富，石化传统是对石油精神的传承和弘扬，更贴近中国石化实际、体现中国石化特点，二者既相互联系、相互印证，在适用范围与具体内涵上又有所区别。

10.“三个面向”“五到现场”的传统做法与集团公司如今倡导的（　）前后呼应、一脉相承。

A. 马上就办、办就办好　B. 走基层、访万家

C. 干部跟班劳动　D. 加强基层党支部建设

答案：ABC

解析：“三个面向”指面向生产，面向基层，面向群众。各级干部深入生产第一线，与基层员工同吃同住同劳动，扎扎实实领导生产，密切干群关系。“五到现场”指生产指挥到现场、政治工作到现场、材料供应到现场、科研设计到现场、生活服务到现场。体现的是干部为群众服务、机关为基层服务，有利于调动基层工作积极性，提高机关工作成效。“马上就办、办就办好”“走基层、访万家”和干部跟班劳动等是机关服务基层在新时代的新做法新体现，要求的对象是机关干部，服务的对象是基层群众，最终目的是为了“上接天线、下接地气”。而D选项的“加强基层党支部建设”的着眼

点和立足点都在基层，属于“三基”方面的工作，与A、B、C选项的要求和目的不同。

四 精选试题

（一）单选题

1. 习近平新时代中国特色社会主义思想明确全面深化改革总目标是（ ）、推进国家治理体系和治理能力现代化。

A. 完善和发展中国特色社会主义制度

B. 建设中国特色社会主义法治体系

C. 建设社会主义法治国家

D. 实现中华民族伟大复兴

2. 从（ ）到（ ），是“两个一百年”奋斗目标的历史交汇期。

A. 二〇二〇年　二〇三五年　　B. 十九大　二十大

C. 二十大　二十一大　　D. 二〇三五年　21世纪中叶

3. 中国特色社会主义进入新时代，我国社会主要矛盾已经转化为人民日益增长的（ ）需要和（ ）的发展之间的矛盾。

A. 美好生活　不充分不平衡　　B. 幸福生活　不平衡不充分

C. 幸福生活　不充分不平衡　　D. 美好生活　不平衡不充分

4. 必须认识到，现阶段我国社会主要矛盾的变化，没有改变我国仍处于并将长期处于社会主义初级阶段的基本国情，必须牢牢坚持的党的基本路线，这也是党和国家的（ ）、人民的（ ）。

A. 生命线　平等线　　B. 生存线　平等线

C. 生命线　幸福线　　D. 生存线　幸福线

5. 进入新时代，党中央对国有企业给予厚望，党的十九大发出了（ ）的动员令。

A. 培育具有全国竞争力的世界一流企业

B. 培育具有强大竞争力的中国一流企业

C. 培育具有全球竞争力的国际一流品牌

D. 培育具有全球竞争力的世界一流企业

6. 牢固树立在（ ）为党工作的理念，坚定为国有企业履职尽责、干事创业的信心和决心。

A. 政治领域 B. 组织领域 C. 经济领域 D. 思想领域

7. 中国石化认真贯彻习近平生态文明思想，加快实施“绿色企业行动计划”，力争（ ）年完成创建的生产企业达到一半，（ ）年力争全部完成。

A. 2020 2025 B. 2020 2023 C. 2023 2025 D. 2019 2023

8. 中国石化从成立之日起，就肩负着国家的重托和人民的希望，矢志不渝地履行（ ），体现了国有企业的使命和担当。

A. 政治责任、社会责任和经济责任

B. 经济责任、政治责任和社会责任

C. 经济责任、社会责任和政治责任

D. 政治责任、经济责任和社会责任

9. 中国石化积极投身绿色发展，是中央企业履行（ ）的表现。

A. 经济责任 B. 政治责任 C. 社会责任 D. 环保责任

10. 集团公司创新驱动战略，包括推进以科技创新为核心的全面创新，健全符合创新规律的体制机制，打造技术先导型公司，实现科技（ ）。

A. 自立自强 B. 一体化运营 C. 多元化运作 D. 有效引领

11.“十四五”时期党建工作“1355”中的“五大工程”包括：政治铸魂、思想聚力、组织强基、（ ）和纪律固堤。

A. 担当作为 B. 作风塑形 C. 开拓进取 D. 创新务实

12. 推进“两化”深度融合，就是要推动实体经济和（ ）融合发展，继续做好（ ）和工业化深度融合这篇大文章，不断提升全要素生产率。

A. 数字经济 科技化 B. 虚拟经济 数字化

C. 网络经济 信息化 D. 数字经济 信息化

13. 中国石化致力于成为（　）满意企业；致力于成为绿色高效能源化工企业。

A. 相关方　　B. 利益相关方　　C. 社会各界　　D. 产业链相关方

14. 我国提出将采取更有力措施，二氧化碳排放量力争到2030年前达到峰值，（　）年前实现碳中和。

A. 2060　　B. 2065　　C. 2070　　D. 2075

15. 牢牢把握新一轮（　）和产业变革大势，深化（　）改革，紧紧围绕质量和效益做好发展这篇大文章。

A. 绿色革命　供给侧结构性　　B. 科技革命　供给侧结构性

C. 科技革命　需求侧结构性　　D. 技术革命　需求侧结构性

16. 集团公司落实三项制度改革部署，有序推进中高层管理人员市场化选聘，推进（　）与干部选任、用工管理、薪酬分配高度融合。

A. 管理　　B. 廉洁　　C. 业务能力　　D. 绩效考核

17. 我国首个大型页岩气田——中国石化涪陵页岩气田如期建成年产能（　）立方米。

A. 60亿　　B. 80亿　　C. 100亿　　D. 120亿

18. “十四五”时期，中国石化将重点加快推进产业转型升级、加快打造技术先导型公司、加快提升公司治理效能、（　）。

A. 加快推进大宗产品提质增效

B. 油转化、气代油

C. 加快形成硬实力软实力同步提升局面

D. 加快探索超长期激励措施

19. 中国石化“一基两翼三新”产业格局，全景展示了公司转型升级的业务图谱。其中，（　）是必须筑牢的发展根基。

A. 新能源　　B. 洁净油品　　C. 现代化工　　D. 能源资源

（二）多选题

1. 习近平新时代中国特色社会主义思想包括（　）。

A. 历史方位、鲜明主题、奋斗目标

B. 发展方式、总体布局、战略布局

C. 发展动力、发展保障、安全保障

D. 外部环境、政治保证、治国理政世界观方法论、价值观

2. 中国共产党人的初心和使命是（ ）。

A. 为中国人民谋幸福　　B. 为中华民族谋复兴

C. 为人民服务　　D. 披荆斩棘促改革

3. 社会主义核心价值观，包括（ ）。

A. 国家层面：富强、民主、文明、和谐

B. 社会层面：自由、平等、公正、法治

C. 个人层面：爱国、敬业、诚信、友善

D. 法治层面：文明、平等、公正、和谐

4. 2019 年 9 月 26 日，习近平总书记在致大庆油田发现 60 周年的贺信中指出：（ ）已经成为中华民族伟大精神的重要组成部分。

A. 大庆精神　　B. 吃苦精神　　C. 石油精神　　D. 铁人精神

5. 党对国有企业的领导是（ ）的有机统一

A. 政治领导　　B. 文化领导　　C. 思想领导　　D. 组织领导

6. 中国特色现代国有企业制度“特”在（ ），做到组织落实、干部到位、职责明确、监督严格。

A. 把党的领导融入公司治理各环节

B. 把企业党组织内嵌到公司治理结构之中

C. 明确和落实党组织在公司法人治理结构中的法定地位

D. 重大经营管理事项必须经党组织研究讨论

7. “一带一路”倡议致力于打造政治互信、经济融合、文化包容的（ ）。

A. 利益共同体　B. 命运共同体　C. 经济共同体　D. 责任共同体

8. 习近平总书记着眼党和国家事业发展全局，提出“四个革命、一个合作”能源安全新战略，其中下列属于“四个革命”内容的是：（ ）。

A. 推动能源消费革命，加大能源消费力度

B. 推动能源供给革命，建立多元供应体系

C. 推动能源技术革命，带动产业升级

D. 推动能源体制革命，打通能源发展快车道

9. 为落实习近平总书记提出的“四个革命、一个合作”能源安全新战略，中国石化积极构建（　）等新能源供应体系，探索打造区域综合能源服务供应商。

A. 地热　　B. 太阳能　　C. 风能　　D. 天然气

10. 中国石油化工集团有限公司是国家独资设立的（　）公司。

A. 国有公司　　B. 国家授权投资的机构

C. 国家控股　　D. 国资委控股

11. 中国石油化工集团有限公司是国家在原中国石油化工总公司基础上（　）成立的（　）石油石化企业集团。

A. 重新　　B. 重组　　C. 大型　　D. 特大型

12. 在衡量全面可持续发展水平的指标体系中，不仅要有产品产量、营业收入、利润总额等量的指标，更要有（　）等反映质的指标，以引领真正意义上的全面可持续发展。

A. 经济增加值　　B. 劳动生产率

C. 全要素生产率　　D. 科技成果转化率

13. 从石油石化产业看，油气体制改革纵深推进，将引发（　）。

A. 市场改革日益深刻　　B. 市场革命深入发展

C. 市场格局深刻变化　　D. 市场竞争日益激烈

14. 中国石化提出，贯彻落实党中央全力保障国家能源安全的要求，全面实施大力提升油气勘探开发力度行动计划，努力增加经济可采储量，降低（　），提高（　）。

A. 可采储量　　B. 盈亏平衡点　　C. 采收率　　D. 储量动用率

15. 推进“两化”深度融合，表述正确的是（　）。

A. 推动实体经济和数字经济融合发展

B. 提升全要素生产率

C. 做好信息化和自动化的全面发展

D. 做好信息化和工业化深度融合

16. 关于打造世界领先洁净能源化工公司，将按“三步走”向前推进，下列说法正确的是（　）。

A. 到 2025 年，打造世界领先洁净能源化工公司取得实质性进展

B. 到 2035 年，基本建成世界领先洁净能源化工公司

C. 到 2050 年前，全面建成世界领先洁净能源化工公司

D. 到在基本建成世界领先洁净能源化工公司时，公司将建成中国第一大氢能公司，新经济发展壮大

17. 石油精神、石化传统的时代内涵需要从（　）来理解把握和弘扬传承。

A. 真挚赤诚的家国情怀　　B. 求真务实的科学态度

C. 精细严谨的优秀品格　　D. 奉献奋进的实干作风

18. 中国石化奉行“上善若水，公益为先”的理念，积极履行（　）等社会责任，体现大企业的大责任、大担当。

A. 扶贫　　B. 助困　　C. 赈灾　　D. 援医

19. 中国石化提出要把绿色发展摆在更加突出的位置来抓，加快从被动治理向主动谋划转变，打好（　）保卫战，推进大气污染源综合治理、危险废物规范化管理、土壤地下水污染防治工作。

A. 蓝天　　B. 碧水　　C. 绿色　　D. 净土

20. 中国石化历来十分重视加强“三基”工作，加强“三基”工作的具体内容是（　）。

A. 加强以五项劳动竞赛为内容的基本素质提升

B. 加强以党支部建设为核心的基层建设

C. 加强以岗位责任制为中心的基础工作

D. 加强以岗位练兵为主要内容的基本功训练

21. 中国石化今后一个时期新的发展战略包括价值引领战略、市场导向战略、（　）。

A. 创新驱动战略　　B. 绿色洁净战略

C. 开放合作战略　　D. 人才强企战略

（三）判断题

1.“四个全面”战略布局，即全面建成新时代社会主义、全面深化改革、全面依法治国、全面从严管党。（ ）

2.“要严格按党章办事，按党的制度和规定办事；要对党员特别是领导干部严格要求，严格管理，严格监督；要在党内生活中讲党性，讲原则，开展积极的思想斗争，弘扬正气，反对歪风；要严格按照党章规定的标准发展党员，严肃处理不合格党员；要严格执行党的纪律，坚持在纪律面前人人平等”是全面从严治党的主要内容。（ ）

3.“四个自信”的具体内容是：政治自信、理论自信、道路自信、制度自信。（ ）

4. 党的十九大报告在阐述“四个伟大”时，排在第一位的是伟大工程，它是统揽“四个伟大”的前提。（ ）

5. 党的十九大对“两步走”战略安排的内涵要求，把基本实现我国社会主义现代化的时间提前了 10 年。（ ）

6.“一带一路”不是一个实体和机制，而是合作发展的理念和倡议。（ ）

7.“一带一路”是“丝绸之路经济带”和“海上丝绸之路”的简称。（ ）

8. 习近平总书记的“四个革命、一个合作”能源安全新战略是在党的十九大报告中提出来的。（ ）

9. 保障国家能源安全，是党中央赋予中国石化的重大职责使命之一。（ ）

10. 中国石化“四个坚持”：坚持全面可持续发展，坚持全面深化改革，坚持全面依法依规治企，坚持全面从严治党。（ ）

11. 中国石化践行“改革、管理、创新、超越”工作方针。（ ）

12. 中国石化坚持弘扬以“苦干实干”“三老四严”为核心的石油精神和“严、细、实”的优良传统。（ ）

13. 中国石化“十四五”时期加快产业转型升级中，包括积极把资本金融业务打造成为转型升级新引擎。（ ）

14. 石油精神、石化传统都是党领导人民改革和建设过程中形成的宝贵精神财富。（　）

15. 中国石化的企业愿景是打造世界领先洁净能源化工公司。（　）

16. 中国石化自觉扛起的三大核心职责是：保障国家能源安全，引领我国石化工业高质发展，担当国家战略科技力量。（　）

17. 中国石化打造世界领先洁净能源化工公司，将按“三步走”向前推进。“三步走”的时间节点分别是 2025 年、2035 年和 2045 年。（　）

18. “每一滴油都是承诺”是中国石化企业文化里核心价值观方面的内容。（　）

19. “一基两翼三新”产业格局中，能源资源是必须筑牢的发展根基，洁净油品和现代化工是必须巩固提升的核心优势，新能源新材料新经济是必须加快布局发展的增量和未来。（　）

20. 到 2050 年，中国石化全面建成世界领先洁净能源化工公司。（　）

（四）填空题

1. 中国共产党的历史是中国近现代以来历史最为可歌可泣的篇章，学习中国近现代史要特别注意学习______的历史。

2. “四个全面”战略布局是以习近平同志为核心的党中央______战略思想的重要内容，闪耀着马克思主义与中国实际相结合的思想光辉，饱含着马克思主义的立场观点方法。

3. “两个维护”是指坚决维护习近平总书记党中央的核心、全党的核心地位，坚决维护______。

4. 实现中国梦必须走中国道路。这就是中国特色社会主义道路。这条道路来之不易，它是在改革______多年的伟大实践中走出来的，是在中华人民共和国成立______多年的持续探索中走出来的，是在对近代以来______多年中华民族发展历史的深刻总结中走出来的，是在对中华民族______多年悠久文明的传承中走出来的，具有深厚的历史渊源和广泛的现实基础。

5. 正确处理改革开放前后的社会主义实践探索的关系，不只是一个历史问题，更主要的是一个______。

6. 我们不仅要研究______后全面抗战8年的历史，而且要注重研究______后14年抗战的历史，14年要贯通下来统一研究。

7. 习近平总书记在纪念红军长征胜利80周年大会上指出，我们这一代人的长征，就是要实现______奋斗目标、实现______的中国梦。

8. 坚持全面从严治党，必须以党章为根本遵循，把党的______摆在首位，思想建党和制度治党同向发力，统筹推进党的各项建设。

9. “四个意识”是2016年1月29日中共中央政治局会议最早提出来的。习近平总书记在庆祝中国共产党成立95周年大会上的讲话强调，全党同志要增强______、______、______、______，切实做到对党忠诚、为党分忧、为党担责，为党尽责。

10. 国有企业是中国特色社会主义的重要物质基础和政治基础，是我们党______的重要支柱和依靠力量。

11. 中国石化坚持______的发展理念，公司在不断发展壮大的同时，为各利益相关方带来福祉。

12. 中国石化是中国最大的化工产品生产商和______。

13. 中国石化“十四五”时期加快形成硬实力和软实力同步提升局面，要更加注重发挥政治引领力，更加注重提升管理竞争力，更加注重文化感召力和______。

14. 中国石化的企业精神是______。

15. 中国石化的企业使命是______。

16. 由中国石化捐赠的健康快车名称是“______”，该健康快车用最先进的超声乳化技术，免费救治贫困白内障患者。

五、精选试题答案

（一）单选题

1. A 2. B 3. D 4. C 5. D 6. C 7. B 8. D 9. B 10. A
11. B 12. D 13. B 14. A 15. B 16. D 17. C 18. C 19. D

（二）多选题

1. ABCD 解析：习近平新时代中国特色社会主义思想的主要内容可归纳为十二个方面，包括历史方位、鲜明主题、奋斗目标、发展方式、总体布局、战略布局、发展动力、发展保障、安全保障、外部环境、政治保证、治国理政世界观方法论、价值观等方面，具有严密而又开放的内在逻辑，构成其理论的“四梁八柱”及科学体系。

2. AB 3. ABC 4. AD 5. ACD

6. ABC 解析：D 项是 A、B、C 项的具体化。

7. ABD 8. BCD 9. ABC 10. ABC 11. BD

12. ABC 13. BCD 14. BD 15. ABD 16. ABCD

17. ABCD 解析：真挚赤诚的家国情怀就是要永葆为国分忧、产业报国的真挚情怀，以服从服务国家战略为己任，坚定产业报国信念，肩负起发展我国石油石化工业、保障国家能源安全的重任，成为党和人民可以信赖和依靠的“大国重器”。求真务实的科学态度就是要始终坚持实事求是的思想方法，以求真务实的科学态度从事管理、技术、操作等工作，创造出经得起实践检验的工作业绩。精细严谨的优秀品格就是要始终坚持高标准、严要求，做到生产上精耕细作、经营上精打细算、管理上精雕细刻、技术上精益求精。奉献奋进的实干作风就是面对打造世界领先洁净能源化工公司战略部署，新一代石油石化人要传承好石油精神、弘扬好石化传统，继续保持艰苦奋斗、苦干实干、拼搏奉献工作作风和底色。

18. ABCD　19. ABD　20. BCD　21. ABCD

（三）判断题

1. ×　解析：应为全面建成小康社会、全面深化改革、全面依法治国、全面从严治党。

2. √

3. ×　解析："四个自信"的具体内容是：道路自信、理论自信、制度自信、文化自信。

4. ×　解析：排在第一位的是伟大斗争。

5. ×　解析：应为提前了 15 年。

6. √

7. ×　解析："海上丝绸之路"应为"21 世纪海上丝绸之路"。

8. ×　解析："四个革命、一个合作"能源安全新战略是 2014 年 6 月 13 日，习近平总书记在中央财经委员会第六次会议上提出的。

9. √

10. ×　解析：中国石化"四个坚持"：坚持全面可持续发展，坚持全面深化改革，坚持全面依法依规治企，坚持全面从严治党人才强企。

11. ×　解析：中国石化集团公司践行"改革、管理、创新、发展"工作方针。

12. ×　解析：应为求真务实、精细严谨的优良传统。

13. √　14. √　15. √　16. √

17. ×　解析："三步走"向前推进的时间节点分别是：2025 年打造世界领先能源化工公司取得实质性进展；2035 年基本建成世界领先洁净能源化工公司；2050 年全面建成世界领先洁净能源化工公司。

18. √　19. √　20. √

（四）填空题

1. 中国共产党　2. 治国理政　3. 党中央权威和集中统一领导

4. 30；60；170；5000　5. 政治问题

6.“七 · 七”事变；“九 · 一八”事变

7.“两个一百年”；中华民族伟大复兴

8. 政治建设　9. 政治意识；大局意识；核心意识；看齐意识

10. 执政兴国　11. 合作共赢　12. 供应商　13. 更加注重塑造品牌影响力

14. 爱我中华、振兴石化　15. 为美好生活加油

16. 中国石化光明号

第二编

法律法规

一、概述

学习了解和严格遵守法律法规是做好公文和档案管理工作的前提与基础。日常工作中，需要学习掌握的法律法规很多，如党内法规，国家宪法和有关法律，以及地方法规制度等。本章仅涉及党中央、国务院，中央和国家有关部门制定的与公文和档案业务紧密相关的法律法规以及石油石化行业有关制度要求等。如,《党政机关公文处理工作条例》《中华人民共和国档案法》《电子公文归档管理暂行办法》等。

在学习法律法规时，要深入、全面、准确地理解。如,《中华人民共和国档案法》第三章“档案的管理”中指出“机关、团体、企业事业单位和其他组织应当按照国家规定，定期向档案馆移交档案”，有人认为自己的企业没有档案馆，无法移交档案。这种理解就不准确。在本法的第二章“档案机构及其职责”中明确指出“机关、团体、企业事业单位和其他组织的档案机构或者档案工作人员，负责管理本单位的档案，并对所属机构的档案工作实行监督和指导”。上述无法移交档案的说法，体现在未深入研究理解法律条款。

在学习法律法规时，还要注意相关政策的配套衔接和一些政策法规的修订情况。如自 2003 年 9 月 1 日起施行的《电子公文归档管理暂行办法》的第七条“电子公文形成单位必须将具有永久和长期保存价值的电子公文，制成纸质公文与原电子公文的存储载体一同归档，并使两者建立互联”，在 2018 年已修改为“符合国家有关规定要求的电子公文可以仅以电子形式归档。电子公文归档应当符合电子文件归档和电子档案管理的要求”。再如该办法的第十三条，在 2003 年施行时为“电子公文形成单位应在电子公文归档时对相关项目进行检查，检查项目包括与纸质公文核对内容、签章，审核电子公文收发登记表、操作日志及相关的著录条目等，确认电子公文及相关的信息和软件无缺损且未被非正常改动，电子公文与相应的纸质公文内容及其表现形式一致，处理过程无差错”；在 2018 年修改后为“电子公文形成单位应在电子公文归档时按照国家有关要求对其真实性、完整性、可用性和安全性进行检查”。

学习的目的在于运用。在具体公文处理中，表述或引用法律法规时务必准确。如，依据上级单位政策性文件制发本单位相关文件时，对上级的政策要求不能扩大或缩小适用范围。再如，制定有关合同制度时，对订立合同的书面形式如果表述仅指“合同书”，则与《中华人民共和国民法典》合同的订立中“书面形式是指合同书、信件、电报、电传、传真等可以有形地表现所载内容的形式”表述不同，是不正确的。还要注意，企业发文中类似于“涉嫌违法犯罪的，将依法追究其法律责任”也是不正确的（应为“涉嫌违法犯罪的，将移送司法机关处理”）。公文中表述或引用政策法规时严禁生编硬造。如，某市林业局在要求某单位立即停止施工的文件中，引用法律条款强调“根据《中华人民共和国水土法》第二十二条，《中华人民共和国森林法》第九十条第四款……”实际上，新中国成立以来从来没有颁布过《中华人民共和国水土法》（应为《中华人民共和国水土保持法》），且《中华人民共和国森林法》法律正文只有八十二条，加上附则全文共八十四条，何来第九十条第四款？

在具体公文处理中，还要勤学多练、严谨细致，避免犯一些常识性错误。如，文种重叠使用问题，“请示报告”“意见报告”“请示函”等诸如此类并不少见；生造文种的问题，经常使用“总结、要点、方案、计划、安排、纲要、规划、建议、答复、汇报”等非法定文种进行行文；文种混用的问题，常见“请示”“报告”“函”混用；文种选择不当问题，常有一些单位使用“决定”“通报”“通知”不当或错误；“请示”一文多事、多头请示、抄送下级机关问题；报告等非请示性公文夹带请示事项；越级行文、非领导交办事项直接报送领导个人问题；公文先签后核，定密不准或该定密不定密问题；不按照规定复制汇编机密级、秘密级公文问题；不按照要求归档问题，等等。

二、主要知识点

《中国共产党重大事项请示报告条例》、中央八项规定及其实施细则精神、解决形式主义突出问题为基层减负等要求，《中华人民共和国档案法》《党政机关公文处理工作条例》《电子公文归档管理暂行办法》《国家档案局关于修改<电子公文归档管理暂行办法>的决定》《中华人民共和国保守国家秘密法》《中华人民共和国保守国家秘密法实施条例》及石油石化行业国家秘密范围的规定、邮政机要通信保密管理规定等。

三、例题解析

1.《中国共产党重大事项请示报告条例》所称重大事项，是指超出党组织和党员、领导干部自身职权范围，或者虽在自身职权范围内但关乎全局、影响广泛的重要事情和重要情况，包括以下哪些重要事情和重要情况（　）。

A. 党组织贯彻执行党中央决策部署和上级党组织决定

B. 领导经济社会发展事务、落实全面从严治党责任

C. 党员履行义务、行使权利

D. 领导干部行使权力、担负责任

答案：ABCD

解析：《中国共产党重大事项请示报告条例》适用于下级党组织向上级党组织，以及党员、领导干部向党组织请示报告重大事项相关活动。重大事项是指超出党组织和党员、领导干部自身职权范围，或者虽在自身职权范围内但关乎全局、影响广泛的重要事情和重要情况，包括党组织贯彻执行党中央决策部署和上级党组织决定、领导经济社会发展事务、落实全面从严治党责任，党员履行义务、行使权利，领导干部行使权力、担负责任的重要事情和重要情况。

2. 根据《中国共产党重大事项请示报告条例》规定，下列事项属于不必向上级党组织请示的是（　）。

A. 属于自身职权范围内的日常工作

B. 上级党组织就有关问题已经作出明确批复的

C. 事后报告即可的事项

D. 调整上级党组织文件、会议精神的传达知悉范围，使用上级党组织负责同志未公开的讲话、音像资料等

答案：ABC

解析：根据《中国共产党重大事项请示报告条例》规定，需清晰掌握党组织应当向上级党组织请示的内容；应当向上级党组织报告的内容；应当向上级党组织报备的内容。

3. 根据《中国共产党重大事项请示报告条例》规定，下列关于报告的说法，错误的是（　）。

A. 应当具有实质性内容和参考价值，有助于上级党组织了解情况、科学决策

B. 力戒空洞无物、评功摆好、搞形式主义

C. 应当简明扼要、文风质朴，呈报党中央的综合报告一般在 8000 字以内，专项报告一般在 5000 字以内

D. 情况复杂、确有必要详细报告的有关内容可以通过附件反映

答案：C

解析：根据《中国共产党重大事项请示报告条例》规定，报告应当具有实质性内容和参考价值，有助于上级党组织了解情况、科学决策，力戒空洞无物、评功摆好、搞形式主义。报告应当简明扼要、文风质朴，呈报党中央的综合报告一般在 5000 字以内，专项报告一般在 3000 字以内，情况复杂、确有必要详细报告的有关内容可以通过附件反映。

4. 根据《中国共产党重大事项请示报告条例》规定，下列事项不属于党员应当向党组织请示的是（　）。

A. 从事党组织所分配工作中的重要问题

B. 代表党组织发表主张或者作出决定

C. 个人当月工资的使用情况

D. 转移党的组织关系

答案：C

解析：根据《中国共产党重大事项请示报告条例》规定，需清晰掌握党员应当向党组织请示的内容以及应当向党组织报告的内容；领导干部应当向党组织请示的内容以及应当向党组织报告的内容。

5. 根据《中国共产党重大事项请示报告条例》规定，下列事项不属于应当依规依纪追究有关党组织和党员、领导干部以及工作人员责任的是（　）。

A. 违反政治纪律和政治规矩，擅自决定应当由党中央决定的重大事项，损害党中央权威和集中统一领导的

B. 履行领导责任不到位，对重大事项请示报告不重视不部署，工作开展不力的

C. 违反组织原则，该请示不请示，该报告不报告的

D. 工作上的小失误，小疏漏，没有影响工作的

答案：D

解析：根据《中国共产党重大事项请示报告条例》规定，实行重大事项请示报告责任追究制度，如有违规违纪的情形，应当依规依纪追究有关党组织和党员、领导干部以及工作人员的责任，涉嫌违法犯罪的，按照有关法律规定处理。

6.《党政机关公文处理工作条例》规定，党政机关公文是党政机关实施领导、履行职能、处理公务的具有特定效力和规范体式的文书，是传达贯彻党和国家的方针政策，公布法规和规章，（　），请示和答复问题，报告、通报和交流情况等的重要工具。

A. 推进工作　　　　B. 交流工作

C. 指出问题　　　　D. 指导、布置和商洽工作

答案：D

解析：《党政机关公文处理工作条例》规定，党政机关公文是党政机关实施领导、履行职能、处理公务的具有特定效力和规范体式的文书，是传达

贯彻党和国家的方针政策，公布法规和规章，指导、布置和商洽工作，请示和答复问题，报告、通报和交流情况等的重要工具。

7. 以下属于《党政机关公文处理工作条例》中规定的文种是（　）。

A. 请示、批复　B. 请示、报告　C. 决议、决定　D. 议案、函

答案：ABCD

解析：《党政机关公文处理工作条例》中规定 15 个文种：决议（适用于会议讨论通过的重大决策事项）、决定（适用于对重要事项作出决策和部署、奖惩有关单位和人员、变更或者撤销下级机关不适当的决定事项）、命令（令）（适用于公布行政法规和规章、宣布施行重大强制性措施、批准授予和晋升衔级、嘉奖有关单位和人员）、公报（适用于公布重要决定或者重大事项）、公告（适用于向国内外宣布重要事项或者法定事项）、通告（适用于在一定范围内公布应当遵守或者周知的事项）、意见（适用于对重要问题提出见解和处理办法）、通知（适用于发布、传达要求下级机关执行和有关单位周知或者执行的事项，批转、转发公文）、通报（适用于表彰先进、批评错误、传达重要精神和告知重要情况）、报告（适用于向上级机关汇报工作、反映情况，回复上级机关的询问）、请示（适用于向上级机关请求指示、批准）、批复（适用于答复下级机关请示事项）、议案（适用于各级人民政府按照法律程序向同级人民代表大会或者人民代表大会常务委员会提请审议事项）、函（适用于不相隶属机关之间商洽工作、询问和答复问题、请求批准和答复审批事项）、纪要（适用于记载会议主要情况和议定事项）。

8.《党政机关公文处理工作条例》规定，向上级机关行文应当遵循的规则包括（　）。

A. 不能抄送同级机关

B. 下级机关的请示事项，如需以本机关名义向上级机关请示，应当原文转报上级机关

C. 不得在报告等非请示性公文中夹带 3 件及以上请示事项

D. 受双重领导的机关向一个上级机关行文，必要时抄送另一个上级机关

答案：D

解析:《党政机关公文处理工作条例》规定，向上级机关行文，应当遵循原则上主送一个上级机关，根据需要同时抄送相关上级机关和同级机关，不抄送下级机关；党委、政府的部门向上级主管部门请示、报告重大事项，应当经本级党委、政府同意或者授权；属于部门职权范围内的事项应当直接报送上级主管部门；下级机关的请示事项，如需以本机关名义向上级机关请示，应当提出倾向性意见后上报，不得原文转报上级机关；请示应当一文一事，不得在报告等非请示性公文中夹带请示事项；除上级机关负责人直接交办事项外，不得以本机关名义向上级机关负责人报送公文，不得以本机关负责人名义向上级机关报送公文；受双重领导的机关向一个上级机关行文，必要时抄送另一个上级机关。

9.《党政机关公文处理工作条例》规定，向下级机关行文应当遵循的规则包括（　）。

A. 不得抄送发文机关的直接上级机关

B. 涉及多个部门职权范围内的事务，部门之间未协商一致的，不得向下行文；擅自行文的，上级机关应当责令其纠正或者撤销

C. 上级机关向受双重领导的下级机关行文，必要时抄送该下级机关的另一个上级机关

D. 上级机关向受双重领导的下级机关行文，不得抄送该下级机关的另一个上级机关

答案：BC

解析:《党政机关公文处理工作条例》规定，向下级机关行文，应当遵循：主送受理机关，根据需要抄送相关机关。重要行文应当同时抄送发文机关的直接上级机关。党委、政府的办公厅（室）根据本级党委、政府授权，可以向下级党委、政府行文，其他部门和单位不得向下级党委、政府发布指令性公文或者在公文中向下级党委、政府提出指令性要求。需经政府审批的具体事项，经政府同意后可以由政府职能部门行文，文中须注明已经政府同意。党委、政府的部门在各自职权范围内可以向下级党委、政府的相关部门行文。涉及多个部门职权范围内的事务，部门之间未协商一致的，不得向下

行文；擅自行文的，上级机关应当责令其纠正或者撤销。上级机关向受双重领导的下级机关行文，必要时抄送该下级机关的另一个上级机关。

10.《党政机关公文处理工作条例》规定，公文办理包括（ ）。

A. 收文办理　　B. 发文办理

C. 整理归档　　D. 归档后的开发利用

答案：ABC

解析：《党政机关公文处理工作条例》规定，公文办理包括收文办理、发文办理和整理归档。

11. 根据《中华人民共和国档案法》规定，个人从事哪些方面的活动属于档案（ ）。

A. 从事政治活动直接形成的对国家和社会有保存价值的各种文字、图表、声像等不同形式的历史记录

B. 从事经济活动直接形成的对国家和社会有保存价值的各种文字、图表、声像等不同形式的历史记录

C. 从事科技活动直接形成的对国家和社会有保存价值的各种文字、图表、声像等不同形式的历史记录

D. 从事生态文明活动直接形成的对国家和社会有保存价值的各种文字、图表、声像等不同形式的历史记录

答案：ABCD

解析：《中华人民共和国档案法》所称的档案，是指过去和现在的机关、团体、企业事业单位和其他组织以及个人从事经济、政治、文化、社会、生态文明、军事、外事、科技等活动直接形成的对国家和社会有保存价值的各种文字、图表、声像等不同形式的历史记录。

12.《中华人民共和国档案法》所称的档案，是指（ ）。

A. 过去和现在的机关、团体、企业事业单位和其他组织从事经济、政治等活动直接形成的对国家和社会有保存价值的各种文字、图表、声像等不同形式的历史记录

B. 过去和现在个人从事经济、政治、文化、社会、生态文明、军事、外

事、科技等活动直接形成的对国家和社会有保存价值的各种文字、图表、声像等不同形式的历史记录

C. 仅指过去的国家机构、社会组织以及个人从事政治、军事、经济、科学、技术、文化、宗教等活动直接形成的对国家和社会有保存价值的各种文字、图表、声像等不同形式的历史记录

D. 仅指现在的国家机构、社会组织以及个人从事政治、军事、经济、科学、技术、文化、宗教等活动直接形成的对国家和社会有保存价值的各种文字、图表、声像等不同形式的历史记录

答案：AB

解析：《中华人民共和国档案法》所称的档案，是指过去和现在的机关、团体、企业事业单位和其他组织以及个人从事经济、政治、文化、社会、生态文明、军事、外事、科技等活动直接形成的对国家和社会有保存价值的各种文字、图表、声像等不同形式的历史记录。

13. 根据《中华人民共和国档案法》规定，以下哪些单位或个人有保护档案的义务（　）。

A. 国家机关、武装力量　　B. 政党、团体

C. 企业事业单位、公民　　D. 以上均不对

答案：ABC

解析：《中华人民共和国档案法》规定，一切国家机关、武装力量、政党、团体、企业事业单位和公民都有保护档案的义务。

14. 根据《电子公文归档管理暂行办法》规定，以下哪些应同相对应的电子公文一同归档保存（　）。

A. 电子公文的收发登记表　　B. 机读目录

C. 相关软件　　D. 其他说明

答案：ABCD

解析：《电子公文归档管理暂行办法》规定，电子公文的收发登记表、机读目录、相关软件、其他说明等应与相对应的电子公文一同归档保存。

15. 根据《电子公文归档管理暂行办法》规定，电子公文形成单位应在电子公文处理系统中设置符合安全要求的操作日志，随时自动记录以下哪些内容（ ）。

A. 对电子公文实时操作的人员　B. 对电子公文实时操作的时间

C. 对电子公文实时操作的设备　D. 对电子公文实时操作的内容

答案：ABCD

解析：《电子公文归档管理暂行办法》规定，电子公文形成单位应在电子公文处理系统中设置符合安全要求的操作日志，随时自动记录对电子公文实时操作的人员、时间、设备、项目、内容等，以保证归档电子公文的真实性。

16. 根据《电子公文归档管理暂行办法》规定，通过存储载体进行交接的归档电子公文，移交与接收部门均应对其载体和技术环境进行检验的目的是（ ）。

A. 确保载体清洁　B. 确保载体无划痕

C. 确保载体无病毒　D. 确保载体可出售

答案：ABC

解析：《电子公文归档管理暂行办法》规定，通过存储载体进行交接的归档电子公文，移交与接收部门均应对其载体和技术环境进行检验，确保载体清洁、无划痕、无病毒等。

17. 根据《电子公文归档管理暂行办法》规定，对归档电子公文的要求正确的是（ ）。

A. 应存储到符合保管要求的脱机载体上

B. 一般应加密

C. 必须加密归档的电子公文应与其解密软件和说明文件一同归档

D. 任何情况下不得加密

答案：AC

解析：《电子公文归档管理暂行办法》规定，归档电子公文应存储到符合保管要求的脱机载体上。归档保存的电子公文一般不加密，必须加密归档的电子公文应与其解密软件和说明文件一同归档。

18. 根据《电子公文归档管理暂行办法》规定，对销毁电子公文表述正确的是（　）。

A. 超过保管期限的归档电子公文的鉴定和销毁，按照归档纸质文件的有关规定执行

B. 对确认销毁的电子公文可以进行逻辑删除，并应由档案部门列出销毁文件目录存档备查

C. 对确认销毁的电子公文可以进行物理删除，并应由档案部门列出销毁文件目录存档备查

D. 对确认销毁的电子公文可以进行逻辑或物理删除，并应由档案部门列出销毁文件目录存档备查

答案：ABCD

解析：《电子公文归档管理暂行办法》规定，超过保管期限的归档电子公文的鉴定和销毁，按照归档纸质文件的有关规定执行。对确认销毁的电子公文可以进行逻辑或物理删除，并应由档案部门列出销毁文件目录存档备查。

19. 根据《电子公文归档管理暂行办法》规定，电子公文形成单位应在电子公文归档时按照国家有关要求对电子公文的哪些方面进行检查（　）。

A. 真实性　　B. 完整性　　C. 可用性　　D. 安全性

答案：ABCD

解析：《电子公文归档管理暂行办法》规定，电子公文形成单位应在电子公文归档时按照国家有关要求对其真实性、完整性、可用性和安全性进行检查。

20. 根据中办印发的《关于解决形式主义突出问题为基层减负的通知》，以下哪些属于严格控制层层发文，着力解决文山会海反弹回潮的问题的要求（　）。

A. 发扬“短实新”文风　　B. 坚决压缩篇幅

C. 防止穿靴戴帽　　D. 防止冗长空洞

答案：ABCD

解析：在中办印发的《关于解决形式主义突出问题为基层减负的通知》的“严格控制层层发文、层层开会，着力解决文山会海反弹回潮的问题”要求中提出，认真贯彻落实中央八项规定及其实施细则精神，从中央层面做

起，层层大幅度精简文件和会议，确保发给县级以下的文件、召开的会议减少30%～50%。发扬“短实新”文风，坚决压缩篇幅，防止穿靴戴帽、冗长空洞，中央印发的政策性文件原则上不超过10页，地方和部门也要按此从严掌握。地方各级、基层单位贯彻落实中央和上级文件，可结合实际制定务实管用的举措，除有明确规定外，不再制定贯彻落实意见和实施细则。科学确定中央文件密级和印发范围，能公开的公开。进一步改革会议公文制度，选择一些地方和单位开展治理文山会海工作试点。

21. 根据中办印发的《关于持续解决困扰基层的形式主义问题为决胜全面建成小康社会提供坚强作风保证的通知》，以下哪些符合切实防止文山会海反弹回潮的要求（ ）。

A. 守住精文减会的硬杠杠，2020年发文和2019年比只减不增

B. 既要严格控制向下级发文的数量，又要精减基层向上级报文报表的数量

C. 进一步明确精文的标准和尺度，完善负面清单，不发不切实际、内容空洞的文件，做到真减负、减真负

D. 防止用形式主义做法解决形式主义问题，对在发文方面改头换面、明减实不减的，及时督促纠正

答案：ABCD

解析：在中办印发的《关于持续解决困扰基层的形式主义问题为决胜全面建成小康社会提供坚强作风保证的通知》的“切实防止文山会海反弹回潮”要求中提出，中央层面继续发挥示范带动作用，守住精文减会的硬杠杠，对各地区各部门发文开会情况实施动态监测，对出现超发超开苗头的及时预警，确保比2019年只减不增。加强对疫情防控、复工复产工作中发文开会的统筹管理，避免多头发文、层层开会。既要严格控制向县级以下发文的数量，又要精减基层向上级报文报表的数量。着力提高文件、会议质量，进一步明确精文减会的标准和尺度，完善负面清单，不发不切实际、内容空洞的文件，不开应景造势、不解决问题的会议，做到真减负、减真负。防止用形式主义做法解决形式主义问题，对在发文开会方面改头换面、明减实不减的，及时督促纠正。

22. 以下公文处理工作符合中央八项规定精神要求的是（　）。

A. 精简文件

B. 切实改进文风

C. 无实质内容、可发可不发的文件一律不发

D. 以上均不正确

答案：ABC

解析：在中央关于改进工作作风密切联系群众的规定中，要求精简文件简报，切实改进文风，没有实质内容、可发可不发的文件、简报一律不发。

23. 根据《中华人民共和国保守国家秘密法实施条例》，以下表述正确的是（　）。

A. 销毁国家秘密载体应当履行清点、登记、审批手续

B. 销毁国家秘密载体在必要时需履行清点、登记、审批手续

C. 机关、单位确因工作需要，自行销毁少量国家秘密载体的，应当使用符合国家保密标准的销毁设备和方法

D. 机关、单位任何情况下均不得自行销毁国家秘密载体

答案：AC

解析：根据《中华人民共和国保守国家秘密法实施条例》，销毁国家秘密载体应当履行清点、登记、审批手续，并送交保密行政管理部门设立的销毁工作机构或者保密行政管理部门指定的单位销毁。机关、单位确因工作需要，自行销毁少量国家秘密载体的，应当使用符合国家保密标准的销毁设备和方法。

24. 根据《中华人民共和国保守国家秘密法实施条例》，以下表述正确的是（　）。

A. 涉密信息系统按照涉密程度分为机密级、秘密级和普通级

B. 机关、单位应当根据涉密信息系统存储、处理信息的最低密级确定系统的密级

C. 涉密信息系统按照涉密程度分为绝密级、机密级、秘密级

D. 机关、单位应当根据涉密信息系统存储、处理信息的最高密级确定系统的密级

答案：CD

解析：根据《中华人民共和国保守国家秘密法实施条例》，涉密信息系统按照涉密程度分为绝密级、机密级、秘密级。机关、单位应当根据涉密信息系统存储、处理信息的最高密级确定系统的密级，按照分级保护要求采取相应的安全保密防护措施。

25. 根据《中华人民共和国保守国家秘密法实施条例》，以下表述错误的是（　）。

A. 企业事业单位从事国家秘密载体制作、复制、维修、销毁等涉及国家秘密的业务，应当由信息化管理部门严格审查

B. 企业事业单位从事国家秘密载体制作等涉及国家秘密的业务，应当由信息化管理部门严格审查。从事国家秘密载体复制、维修、销毁的，应当由行政管理部门严格审查

C. 企业事业单位从事国家秘密载体制作、复制、维修、销毁等涉及国家秘密的业务的，应当由保密行政管理部门或者保密行政管理部门会同有关部门进行保密审查

D. 以上均正确

答案：ABD

解析：根据《中华人民共和国保守国家秘密法实施条例》，企业事业单位从事国家秘密载体制作、复制、维修、销毁，涉密信息系统集成或者武器装备科研生产等涉及国家秘密的业务（以下简称涉密业务），应当由保密行政管理部门或者保密行政管理部门会同有关部门进行保密审查。保密审查不合格的，不得从事涉密业务。

26. 根据《中华人民共和国保守国家秘密法实施条例》，以下表述正确的是（　）。

A. 一切国家机关、武装力量、政党、社会团体、企业事业单位都有保守国家秘密的义务，公民自行决定是否保守国家秘密

B. 机关、单位负责人及其指定的人员为定密责任人，负责本机关、本单位的国家秘密确定、变更和解除工作

C. 下级机关认为本机关产生的有关定密事项属于上级机关的定密权限，应当先行解密

D. 国家秘密的保密期限，除另有规定外，绝密级不超过30年，机密级不超过20年，秘密级不超过10年

答案：BD

解析：根据《中华人民共和国保守国家秘密法实施条例》规定，一切国家机关、武装力量、政党、社会团体、企业事业单位和公民都有保守国家秘密的义务。机关、单位负责人及其指定的人员为定密责任人，负责本机关、本单位的国家秘密确定、变更和解除工作。机关、单位执行上级确定的国家秘密事项，需要定密的，根据所执行的国家秘密事项的密级确定。下级机关、单位认为本机关、本单位产生的有关定密事项属于上级机关、单位的定密权限，应当先行采取保密措施，并立即报请上级机关、单位确定；没有上级机关、单位的，应当立即提请有相应定密权限的业务主管部门或者保密行政管理部门确定。国家秘密的保密期限，除另有规定外，绝密级不超过30年，机密级不超过20年，秘密级不超过10年。

27. 电子公文的要素包括版面、拟制、（　）和管理等。

A. 流转　　B. 办理　　C. 分发　　D. 传阅

答案：B

解析：电子公文的要素包括版面、拟制、办理和管理等。

28. 下列选项中，属于电子公文版面要素的是（　）。

A. 办理时限要求　　B. 纸张大小

C. 附注　　D. 领导批示

答案：C

解析：电子公文版面要素包括份号、密级和保密期限、紧急程度、发文机关标志、发文字号、签发人、标题、主送机关、正文、附件说明、发文机关署名、成文日期、印章、附注、附件、抄送机关、印发机关和印发日期等。

29. 电子公文拟制要素中，起草信息包括（　）。

A. 起草人信息　　B. 起草时间

C. 定密信息　　　　　　　　　　　D. 修改信息

答案：ABC

解析：电子公文拟制要素包括内容信息、起草信息、审核信息和签批信息。其中，内容信息包括文字、图表、图像、音频、视频等不同形式的信息记录；起草信息主要包括起草人信息、起草时间和定密信息；审核信息主要包括审核人信息、审核意见、审核时间、修改人信息、修改内容、修改时间；签批信息主要包括签批人信息、批示内容、签批时间。

30. 下列选项中，不属于电子公文收文办理要素的是（　）。

A. 接收时间　　　　　　　　　　　B. 领导批办意见

C. 查阅人单位姓名　　　　　　　　D. 承办结果记录

答案：C

解析：电子公文的办理要素包括收文办理、发文办理和整理归档。其中，收文办理要素包括接收信息、审核批办信息、承办催办信息和传阅信息；发文办理要素包括复核信息、发送信息；整理归档要素包括档号、保密期限、移交接收信息。

31. 下列选项中，不属于电子公文管理要素的是（　）。

A. 查阅信息　　　　　　　　　　　B. 复制输出信息

C. 传阅信息　　　　　　　　　　　D. 变更信息

答案：C

解析：电子公文的管理要素包括查阅信息、复制输出信息以及变更信息。其中，查阅信息主要包括查阅批准记录、查阅人信息、查阅时间；复制输出信息主要包括复制、输出批准记录，复制、输出责任人信息，复制、输出份数和时间，复制、输出的文件标识；变更信息主要包括密级、保密期限、保管期限、主送范围等变更内容，以及变更时间、审核人信息、签批人信息。

32. 电子印章使用单位合并或者变更的，可延后一个月公告原电子印章失效。（　）

答案：×

解析：电子印章使用单位合并或者变更的，应当立即公告原电子印章失效。

33. 下列选项中，不属于电子公文系统支持功能的是（　）。

A. 文稿质量　B. 审核签发　C. 催办答复　D. 检索统计

答案：A

解析：电子公文系统应当支持电子公文起草、审核、签发、传输、承办、催办、答复、归档等公文处理程序，同时具有验证、存储、输出、查阅、检索、统计等功能。

34. 复制、输出的电子公文无须视同原件管理。（　）

答案：×

解析：复制电子公文应当标注相关复制信息，便于管理和监督；输出电子公文应当采取技术手段控制输出数量和去向。复制、输出的电子公文视同原件管理。复制、输出涉密电子公文时，应当履行审批手续，并按照相应密级的纸质文件管理规定执行。

35. 复制涉密电子公文时应当履行审批手续，输出涉密电子公文时不再履行审批手续。（　）

答案：×

解析：复制、输出涉密电子公文时，应当履行审批手续，并按照相应密级的纸质文件管理规定执行。

36. 电子公文传输是指电子公文的（　）过程。

A. 起草、审批、发送　B. 生成、发送、接收

C. 发起、审核、签发　D. 起草、审核、定稿

答案：B

解析：电子公文传输是指电子公文的生成、发送和接收过程

37. 下列关于电子公文效力说法中，正确的是（　）。

A. 电子公文与相同内容的纸质公文具有同等行政法律效力

B. 电子公文正式运行后，同时寄发纸质公文

C. 电子公文的使用效力与纸质公文存在一定的差异

D. 电子公文由发文单位打印办理

答案：A

解析：电子公文与相同内容的纸质公文具有同等行政法律效力。加盖电子印章的电子公文正式运行后，不再寄发纸质公文，由收文单位自行打印办理。

38. 电子公文比纸质公文效力低。(　)

答案：×

解析：电子公文与纸质公文具有同等效力。

39. 石油石化行业国家秘密范围包括（　）。

A. 绝密级　　B. 机密级　　C. 秘密级　　D. 普通秘密

答案：ABC

解析：《石油石化行业国家秘密范围的规定》第二条明确：石油石化行业国家秘密范围包括：绝密级 、机密级、秘密级。

40. 石油石化行业涉及其他部门或者行业国家秘密的，应当按照（　）的规定定密。

A. 部门工作秘密范围　　B. 相关国家秘密范围

C. 行业工作秘密范围　　D. 双方约定秘密范围

答案：B

解析：《石油石化行业国家秘密范围的规定》第三条明确：石油石化行业涉及其他部门或者行业国家秘密的，应当按照相关国家秘密范围的规定定密。

41. 石油石化对外合作谈判方案和底牌，招标和投标标底属于石油石化行业绝密级国家秘密。(　)

答案：×

解析：《石油石化行业国家秘密目录》中明确：国家重大石油石化对外合作谈判方案和底牌，招标和投标标底属于石油石化行业机密级国家秘密。

42. 与敏感国家（地区）进行油气业务合作、贸易的重要敏感事件，属于石油石化行业绝密级国家秘密，保密期限为“公布前”。(　)

答案：×

解析：《石油石化行业国家秘密目录》中明确：与敏感国家（地区）进行油气业务合作、贸易的重要敏感事件属于石油石化行业机密级国家秘密，保密期限为“10 年”。

43. 战争及紧急战备时期，国家级各大地区军用石油石化产品运输、储备计划及执行情况，属于石油石化行业机密级国家秘密，保密期限为“10年”。(　　)

答案：×

解析：《石油石化行业国家秘密目录》中明确：战争及紧急战备时期，国家级各大地区军用石油石化产品运输、储备计划及执行情况，属于石油石化行业绝密级国家秘密，保密期限为“10年”。此内容也是唯一被列为石油石化行业绝密级国家秘密的。

44. 国家重大石油石化引进项目的决策信息和相关资料属于石油石化行业秘密级国家秘密。(　　)

答案：√

解析：《石油石化行业国家秘密目录》中明确：国家重大石油石化引进项目的决策信息和相关资料属于石油石化行业秘密级国家秘密。

45. 机要通信工作应当坚持（　　）的宗旨。

A. 政治服务第一　　B. 通信质量第一

C. 保密安全第一　　D. 社会效益第一

答案：ABD

解析：《邮政机要通信保密管理规定》第三条规定：机要通信工作应当坚持政治服务第一、通信质量第一、社会效益第一的宗旨，贯彻积极防范、突出重点、保密安全、准确迅速的方针。“保密安全”是它的工作方针。

46. 省级邮政企业机要通信管理部门为机要通信保密要害部位。(　　)

答案：×

解析：《邮政机要通信保密管理规定》第十条规定：省级邮政企业机要通信管理部门为机要通信保密要害部门。机要通信营业、处理场所为机要通信保密要害部位。这里要注意“要害部门”和“要害部位”的区别。

47. 下列属于机要通信的准寄物品的有（　　）。

A. 各类介绍信、证明材料

B. 政法部门寄递的案件物证

C. 使用机要专用封装用品密封的标注密级、编号和收发件单位名称的国家秘密载体

D. 印有统一刊号（CN）、标注密级的期刊

答案：BCD

解析：《邮政机要通信保密管理规定》第十六条规定：机要通信的准寄类别包括：（一）文件、刊物类：使用机要专用封装用品密封的标注密级、编号和收发件单位名称的国家秘密载体，含政法部门寄递的案件物证；（二）代办发行类：经国家新闻出版主管部门批准，印有统一刊号（CN）、标注密级、符合机要通信寄递范围规定的党和国家有关新闻单位制作的期刊；（三）经国务院邮政管理部门和国家保密行政管理部门批准寄递的其他重要物品。

48. 机要通信营业、处理场所应当确定进入人员范围，建立______或者采取______等措施，严禁无关人员进入。

答案：人员进出登记制度；安装身份鉴别装置

解析：《邮政机要通信保密管理规定》第二十一条规定：机要通信营业、处理场所应当确定进入人员范围，建立人员进出登记制度或者采取安装身份鉴别装置等措施，严禁无关人员进入。

49. 关于机要通信营业、处理场所的管理要求，下列表述正确的是（　）。

A. 应当安装全面覆盖、具有红外夜视功能、全天候运转的监控设备

B. 图像资料保存时间不少于 10 天

C. 应当配备 A 类灭火器等消防设备

D. 应当安装隔离设施

答案：ACD

解析：《邮政机要通信保密管理规定》第二十三条规定：机要通信营业、处理场所应当安装隔离设施。场所与外界相通的窗口、通风口应当安装金属栅栏；收寄人员工作场地和待交寄区域应当使用营业柜台等方式进行物理隔离。第二十四条规定：机要通信营业、处理场所应当安装监控设备，并符合以下要求：（一）场所应当安装全面覆盖、具有红外夜视功能的摄像头；

（二）摄像头应当全天候运转，能显示人员的活动情况、面部特征，能移动侦测；（三）图像资料保存时间不少于 30 天。第二十五条规定：机要通信营业、处理场所应当配备消防设备。灭火器以 A 类（固体火灾）、民用建筑严重危险级为基准进行配备；灭火器应当处于有效使用期内。

50. 下列属于邮政企业机要通信人员基本条件的是（　）。

A. 本人必须具有中华人民共和国国籍；对配偶不做要求

B. 忠于祖国、政治可靠，历史清白、思想进步，遵纪守法、品行端正

C. 机要通信收寄人员、投递人员、内部处理人员、运输和接发环节的交接人员应当与邮政企业签订劳动合同

D. 高中以上文化程度，个人社会关系清楚

答案：BCD

解析：《邮政机要通信保密管理规定》第二十九条规定：邮政企业机要通信人员应当符合国家关于涉密人员保密管理的相关规定，并符合下列基本条件：（一）具有中华人民共和国国籍；（二）忠于祖国、政治可靠，历史清白、思想进步，遵纪守法、品行端正；（三）社会关系清楚，配偶不得为非中国公民；（四）具有高中以上文化程度；（五）机要通信收寄人员、投递人员、内部处理人员、运输和接发环节的交接人员应当与邮政企业签订劳动合同。

51. 邮政企业对涉密岗位机要通信人员进行定期复审。其中：重要涉密人员每（　）年复审一次，一般人员每（　）年复审一次。

A. 2　5　　B. 3　5　　C. 1　3　　D. 2　3

答案：B

解析：《邮政机要通信保密管理规定》第三十二条规定：邮政企业应当对涉密岗位机要通信人员定期组织复审。重要涉密人员每 3 年复审一次，一般涉密人员每 5 年复审一次。

52. 涉密岗位机要通信人员每年接受不少于（　）学时的保密专题教育培训。

A. 1　　B. 2　　C. 3　　D. 4

答案：D

解析：《邮政机要通信保密管理规定》第三十三条规定：邮政企业应当加强对涉密岗位机要通信人员的保密教育培训，保证涉密人员每年接受不少于4个学时的保密专题教育培训。

53. 传递国家秘密载体，以下表述正确的是（　）。

A. 应当包装密封，使用符合要求的机要通信专用封装用品

B. 载体的信封或者袋牌上应当标明密级、编号和收发件单位名称

C. 应当使用由防透视材料制作的、周边缝有韧线的信封，信封的封口及中缝处应当加盖密封章或者加贴密封条

D. 使用袋子封装时，袋子的接缝处应当使用双线缝纫，袋口应当用铅志进行双道密封

答案：ABCD

解析：上述选项内容为《邮政机要通信保密管理规定》第三十九条规定的内容。

54. 涉密岗位机要通信人员离岗离职实行脱密期管理。重要涉密人员脱密期为（　）年，一般涉密人员脱密期为（　）个月。

A. 1　6　　B. 1　3　　C. 2　6　　D. 2　9

答案：A

解析：《邮政机要通信保密管理规定》第三十六条规定：涉密岗位机要通信人员离岗离职实行脱密期管理。重要涉密人员脱密期为1年，一般涉密人员脱密期为6个月。

四　精选试题

（一）判断题

1. 党政机关公文是党政机关实施领导、履行职能、处理公务的具有特定效力和规范体式的文书。（　）

2. 党政机关公文是传达贯彻党和国家的方针政策，公布法规和规章，指导、布置和商洽工作，请示和答复问题，报告、通报和交流情况等的重要工具。（ ）

3. 党政机关公文处理工作是指公文拟制、办理、管理等一系列相互关联、衔接有序的工作。（ ）

4. 党政机关公文处理工作应当坚持实事求是、准确规范、精简高效、安全保密的原则。（ ）

5.《党政机关公文处理工作条例》中规定公文的种类主要有12种。（ ）

6.《党政机关公文处理工作条例》中明确公报和公告属于同一类公文。（ ）

7. 党政机关公文主要有15类文种，其中不适用于中国石化的文种有决议、公报和议案。（ ）

8. 议案适用于各级人民政府按照法律程序向同级人民代表大会或者人民代表大会常务委员会提请审议事项。（ ）

9. 按照行文方向不同，可将公文分为上行文、下行文。（ ）

10. 请示、报告都是上行文文种，意见也可以作为上行文文种。（ ）

11. “议案适用于各级人民政府按照法律程序向上级人民代表大会或者人民代表大会常务委员会提请审议事项时使用的文种。”这种说法是错误的。（ ）

12. 上行文可选择的文种包括请示、报告、意见和函。（ ）

13. 上行文可选择的文种包括请示、报告、批复和意见。（ ）

14. 向上级机关汇报工作、反映情况、回复上级机关的询问时，使用请示文种是错误的。（ ）

15. 平行文指平级关系机关和不相隶属关系机关之间的行文，使用的文种只有函。（ ）

16.《党政机关公文处理工作条例》规定“意见适用于对重要问题提出见解和处理办法”，意见不能用于平行文。（ ）

17. 各省人民政府之间商洽工作可以使用函文种。（　）

18. 不相隶属机关之间商洽工作、询问和答复问题、请求批准和答复审批事项，使用请示文种是错误的。（　）

19. 下行文是指上级领导机关对所属下级机关的行文，通常使用的文种有通知、请示、批复、通报等。（　）

20.《党政机关公文处理工作条例》中关于意见的适用范围表述为“适用于对重要问题提出见解和处理办法”，一般情况下意见不能用于下行文的文种。（　）

21. 批复不适用于答复不相隶属机关的请求批准事项。（　）

22. 批复是上级机关答复下级机关请示事项时使用的一种下行文文种。（　）

23. 行文应当确有必要，讲求实效，注重针对性和可操作性。（　）

24. 记载会议详细情况和议定事项使用纪要文种是错误的。（　）

25. 行文关系根据隶属关系和职权范围确定，一般可以越级行文。（　）

26. 行文关系根据隶属关系和职权范围确定，特殊情况需要越级行文的，不需要抄送被越过的机关。（　）

27. 行文关系根据隶属关系和职权范围确定。（　）

28. 党委、政府的办公厅（室）根据本级党委、政府授权，可以向下级党委、政府行文，其他部门和单位不得向下级党委、政府发布指令性公文或者在公文中向下级党委、政府提出指令性要求。（　）

29. 向上级机关行文，一般可以有多个主送机关。（　）

30. 下级机关的请示事项，如需以本机关名义向上级机关请示，可以原文转报上级机关。（　）

31. 受双重领导的机关向一个上级机关行文，一定要抄送另一个上级机关。（　）

32. 向上级机关行文，原则上主送一个上级机关，根据需要同时抄送相关上级机关和同级机关，不抄送下级机关。（　）

33. 下级机关的请示事项，如需以本机关名义向上级机关请示，应当提出倾向性意见后上报，不得原文转报上级机关。（　）

34. 不相隶属机关之间对重要问题提出见解和处理办法，只能使用意见文种。（ ）

35. 涉及多个部门职权范围内的事务，部门之间未协商一致的，可以向下行文。（ ）

36. 对于经办公厅（室）审核不宜发文的公文文稿，应当退回起草部门并说明理由。（ ）

37. 公文文稿签发前，应当由发文机关起草单位进行审核。（ ）

38. 内容是否符合党的理论路线方针政策和国家法律法规，是否完整准确体现发文机关意图，是否同现行有关公文相衔接，所提政策措施和办法是否切实可行，是审核公文文稿的重点。（ ）

39. 文种是否正确，格式是否规范；人名、地名、时间、数字、段落顺序、引文等是否准确；文字、数字、计量单位和标点符号等用法是否规范，是审核公文文稿的重点。（ ）

40. 经审核不宜发文的公文文稿，应当退回起草单位并说明理由；符合发文条件但内容需作进一步研究和修改的，由发文机关办公厅（室）修改后重新报送。（ ）

41. 公文涉及其他地区或者部门职权范围内的事项，为提高办文效率，起草单位可以不征求相关地区或者部门意见。（ ）

42. 上级机关向受双重领导的下级机关行文，必须同时抄送该下级机关的另一个上级机关。（ ）

43. 上级机关向受双重领导的下级机关行文，必要时抄送该下级机关的另一个上级机关。（ ）

44. 涉及多个部门职权范围内的事务，部门之间未协商一致的，不得向下行文；擅自行文的，上级机关应当责令其纠正或者撤销。（ ）

45. 公文标题由发文机关名称、事由和文种组成，通常下行文的标题可简化为事由加文种。（ ）

46. 请示和函的标题由发文机关名称、事由和文种组成。（ ）

47. 同级党政机关、党政机关与其他同级机关不可以联合行文。（ ）

48. 属于党委、政府各自职权范围内的工作，可以联合行文。（　）

49. 属于党委、政府各自职权范围内的工作，不得联合行文。（　）

50. 同级党政机关、党政机关与其他同级机关必要时可以联合行文。（　）

51. 向上级机关行文，可以在报告等非请示性公文中夹带请示事项。（　）

52. 在向上级机关请示中，不应包含与请示内容不相关的事项。（　）

53. 除上级机关负责人直接交办事项外，不得以本机关名义向上级机关负责人报送公文。（　）

54. 请示可以一文一事，也可以一文多事。（　）

55. 在报告等非请示性公文中夹带请示事项是错误的。（　）

56. 上级机关办公室可以不予受理《某公司关于停用和新建管线的请示》。（　）

57. 上级机关答复下级机关请示事项，可使用批复文种。（　）

58. 受双重领导的机关向一个上级机关行文，务必要抄送另一个上级机关。（　）

59. 党委、政府的部门依据职权可以相互行文。（　）

60. 不同级的党政机关不可以联合行文。（　）

61. 特殊情况需要越级行文时，应当同时抄送被越过的机关。（　）

62. 党委、政府的部门请示、报告重大事项，属于上级主管部门职权范围内的事项，应当直接报送上级主管部门。（　）

63. 联合发文由所有联署机关的负责人会签。（　）

64. 公文拟制程序中不包含录入和排版、校对、用印、分发等环节。（　）

65. 公文拟制包括公文的起草、审核、签发等程序。（　）

66. 公文起草应当符合国家法律法规和党的路线方针政策，完整准确体现发文机关意图，并同现行有关公文相衔接。（　）

67. 公文涉及其他地区或者部门职权范围内的事项，起草单位必须征求相关地区或者部门意见，力求达成一致。（　）

68. 涉密公文可以与普通公文在同一场所印制，印制场所不一定需要符合保密要求，只要按保密要求与普通公文分开存放即可。（　）

69. 涉密公文可以通过顺丰快递等比较可靠的快递途径进行传递。（　）

70. 涉密公文应当由机要收发人员通过密码电报或者符合国家保密规定的计算机信息系统进行传输。 （ ）

71. 涉密公文应当通过机要交通、邮政机要通信、城市机要文件交换站进行传递。 （ ）

72. 需要归档的公文及有关材料，应当根据有关法律法规以及相关档案管理规定，及时收集齐全、整理归档。个人可以保存应当归档的公文。（ ）

73. 机关负责人兼任其他机关职务的，在履行所兼职务过程中形成的公文，不应由其兼职机关整理、归档。 （ ）

74. 两个以上机关联合办理的公文，原件由主办机关归档，相关机关保存复制件。 （ ）

75. 文种是否正确，格式是否规范；人名、地名、时间、数字、段落顺序、引文等是否准确；文字、数字、计量单位和标点符号等用法是否规范，是审核公文文稿的重点。 （ ）

76. 经审核不宜发文的公文文稿，应当退回拟稿人并说明理由；符合发文条件但内容需作进一步研究和修改的，由起草单位主要负责人修改后重新报送。 （ ）

77. 公文一般应当经本机关办公厅（室）主任审批签发。 （ ）

78. 重要公文应由机关负责人签发。 （ ）

79. 公文应由本机关负责人审批签发，重要公文应由机关主要负责人签发。（ ）

80. 签发人签发公文，应当签署意见、姓名和完整日期；圈阅或者签名的，视为同意。 （ ）

81. 公文办理仅包括收文办理和发文办理。 （ ）

82. 收文办理初审的重点是：是否应当由本机关办理，是否符合行文规则，文种、格式是否符合要求，涉及其他部门职权范围内的事项是否已经协商、会签，是否符合公文起草的其他要求。 （ ）

83. 公文办理主要包括收文办理、发文办理和整理归档。 （ ）

84. 收文办理的程序包括签收、登记、初审、承办、传阅和催办共 6 个环节。 （ ）

85. 对收到的公文应当进行初审，经初审不符合规定的公文，应先正常收文，再跟来文单位沟通。（　）

86. 传阅要根据领导批示和工作需要将公文及时送传阅对象阅知或批示，同时应当随时掌握公文去向，不得漏传、误传、延误。（　）

87. 收文办理的主要程序包括签收、登记、初审、承办、传阅、催办和答复。（　）

88. 发文办理按顺序主要程序包括复核、印制、登记和核发。（　）

89. 已经发文机关负责人签批的公文，印发前应当对公文的审批手续、内容、文种、格式等进行复核；需作实质性修改的，应当报原签批人复审。（　）

90. 发文办理的主要程序包括复核、登记、印制和核发。（　）

91. 公文确定密级前，应当按照拟定的密级先行采取保密措施。（　）

92. 涉密公文公开发布前无须履行解密程序。（　）

93. 经批准公开发布的涉密公文，同发文机关正式印发的公文具有同等效力。（　）

94. 涉密公文公开发布前应当履行解密程序。公开发布的时间、形式和渠道，由发文机关确定。（　）

95. 复制、汇编机密级、秘密级公文，应当符合有关规定并经本机关负责人批准。复制、汇编的公文视同一般公文进行管理。（　）

96. 绝密级公文一般不得复制、汇编，确有工作需要的，应当经本机关负责人批准。（　）

97. 机密级公文复制件应当加盖复制机关戳记，视同原件管理。（　）

98. 机关负责人兼任其他机关职务的，在履行所兼职务过程中形成的公文，由其兼职机关归档。（　）

99. 公文确定密级前，不需要按照拟定的密级先行采取保密措施。（　）

100. 公文确定密级前，纳入非密级管理是错误的。（　）

101. 公文的撤销和废止，应由发文机关、上级机关或者权力机关根据职权范围和有关法律法规决定。（　）

102. 被撤销的公文，视为自始无效；被废止的公文，视为自废止之日起失效。（ ）

103. 涉密公文应当按照发文机关的要求和有关规定进行清退或者销毁。个人可以私自销毁、留存涉密公文。（ ）

104. 涉密公文应当按照发文机关的要求和有关规定进行清退或者销毁。（ ）

105. 未经发文机关批准，某部门变更公文印发传达范围的行为是错误的。（ ）

106. 经发文机关批准后，公文的印发传达范围可以变更。（ ）

107. 复制、汇编机密级、秘密级公文，应当符合有关规定并经本机关负责人批准。（ ）

108. 公文的撤销，由发文机关、上级机关或者权力机关根据职权范围和有关法律法规决定。公文被撤销的，视为自撤销之日起失效。（ ）

109. 公文的废止，由发文机关、上级机关或者权力机关根据职权范围和有关法律法规决定。公文被废止的，视为自始无效。（ ）

110. 机要通信用户寄递国家秘密载体应使用机要专用封装用品进行封装，无法使用机要专用信封封装的，交寄时须开具单位证明信。（ ）

111. 机要通信用户寄递国家秘密载体，由事项业务办理部门安排人员交寄。（ ）

112. 机要通信的准寄类别中的文件、刊物类，是指使用机要专用封装用品密封的标注密级、编号和收发件单位名称的国家秘密载体，含政法部门寄递的案件物证。（ ）

113. 机要通信的准寄类别包括机要文件、刊物、案件物证和其他重要物品，代办发行的期刊不在准寄范围内。（ ）

114. 涉密岗位机要通信人员离岗离职实行脱密期管理，一般涉密人员脱密期为 6 个月。（ ）

115. 机要通信重要涉密人员离岗离职脱密期为 2 年，一般涉密人员脱密期为 1 年。（ ）

116. 传递国家秘密载体的信封或者袋牌上应当标明密级、编号和收发件单位名称。（　）

117. 涉密载体寄递应当封装严实，绝密级国家秘密不得使用信封封装。（　）

118. 石油石化行业国家秘密范围包括绝密级、机密级、秘密级，石油石化企业军用石油石化产品生产、销售、运输、储备计划和执行情况的密级为机密级。（　）

119. 泄露后会使国家石油石化行业重大政策制定和执行遭受严重损害的事项应当定为绝密级国家秘密。（　）

120. 电子公文比纸质公文效力低。（　）

121. 电子公文是以电子数字形式拟制、办理、管理的党政机关公文。（　）

122. 电子公文比纸质公文种类多，且公文格式也有所区别。（　）

123. 电子公文处理工作可设立不同的管理规范，且不需要安全权限设置。（　）

124. 电子公文同纸质公文具有同等效力。（　）

125. 电子公文要素包括版面、拟制、办理、管理等。（　）

126. 电子公文的版面要素不含密级、保密期限以及紧急程度。（　）

127. 电子公文版面要素包括发文机关标志、发文字号、签发人、标题、主送机关、正文等。（　）

128. 电子公文的内容信息仅包括文字、图表、图像，不包括音频、视频。（　）

129. 电子公文的起草信息主要包括起草人信息、起草时间，不含定密信息。（　）

130. 电子公文的审核信息主要包括审核人信息，不含修改人信息。（　）

131. 电子公文拟制要素中的起草信息主要包括起草人信息、起草时间和定密时间。（　）

132. 电子公文的办理要素包括收文办理、发文办理，不含整理归档。（　）

133. 电子公文传阅信息仅包括传阅批准记录、传阅人信息以及传阅时间。 ( )

134. 电子公文收文办理要素包括接收信息，审核、批办信息，承办、催办信息以及传阅信息。 ( )

135. 电子公文发送信息包括发送机关信息、接收人信息、发送时间。 ( )

136. 电子公文发文办理要素包括复核信息、发送信息。 ( )

137. 电子公文保管期限包括永久、定期两种，定期一般分为20年、10年。 ( )

138. 电子公文移交接收信息主要包括移交人信息、移交时间、发送人信息、发送时间。 ( )

139. 电子公文整理归档要素包括档号、保管期限以及移交接收信息。 ( )

140. 电子公文管理要素查阅信息包括查阅批准记录、管理员信息、查阅时间。 ( )

141. 电子公文管理要素变更信息主要包括密级、保密期限、保管期限、主送范围等变更内容，不包括变更时间、审核人信息、签批人信息。 ( )

142. 电子公文管理要素包括查阅信息、复制、输出信息以及变更信息。 ( )

143. 电子公文中有发文机关署名的，应当加盖发文机关电子印章，可以与署名机关不相符。 ( )

144. 电子印章制发、使用、管理应当按照公章管理有关规定执行，不用符合电子政务认证管理、密码管理相关要求。 ( )

145. 电子公文归档时应当去除电子印章的数字签名信息，只保留印章图形。 ( )

146. 电子印章使用单位撤销的，应当立即公告其电子印章失效即可，不用将电子印章移交制发机关。 ( )

147. 电子印章使用单位撤销的，应当立即公告其电子印章失效，并及时

将电子印章移交制发机关。（　）

148. 电子印章使用单位合并或者变更的，可延后一个月公告原电子印章失效。（　）

149. 电子印章使用单位合并或者变更的，应当立即公告原电子印章失效，并重新申请制发电子印章。（　）

150. 电子印章销毁可由经办保管人处理，不用履行相关审批手续。（　）

151. 涉密电子印章载体销毁可自行处理，不用按照国家保密法律法规的规定处理。（　）

152. 涉密电子印章载体销毁应当按照国家保密法律法规的规定处理。（　）

153. 电子印章的治安管理由监察机关负责，具体规定由监察部门会同有关部门另行制定。（　）

154. 电子印章的治安管理由公安机关负责，具体规定由公安部会同有关部门另行制定。（　）

155. 电子公文系统应当支持电子公文起草、审核、签发、传输、承办、催办、答复、归档等公文处理程序，但不具备验证、存储、输出、查阅、检索、统计等功能。（　）

156. 电子公文系统应当支持电子公文起草、审核、签发、传输、承办、催办、答复、归档等公文处理程序。（　）

157. 电子公文系统应当实现可信离线关联和安全的信息交换。（　）

158. 在涉密网络中部署的涉密电子公文系统，应当确定系统密级。（　）

159. 电子公文系统建设应当优先采用价格较低的软硬件产品。（　）

160. 电子公文办理完毕后，应当将需要归档的电子公文及其版面、拟制、办理、管理等要素和相关数据信息及时整理归档。（　）

161. 电子公文系统设备更新、系统升级时，应当确认原有载体与新设备兼容，不用对电子公文进行迁移。（　）

162. 各级党政机关应当根据电子公文存储的实际情况，对电子公文定期进行数据备份，无须进行异地容灾备份。（　）

163. 各级党政机关应当根据电子公文存储的实际情况，对电子公文定期进行数据备份。（ ）

164. 电子公文删除应当履行审批手续，不用长期保存删除文件记录。（ ）

165. 电子公文删除应当履行审批手续，并长期保存删除文件记录。（ ）

166. 复制、输出的电子公文无须视同原件管理。（ ）

167. 涉密的电子公文的复制、输出无须按照相应密级的纸质文件管理规定执行。（ ）

168. 涉密电子公文的复制、输出应当按照相应密级的纸质文件管理规定执行。（ ）

169. 电子公文办理完毕后，只需要归档电子文本，其版面、拟制、办理、管理等要素无须归档。（ ）

170. 在涉密网络中部署的涉密电子公文系统，由安全行政管理部门设立或者授权的保密测评机构进行检测评估。（ ）

171. 非涉密的电子公文系统，应当按照网络安全等级保护制度和密码标准规范要求，在建设实施后开展系统安全建设工作。（ ）

172. 非涉密的电子公文系统，应当在建设实施时同步开展系统安全建设工作，落实安全管理制度和安全防护技术措施。（ ）

173. 各级党政机关办公厅（室）的文秘部门负责电子公文处理工作的日常运转、组织协调、监督检查、培训指导等。（ ）

174. 存储涉密电子公文的国家秘密载体应当按照所存储电子公文的最低密级和最短保密期限，在载体表面显著位置标注密级和保密期限并确保安全。（ ）

175. 复制、输出涉密电子公文时，无须履行审批手续。（ ）

176. 档案是指过去和现在的机关、团体、企业事业单位和其他组织以及个人从事经济、政治、文化、社会、生态文明、军事、外事、科技等方面活动直接形成的对国家和社会具有保存价值的各种文字、图表、声像等不同形式的历史记录。（ ）

177. 一切国家机关、武装力量、政党、团体都有保护档案的义务，企业事业单位和公民没有保护档案的义务。（　）

178. 档案工作实行统一领导、分级管理的原则，维护档案完整与安全，便于社会各方面的利用。（　）

179. 团体、企业事业单位和其他组织的档案机构或者档案工作人员，负责保管本单位的档案，并对所属机构的档案工作实行监督和指导。（　）

180. 对国家规定的应当立卷归档的材料，必须按照规定，定期向社会档案机构移交，分散管理。（　）

181. 对国家规定的不予立卷归档的材料，必须定期向本单位档案机构或者档案工作人员移交，集中管理，任何个人不得据为己有。（　）

182. 除企业事业单位外，各级各类机关、团体的档案机构，都应当建立科学的管理制度，便于对档案的利用；配置必要的设施，确保档案的安全；采用先进技术，实现档案管理的现代化。（　）

183. 电子公文接收单位应指定有关部门或专人负责形成单位的电子公文归档工作，将电子公文的收集、整理、归档、保管、利用纳入机关文书处理程序和相关人员的岗位责任。（　）

184. 电子公文的真实性、完整性、安全性和可识别性，移交前由档案部门负责。（　）

185. 电子公文一般应在办理完毕后即时向机关档案部门归档。（　）

186. 符合国家有关规定要求的电子公文可以仅以电子形式归档。电子公文归档应当符合电子文件归档和电子档案管理的要求。（　）

187. 需要永久和长期保存的电子公文，应在每一个存储载体中同时存有相应的符合规范要求的机读目录。（　）

188. 电子公文的收发登记表、机读目录、相关软件、其他说明等应与相对应的电子公文一同归档保存。（　）

189. 电子公文形成单位应在运行电子公文处理系统的硬件环境中设置一定容量的暂存存储器，存放尚未处理完毕不宜归档保存的电子公文，以保证归档电子公文的完整、安全。（　）

190. 电子公文接收单位应在电子公文处理系统中设置符合安全要求的操作日志，定期自动记录对电子公文实时操作的人员、时间、设备、项目、内容等，以保证归档电子公文的真实性。（　）

191. 电子公文接收单位应在电子公文生成时按照国家有关要求对其真实性、完整性、可用性和安全性进行测试。（　）

192. 归档电子公文的移交形式为交接双方之间进行存储载体传递，不得通过电子公文传输系统从网上交接。（　）

193. 通过存储载体进行交接的归档电子公文，移交部门应对其载体和技术环境进行检验，确保载体完整。（　）

194. 归档电子公文应存储到符合保管要求系统中，归档保存的电子公文一般不加密，必须加密归档的电子公文应标注密码。（　）

195. 归档的电子公文，应按本单位档案分类方案进行分类、整理，并拷贝至耐久性好的载体上，一式 3 套，一套封存保管，一套异地保管，一套提供利用。（　）

196. 档案部门应加强对归档电子公文的管理，提供利用有密级要求的归档电子公文，应严格遵守国家有关保密的规定，采用联网的方式提供利用的，应采取稳妥的身份认定、权限控制及在存有电子公文的设备上加装防火墙等安全保密措施。（　）

197. 超过保管期限的归档电子公文的鉴定和销毁，按照归档纸质文件的有关规定执行。对确认销毁的电子公文可以进行逻辑或物理删除，并应由档案部门列出销毁文件目录存档备查。（　）

198. 国家秘密是关系企业和个人利益，依照法定程序确定，在一定时间内只限领导人员知悉的事项。（　）

199. 一切国家机关、武装力量、政党、社会团体、企业事业单位和公民都有保守国家秘密的义务。（　）

200. 保守国家秘密的工作实行积极防范、突出重点、依法管理的方针，既确保国家秘密安全，又便利信息资源合理利用。（　）

201. 国家秘密的保密期限，应当根据事项的性质和特点，按照维护国家

安全和利益的需要，限定在必要的期限内；不能确定期限的，应当确定解密的条件。（　）

202. 国家秘密的知悉范围，应当根据工作需要限定在领导范围。（　）

203. 机关、单位对承载国家秘密的纸介质、光介质、电磁介质等载体，以及属于国家秘密的设备、产品，必要时应当做出国家秘密标志。（　）

204. 国家秘密的密级、保密期限和知悉范围，应当根据情况变化及时变更。（　）

205. 国家秘密载体的制作、收发、传递、使用、复制、保存、维修和销毁，应当符合国家保密规定。（　）

206. 禁止非工作期间复制、记录、存储国家秘密。（　）

207. 报刊、图书、音像制品、电子出版物的编辑、出版、印制、发行等，应当遵守有关保密规定。（　）

208. 互联网及其他公共信息网络运营商、服务商应当配合公安机关、国家安全机关、检察机关对泄密案件进行调查。（　）

209. 在涉密岗位工作的人员按照涉密程度分为核心涉密人员、重要涉密人员和一般涉密人员，实行分类管理。（　）

210. 涉密人员上岗应当经过保密教育培训，掌握保密知识技能，签订保密承诺书，严格遵守保密规章制度，不得以任何方式泄露国家秘密。（　）

211. 涉密人员出境应当经有关部门批准，有关机关认为涉密人员出境将对国家安全造成危害或者对国家利益造成重大损失的，不得批准出境。（　）

212. 机关、单位违发生重大泄密案件的，由公安机关依法对直接负责的主管人员、领导人员和其他直接责任人员给予处分。（　）

213. 解决形式主义突出问题的要求之一，就是要精简文件简报，切实改进文风，没有实质内容、可发可不发的文件、简报一律不发。（　）

214. 为基层减负，在控制发文方面，要发扬“短实新”文风，坚决压缩篇幅，防止穿靴戴帽、冗长空洞。（　）

215. 为基层减负，不切实际、内容空洞的文件一律不发。（　）

216. 切实防止文山会海反弹回潮，要精减基层向上级报文报表的数量。（　）

（二）单选题

1. 党政机关公文不能用于（　）。

A. 个人向组织交代问题

B. 公布法规和规章

C. 传达贯彻党和国家的方针政策

D. 请示和答复问题

2. 中国石化公文是在生产经营建设和管理过程中形成的（　）。

A. 具有法定效力和固定体式的文书

B. 具有法定效力和规范体式的文书

C. 重要文书

D. 正规文书

3. 公文处理工作是一系列相互关联、衔接有序的工作，主要包括公文拟制、办理和（　）。

A. 治理　　B. 协调　　C. 管理　　D. 计划

4. 公文处理工作是指公文拟制、办理、管理等一系列（　）的工作。

A. 相互关联、错综复杂　　B. 相互独立、错综复杂

C. 相互关联、衔接有序　　D. 相互独立、衔接有序

5. 党政机关公文种类不包括（　）。

A. 决议　　B. 决定　　C. 意见　　D. 建议

6. 下列关于党政机关公文种类表述正确的是（　）。

A. 决议、决定、命令、公报　　B. 公示、通告、意见、通知

C. 建议、通报、报告、请示　　D. 批准、议案、函、纪要

7. 适用于在一定范围内公布应当遵守或者周知的事项的公文文种是（　）。

A. 通报　　B. 通知　　C. 通告　　D. 公告

8. 下列关于通报的适用范围表述正确的是（　）。

A. 只用于表彰先进

B. 只用于批评错误

C. 适用于表彰先进、批评错误、传达重要精神或者情况

D. 只用于传达重要精神或者情况

9. 属于上行文类型的是（ ）。

A. 函　B. 报告　C. 通知　D. 批复

10. 属于平行文类型的是（ ）。

A. 函　B. 报告　C. 请示　D. 批复

11. 属于下行文类型的是（ ）。

A. 函　B. 报告　C. 请示　D. 批复

12. 行文应当确有必要，讲求实效，注重（ ）。

A. 针对性和可操作性　B. 针对性和适应性

C. 特殊性和可操作性　D. 特殊性和适应性

13. 行文关系确定的依据是（ ）。

A. 隶属关系和职权范围　B. 隶属关系和管理范围

C. 所属关系和职权范围　D. 所属关系和管理范围

14. 关于行文关系的说法错误的是（ ）。

A. 行文关系根据隶属关系和职权范围确定

B. 一般不得越级行文

C. 特殊情况需要越级行文的，应当同时抄送被越过的机关

D. 具有平级关系或不相隶属关系的机关之间不能相互行文

15. 向上级机关行文的说法错误的是（ ）。

A. 原则上主送一个上级机关，根据需要同时抄送相关上级机关、同级机关和下级机关

B. 下级机关的请示事项，如需以本机关名义向上级机关请示，应当提出倾向性意见后上报，不得原文转报上级机关

C. 除上级机关负责人直接交办事项外，不得以本机关名义向上级机关负责人报送公文，不得以本机关负责人名义向上级机关报送公文

D. 受双重领导的机关向一个上级机关行文，必要时抄送另一个上级机关

16. 上行文的标题由哪些要素构成？（　）

A. 发文机关名称、事由、文种　　B. 收文机关名称、事由、文种

C. 发文机关名称、事由　　D. 收文机关名称、事由

17. 平行文的标题必须包含（　）。

A. 发文机关名称、文种　　B. 发文机关名称、事由

C. 发文机关名称、事由、文种　　D. 收文机关名称、文种

18. 向下级机关行文的说法错误的是（　）。

A. 主送受理机关，根据需要抄送相关机关。重要行文应当同时抄送发文机关的直接上级机关

B. 党委、政府的部门在各自职权范围内可以向下级党委、政府的相关部门行文

C. 涉及多个部门职权范围内的事务，部门之间未协商一致的，不得向下行文；擅自行文的，上级机关应当责令其纠正或者撤销

D. 上级机关向受双重领导的下级机关行文，不必抄送该下级机关的另一个上级机关

19. 下行文标题正确的是（　）。

A. 关于“元旦”、“春节”放假的通知

B. ××× 单位关于“元旦”、“春节”放假的通知

C. 关于贯彻中办发〔2012〕14 号文件精神的通知

D. ×× 公司关于做好公文处理工作的通知

20. 关于联合行文规则的说法正确的是（　）。

A. 需要联合开展工作和解决问题

B. 行文机关的职权范围可以不协调匹配

C. 可以是不同级机关、部门和单位

D. 由牵头部门签发后即可生效，不用联合各方会签

21. 两个或两个以上机关联合行文时必须进行（　）。

A. 把关　　B. 协商　　C. 会商　　D. 会签

22. 关于请示和报告说法正确的是（　）。

A. 请示和报告均为上行文，但用途和目的不同

B. 请示中可以夹带报告

C. 报告中可以夹带请示

D. 在公文标题中可以把请示和报告联合使用

23. 向上级机关行文请示（　）。

A. 应当一文一事

B. 可以一文多事

C. 可以在报告等公文中附带请示事项

D. 可以把下级机关的请示事项原文转报上级机关

24. 关于请示和批复的说法错误的是（　）。

A. 请示必须事前行文

B. 请示可以就一个事项提供多个方案

C. 对请示事项不同意可以不予答复

D. 批复的结论无须说明理由

25. 批复是答复下级请示的文件，是（　）。

A. 被动发文　　B. 主动发文

C. 对报告的批件　　D. 主动指导下级开展相关工作

26. 上级机关向受双重领导的下级机关行文时（　）。

A. 必要时抄送该下级机关的另一个上级机关

B. 必须抄送该下级机关的另一个上级机关

C. 不必抄送该下级机关的另一个上级机关

D. 随意抄送该下级机关的另一个上级机关

27. 下列说法错误的是（　）。

A. 同级党政机关、党政机关与其他同级机关必要时可以联合行文

B. 行政机关的公文不得向党的组织作指示、交任务

C. 属于党委、行政各自职权范围内的工作，可以联合行文

D. 涉及两个以上的同级机关、部门和单位的发文，原则上要联合行文

28. 联合行文时，行文机关应是（　）。

A. 同级机关　　B. 同一系统的机关

C. 三个以上的机关　　D. 行政主管机关与业务指导机关

29. 关于越级行文说法错误的是（　）。

A. 特殊情况需要越级行文的，应当同时抄送被越过的机关

B. 上级机关错误处理的问题应当再次请示，不能越级行文

C. 下级机关检举、控告直属上级机关的事项可以越级行文

D. 直属上级机关和下级机关存在严重争议和分歧，可以越级上报上级机关给予裁定

30. 公文起草应当做到（　）。

A. 一切从实际出发，分析问题实事求是

B. 内容简洁，主题突出

C. 深入调查研究，充分进行论证

D. 以上三个选项都正确

31. 公文在起草之前，首先要弄清发文的（　）。

A. 目的和主题　　B. 材料和结构

C. 语言表达　　D. 政策法规

32. 关于请示报告的程序，下列说法错误的是（　）。

A. 上级党组织收到请示后，一般由综合部门提出拟办意见报党组织负责同志按照规定批办

B. 党政机关联合提出的请示，由上级党组织牵头办理

C. 上级党组织对受理的紧急请示事项应当尽快办理。有明确办理时限要求的应当在规定期限内办理完毕，确有特殊情况无法在规定期限内办理完毕的，应当主动向下级党组织说明情况

D. 请示的答复必须坚持向谁请示由谁答复，无论何种情况下受理请示的党组织也不能授权党组织有关部门代为答复

33. 下列关于上级党组织加强对报告综合分析利用说法错误的是（　）。

A. 对于有推广价值的典型经验做法，可以通过适当形式进行宣传

B. 对于有推广价值的典型经验做法，可以“全国一盘棋”全面推广

C. 对于共性问题，应当予以重视并研究解决

D. 对于有价值的意见建议，应当认真研究吸收、推动改进工作

34. 关于党组织请示报告的方式，下列说法正确的是（ ）。

A. 非紧急情况、重大事项处理处于相对成熟阶段或者不适宜简便进行的请示报告，应当采用书面方式

B. 书面报告只有正式报告唯一一种方式

C. 灵活把握“一事不二报”原则，可以就同一内容使用多种方式重复报告

D. 党组织只能利用文件、网络两种载体开展请示报告工作

35. 下列事项不属于党员应当向党组织报告的是（ ）。

A. 贯彻执行党组织决议以及完成党组织交办工作任务情况

B. 对党的工作和领导干部的意见建议

C. 发现党员、领导干部违纪违法线索情况

D. 年休假国内旅游的具体情况

36. 领导干部应当向党组织请示下列事项（ ）。

A. 超出自身职权范围，应当由所在党组织或者上级党组织作出决定的重大事项

B. 属于自身职权范围的工作

C. 上级党组织已经做出明确指示和安排的

D. 其他不需要向上级党组织请示的

37. 签发时，应坚持（ ）的原则。

A. 先审后核　B. 先核后签　C. 先签后核　D. 签核一致

38. 负责审批签发公文的是（ ）。

A. 发文机关负责人　B. 发文机关办公厅（室）负责人

C. 收文机关负责人　D. 收文机关办公厅（室）负责人

39. 公文办理不包括（ ）。

A. 收文办理　B. 发文办理　C. 整理归档　D. 复制汇编

40. 收文办理的程序依次是（　）。

A. 签收、登记、初审、承办、传阅、催办、答复

B. 签收、登记、答复、初审、承办、传阅、催办

C. 签收、初审、登记、承办、传阅、催办、答复

D. 签收、承办、初审、登记、传阅、催办、答复

41. 发文办理的程序依次是（　）。

A. 复核、登记、印制、核发　　B. 登记、复核、印制、核发

C. 复核、核发、登记、印制　　D. 登记、印制、复核、核发

42. 涉密公文不能使用的传递或传输方式是（　）。

A. 机要交通、邮政机要通信、城市机要文件交换站

B. 收发件机关机要收发人员

C. 密码电报

D. 普通计算机信息系统

43. 两个以上机关联合办理的公文，归档时（　）。

A. 由相关机关归档原件，主办机关保存复制件

B. 由主办机关归档原件，相关机关保存复制件

C. 由主办机关和相关机关同时归档原件

D. 由主办机关和相关机关同时保存复制件

44. 公文确定密级前，应当（　）。

A. 按照拟定的密级先行采取保密措施

B. 按照绝密级公文应当由专人管理

C. 按照无密级普通文件管理

D. 无法确定

45. 公文的密级需要变更或者解除的，由（　）决定。

A. 原确定密级的机关

B. 原发文机关的上级机关

C. 原确定密级的机关或者其上级机关

D. 原发文机关

46. 涉密公文公开发布前应当履行解密程序。公开发布的时间、形式和渠道，由（ ）确定。

A. 保密机关　B. 发文机关　C. 上级机关　D. 其他选项都正确

47. 复制、汇编机密级、秘密级公文，应当（ ）。

A. 符合有关规定

B. 经本机关负责人批准

C. 符合有关规定并经本机关负责人批准

D. 根据工作需要

48. 复制、汇编的涉密公文在使用完成后（ ）。

A. 应当及时自行销毁　B. 可以自行妥当保管

C. 应当视同原件管理　D. 不再具有保密价值

49. 公文的撤销和废止，不能由（ ）决定。

A. 发文机关　B. 上级机关　C. 权力机关　D. 办理机关

50. 公文被撤销的，视为（ ）。

A. 自始无效　B. 自撤销之日起失效

C. 仍具备一定效力　D. 部分失效

51. 关于公文的清退和销毁下列说法错误的是（ ）。

A. 涉密公文应当按照发文机关的要求和有关规定进行清退或者销毁

B. 不具备归档和保存价值的公文可以直接销毁

C. 销毁涉密公文必须严格按照有关规定履行审批登记手续

D. 个人不得私自销毁、留存涉密公文

52. 涉密公文应当按照（ ）的要求和有关规定进行清退或者销毁。

A. 保密机关　B. 上级机关　C. 发文机关　D. 其他选项都正确

53. 公文的印发传达范围需要变更的，应当（ ）。

A. 经办理机关批准　B. 经上级机关批准

C. 经发文机关批准　D. 其他选项都正确

54. 电子印章要由（ ）保管，并在专用计算机上使用。

A. 多人、分散　B. 多人、专柜　C. 专人、分散　D. 专人、专柜

55. 下列关于电子公文保密工作说法中，不正确的是（　）。

A. 电子公文传输的计算机及其相关设备应专机专用，指定专人管理和维护，可以与国际互联网连接

B. 不得向无关人员透露操作程序和密码

C. 不得向无关人员提供电子印章U盘等相关设备和软件

D. 标有国家秘密及以上密级的公文不得在系统中传输

56. 机要通信是国家保密通信的重要组成部分，是核心秘密载体传递的重要渠道，是党和国家赋予的一项特殊的政治任务。机要件的准寄类别主要有（　）。

A. 以文字、数据、符号、图形、图像、声音等方式记载国家秘密信息的纸介质、磁介质（包括计算机硬盘、软盘和录音带、录像带等）、光盘等各类物品

B. 政府机关部门寄递的信件、物品

C. 非法出版物、印刷品、音像制品等宣传品

D. 各种易燃、爆炸、毒性、放射性、腐蚀、易碎等物品

57. 机要通信重要涉密人员离岗离职脱密期为（　）年，一般涉密人员脱密期为6个月。

A. 1　　B. 2　　C. 3　　D. 5

58. 传递国家秘密载体，应当包装密封；国家秘密载体的信封或者袋牌上应当标明（　）。

A. 收发件单位名称　　B. 密级和收发件单位名称

C. 密级、编号和收发件单位名称　　D. 编号和收发件单位名称

59. 公文审核的重点不包括（　）。

A. 行文理由是否充分，行文依据是否准确

B. 文种是否正确，格式是否规范

C. 涉及有关地区或者部门职权范围内的事项是否经过充分协商并达成一致意见

D. 分析问题实事求是，所提政策措施和办法切实可行

60. 电子公文是以（ ）形式拟制、办理、管理的党政机关公文。

A. 电子数字　B. 计算机网络　C. 非纸质　D. 信息化

61. 与纸质公文相比，电子公文的效力（ ）。

A. 低于纸质公文　B. 高于纸质公文

C. 等同于纸质公文　D. 视具体情况而定

62. 电子公文的要素包括版面、拟制、（ ）和管理等。

A. 流转　B. 办理　C. 分发　D. 传阅

63. 下列选项中，属于电子公文版面要素的是（ ）。

A. 办理时限要求　B. 纸张大小

C. 附注　D. 领导批示

64. 下列选项中，不属于电子公文拟制要素的是（ ）。

A. 音频视频信息记录　B. 起草人信息

C. 审核意见　D. 催办记录

65. 下列选项中，不属于电子公文收文办理要素的是（ ）。

A. 接收时间　B. 领导批办意见

C. 查阅人单位姓名　D. 承办结果记录

66. 下列选项中，不属于电子公文发文办理要素的是（ ）。

A. 起草人信息　B. 复核结果记录

C. 发送机关信息　D. 发送时间

67. 下列选项中，不属于电子公文整理归档要素的是（ ）。

A. 档号　B. 文件大小

C. 保管期限　D. 移交接收信息

68. 下列选项中，不属于电子公文管理要素的是（ ）。

A. 查阅信息　B. 复制、输出信息

C. 传阅信息　D. 变更信息

69. 关于电子印章，下列说法中错误的是（ ）。

A. 与传统印章具有相同的视觉效果

B. 管理使用方式参照实物印章有关要求

C. 是实体印章的图像化

D. 通过技术手段将数字签名与图像绑定

70. 电子印章使用单位撤销时，下列说法中错误的是（　）。

A. 立即公告其电子印章失效　B. 将电子印章销毁

C. 停止使用电子印章　D. 及时将电子印章移交制发机关

71. 电子印章使用单位合并或变更时，下列说法中正确的是（　）。

A. 仅保留其中一个单位的电子印章

B. 延期公告原电子印章失效

C. 重新申请制发电子印章

D. 可短时间使用原电子印章

72. 关于涉密电子印章载体的销毁，下列说法中错误的是（　）。

A. 应当履行清点、登记、审批手续

B. 由保密主管部门统一组织销毁

C. 销毁时安排专人做好监销工作

D. 由使用单位自行组织销毁

73. 电子印章的治安管理机关是（　）。

A. 公安机关　B. 工商行政管理机关

C. 税务机关　D. 政法机关

74. 下列选项中，不属于电子公文系统支持的程序和功能的是（　）。

A. 文稿质量　B. 审核签发　C. 催办答复　D. 检索统计

75. 部署涉密电子公文系统，下列说法中不正确的是（　）。

A. 应当确定系统密级

B. 按规定落实身份鉴别、访问控制等分级保护措施

C. 由公安部门组织检测评估

D. 经保密行政管理部门审查合格

76. 涉密电子公文存储设备的密级，应当（　）。

A. 按照所存储电子公文的数量确定

B. 按照所存储电子公文的最高密级确定

C. 按照所存储电子公文的常用密级确定

D. 按照所存储电子公文的重要程度确定

77. 关于复制、输出电子公文，下列说法中错误的是（ ）。

A. 复制、输出的电子公文视同原件管理

B. 复制电子公文不必标注相关复制信息

C. 输出电子公文应当控制输出数量和去向

D. 复制、输出涉密电子公文应当履行审批手续

78. 关于电子公文归档，下列说法中错误的是（ ）。

A. 电子公文一般应在办理完毕后向档案管理部门归档

B. 电子公文参照国家有关纸质文件的归档范围进行归档

C. 电子公文不设保密期限，可以永久保存

D. 电子公文的真实性、完整性、安全性、可识别性，移交前由形成部门负责

79. 关于电子公文删除，下列说法中正确的是（ ）。

A. 应当履行审批手续

B. 不保存删除文件记录

C. 对非涉密电子公文可进行逻辑删除

D. 通过格式化删除硬盘上的涉密电子公文

80. 经审核不宜发文的公文文稿，应当（ ）。

A. 由办公厅（室）修改后予以审核通过

B. 由起草单位修改后重新报送

C. 退回起草单位并说明理由

D. 不予审核，无须作任何处理

81. 档案是指过去和现在的机关、团体、企业事业单位和其他组织以及个人从事政治、军事、经济、科学、技术、文化、宗教等活动直接形成的对（ ）有保存价值的各种文字、图表、声像等不同形式的历史记录。

A. 国家和社会　　B. 政府和非政府组织

C. 经济发展　　D. 文化发展

82. 下列哪些组织或个人有保护档案的义务（　）。

A. 国家机关、外籍华人　　B. 武装力量、团体

C. 临时团队、非政府组织　D. 学习小组、技术团队

83. 档案工作实行统一领导和（　）管理的原则。

A. 统筹　　B. 集中　　C. 分级　　D. 分层

84. 电子公文的（　），移交前由形成部门负责，移交后由档案部门负责。

A. 真实性、完整性、安全性和可识别性

B. 真实性、完整性、安全性和可查询性

C. 真实性、完整性、安全性和可复制性

D. 真实性、完整性、安全性和可再生性

85. 企业事业单位的档案机构负责保管本单位的档案，并对所属机构的档案工作实行（　）。

A. 领导和指导　B. 指挥和领导　C. 领导和监督　D. 监督和指导

86. 对国家规定的应当立卷归档的材料，必须按照规定，定期向本单位档案机构或者档案工作人员移交，（　）管理，任何个人不得据为己有。

A. 加强　　B. 科学　　C. 分散　　D. 集中

87. 各级各类档案馆，机关、团体、企业事业单位和其他组织的档案机构，应当建立科学的管理制度，便于对档案的（　）；配置必要的设施，确保档案的（　）；采用先进技术，实现档案管理的（　）。

A. 管理　查询　自动化　　B. 管理　查询　现代化

C. 利用　安全　现代化　　D. 集中　管理　自动化

88. 电子公文形成单位应指定有关部门或专人负责本单位的电子公文归档工作。机关档案部门应参与和指导电子公文的（　）等各工作环节。

A. 管理、查询、利用和归档　　B. 形成、办理、收集和归档

C. 形成、查询、利用和归档　　D. 形成、办理、利用和归档

89. 需要永久和长期保存的电子公文，应在每一个存储载体中同时存有相应的符合规范要求的（　）目录。

A. 完整　　B. 机读　　C. 纸质　　D. 单一

90. 电子公文的（ ）、其他说明等应与相对应的电子公文一同归档保存。

A. 收发登记表、机读目录、纸质目录

B. 收发登记表、机读目录、相关软件

C. 收发登记表、纸质目录、机读目录

D. 收发登记表、纸质目录、相关软件

91. 电子公文形成单位应在运行电子公文处理系统的硬件环境中设置足够容量、安全的暂存存储器，存放处理完毕应归档保存的电子公文，以保证归档电子公文的（ ）。

A. 易存、可用　B. 完整、安全　C. 易存、易用　D. 完整、可用

92. 归档电子公文的移交形式可以是交接双方之间进行（ ）传递或通过电子公文传输系统从网上交接。

A. 机要通信　B. 邮政寄送　C. 纸质文件　D. 存储载体

93. 通过存储载体进行交接的归档电子公文，移交与接收部门均应对其载体和技术环境进行检验，确保载体清洁、（ ）、无病毒等。

A. 美观　B. 干净　C. 可读　D. 无划痕

94. 归档保存的电子公文一般不加密，必须加密归档的电子公文应与其解密软件和（ ）一同归档。

A. 使用载体　B. 说明文件　C. 纸质文件　D. 电子印章

95. 归档的电子公文，应按本单位档案分类方案进行分类、整理，并拷贝至耐久性好的载体上，一式（ ）套。

A. 2　B. 3　C. 4　D. 5

96. 档案部门应加强对归档电子公文的管理，提供利用有密级要求的归档电子公文，应严格遵守国家有关保密的规定，采用联网的方式提供利用的，应采取稳妥的身份认定、（ ）及在存有电子公文的设备上加装防火墙等安全保密措施。

A. 权限控制　B. 加强管理　C. 监督指导　D. 考核评比

97. 超过保管期限的归档电子公文的鉴定和销毁，按照（　　）的有关规定执行。

A. 归档纸质文件　　B. 废弃电子文件

C. 废弃纸质文件　　D. 一般纸质文件

98. 国家秘密是关系国家安全和利益，依照（　　）程序确定，在一定时间内只限一定范围的人员知悉的事项。

A. 领导　　B. 法定　　C. 管理　　D. 审核

99. 下列叙述不正确的是（　　）。

A. 一切国家机关都有保守国家秘密的义务

B. 一切武装力量都有保守国家秘密的义务

C. 一切海外华侨都有保守国家秘密的义务

D. 一切社会团体都有保守国家秘密的义务

100. 保守国家秘密的工作实行积极防范、突出重点、（　　）的方针。

A. 可防可控　　B. 违者必究　　C. 依法管理　　D. 依法审核

101. 国家秘密的保密期限，除另有规定外，绝密级不超过（　　）年，机密级不超过 20 年，秘密级不超过 10 年。

A. 45　　B. 40　　C. 35　　D. 30

102. 国家秘密的知悉范围，应当根据工作需要限定在（　　）范围。

A. 可控　　B. 科学　　C. 适当　　D. 最小

103. 机关、单位对承载国家秘密的纸介质、光介质、电磁介质等载体以及属于国家秘密的设备、产品，应当做出（　　）标志。

A. 国家秘密　　B. 突出明显　　C. 不易擦除　　D. 经久耐用

104. 国家秘密的密级、保密期限和知悉范围，应当根据情况变化（　　）。

A. 及时变更　　B. 不予变化　　C. 解除密级　　D. 加强管理

105. 国家秘密载体的制作、收发、传递、使用、复制、保存、维修和销毁，应当符合（　　）规定。

A. 易于保管　　B. 易于防范　　C. 国家保密　　D. 国家政策

106. 电子公文形成单位应在电子公文处理系统中设置符合安全要求的操作日志，随时自动记录对电子公文实时操作的人员、时间、设备、项目、内容等，以保证归档电子公文的（ ）。

A. 完整性　B. 可用性　C. 真实性　D. 重要性

107. 电子公文（ ）单位应在电子公文归档时按照国家有关要求对其真实性、完整性、可用性和安全性进行检查。

A. 管理　B. 使用　C. 形成　D. 收集

108. 在涉密岗位工作的人员按照涉密程度分为核心涉密人员、重要涉密人员和（ ）涉密人员，实行分类管理。

A. 一般　B. 重点　C. 主要　D. 次要

109. 涉密人员上岗应当经过保密教育培训，掌握保密知识技能，（ ），严格遵守保密规章制度，不得以任何方式泄露国家秘密。

A. 签订保密承诺书　B. 交付一定数额押金

C. 签订长期劳动合同　D. 经过保密考核

110. 涉密人员出境应当经有关部门批准，有关机关认为涉密人员出境将对国家安全造成危害或者对国家利益造成重大损失的，（ ）。

A. 必须限期出境　B. 不得批准出境

C. 不得限期出境　D. 必须批准出境

111. 机关、单位对应当定密的事项不定密，或者对不应当定密的事项定密，造成严重后果的，由有关机关、单位依法对直接负责的主管人员和其他直接责任人员给予（ ）。

A. 训诫　B. 批评　C. 处分　D. 罚款

112. 按照解决形式主义突出问题为基层要求，精简文件简报，切实改进文风，（ ）、可发可不发的文件、简报一律不发。

A. 没有实质内容　B. 一般表彰

C. 一般批评　D. 领导讲话类

113. 按照持续解决困扰基层的形式主义问题为决胜全面建成小康社会提供坚强作风保证的通知要求，着力提高文件质量，进一步明确精文的标准和尺度，完善负面清单，不发不切实际、（　）的文件。

A. 工作安排类　B. 一般表彰类　C. 一般批评类　D. 内容空洞

（三）多选题

1. 党政机关公文是党政机关实施领导、履行职能、处理公务的具有特定效力和规范体式的文书，是（　）的重要工具。

A. 传达贯彻党和国家的方针政策，公布法规和规章

B. 请示和答复问题

C. 指导、布置和商洽工作

D. 报告、通报和交流情况

2. 下列关于公文处理表述正确的是（　）。

A. 公文处理应当坚持实事求是、准确规范、精简高效、安全保密的原则

B. 各级党政机关办公厅（室）是公文处理工作的管理机构

C. 公文处理必须严格执行国家保密法律、法规和其他有关规定

D. 公文处理指公文拟制、办理、管理等一系列相互关联、衔接有序的工作

3.《党政机关公文处理工作条例》规定公文种类主要有 15 种，其中有（　）等。

A. 命令（令）、决议、决定　B. 决议、决定、规定

C. 指示、意见、批复　D. 公报、公告、报告

4. 下列公文文种选择正确的是（　）。

A. 各级机关之间商洽工作、询问和答复问题、请求批准和答复审批事项应使用的文种是函

B. 向上级机关汇报工作、反映情况，回复上级机关的询问应使用的文种是报告

C. 表彰先进、批评错误、传达重要精神和告知重要情况应使用的文种是通告

D. 发布、传达要求下级机关执行和有关单位周知或执行的事项，批转、转发公文应使用的文种是通知

5. 下列公文文种中，可以用于上行文的有（　）。

A. 意见　　B. 命令　　C. 请示　　D. 报告

6. 下列公文文种中，可以用于平行文的有（　）。

A. 通知　　B. 意见　　C. 请示　　D. 函

7. 下列公文文种中，可以用于下行文的有（　）。

A. 通知　　B. 通报　　C. 批复　　D. 意见

8. 下列公文文种中，只能用于上行文的有（　）。

A. 请示　　B. 报告　　C. 意见　　D. 函

9. 下列有关行文关系的说法正确的是（　）。

A. 一般不得越级行文　　B. 行文关系根据机关的大小确定

C. 行文关系根据职权范围确定　　D. 行文关系根据隶属关系确定

10. 下列属于上行文行文规则的是（　）。

A. 原则上主送一个上级机关，根据需要同时抄送相关上级机关和同级机关

B. 请示应当一文一事

C. 向上级机关的请示，可以同时抄送除主送机关以外的下级机关

D. 不得在报告等非请示性公文中夹带请示事项

11. 上行文的标题由（　）组成。

A. 发文机关名称　　B. 事由

C. 文种　　D. 时间

12. 下列属于平行文行文规则的是（　）。

A. 党委、政府的部门依据职权可以相互行文

B. 同级党政机关可以联合行文

C. 党政机关与其他不同层级的机关可以联合行文

D. 属于党委、政府各自职权范围内的工作不得联合行文

13. 平行文的标题由（　）组成。

A. 发文机关名称　　B. 时间

C. 事由　　D. 文种

14. 向下级机关行文，应当遵循以下规则（　）。

A. 主送受理机关，根据需要抄送相关机关

B. 重要行文应当同时抄送发文机关的直接上级机关

C. 党委、政府的部门在各自职权范围内可以向下级党委、政府的相关部门行文

D. 上级机关向受双重领导下的下级机关行文，必要时抄送该下级机关的另一个上级机关

15. 关于下行文的标题，表述正确的标题有（　）。

A. 关于 ××× 情况的报告

B. 关于贯彻 ×× 办 ×× 号发文的通知

C. ×××× 单位关于贯彻 ××× 会议精神的通知

D. ×××× 单位关于下达 ××× 的通知

16. 关于联合行文的规则，下面表述正确的有（　）。

A. 上行文、下行文、平行文均可联合行文

B. 联合行文必须是同级机关、部门和单位

C. 联合行文必须由联合各方会签，行文方能生效

D. 必须由三个以上的同级机关、部门和单位共同行文的才能叫作联合行文

17. 关于请示夹带报告事项的情况，下面表述正确的有（　）。

A. 请示中可以夹带报告，分段表述就可以

B. 请示和报告是两个不同的文种，不可以互相夹带

C. 请示和报告不可以作为一个文种联合使用

D. 请示和报告的写法格式是不同的，不能掺杂在一起

18. 关于请示须一文一事的规定，下面表述正确的有（　）。

A. 一文多事有损文件的严肃性和权威性

B. 一文一事就一个事项进行请示，但可以提出多个可行性建议

C. 一文一事有利于就一个事项针对性地提出多个方案并分析利弊

D. 一文多事不利于请示事项的办理

19. 关于请示与批复的有关要求，下面表述正确的有（　）。

A. 凡接到请示的机关，无论同意与否都应给予明确答复

B. 批复的内容应表明态度，且意见明确不含糊其词

C. 请示与批复不一定非要是相对应的

D. 批复要及时并且有针对性

20. 关于联合行文表述正确的有（　）。

A. 同级党政机关必要时可以联合行文

B. 党政机关与其他同级机关必要时可以联合行文

C. 属于党委、政府各自职权范围内的工作可以联合行文

D. 属于党委、政府各自职权范围内的工作不得联合行文

21. 下面属于可越级行文的特殊情况的有（　）。

A. 上级机关交办的事宜，并指定需要越级请示、报告上级机关的事项

B. 多次请示、报告主管直属上级机关，因故长期未能解决或错误处理的问题

C. 下级机关在工作中遇到特殊紧急情况，如果逐级行文会延误时间、造成严重损失和后果

D. 询问只有直接上级机关的上级机关才能答复的某些重要问题或事项，且这些问题和事项与直接上级机关没有任何联系

22. 关于公文拟制的程序包括（　）。

A. 起草　　B. 用印　　C. 审核　　D. 签发

23. 关于公文的起草标准，下面表述正确的有（　）。

A. 起草的文件没有太多要求，到核稿时再修改就可以了

B. 体例格式上要选用恰当的文种

C. 内容和观点要明确，应该符合国家法律法规和党的路线方针政策、本单位规章制度、符合本地区、本系统、本部门或本单位实际

D. 语言文字可以不太用推敲，可以等到最后的环节做一次性修改

24. 关于公文的会签目的，下面表述正确的有（　）。

A. 可以推动工作落实

B. 可以消除工作分歧

C. 可以让各部门都了解待签发的文件内容

D. 可以让各部门都参与到文件的发文中来

25. 关于公文的审核内容，下面表述正确的情况有（　）。

A. 审核是否符合政策法规　　B. 审核文字内容

C. 审核格式体例　　D. 审核标点符号

26. 下列关于公文的退稿处理，正确的是（　）。

A. 确认不适宜发文的文稿，应直接删除

B. 确认不适宜发文的文稿，要退回该文稿的起草单位，并对该单位说明不适宜发文的理由

C. 符合发文条件，但是内容却需进一步研究和修改的文稿，应退回起草单位修改后重新报送

D. 符合发文条件，但是内容却需进一步研究和修改的文稿，应直接修改

27. 公文在签发时应当包括哪些要素？（　）

A. 机关会签　B. 签发意见　C. 签发人姓名　D. 签发日期

28. 公文办理包括（　）。

A. 收文办理　B. 发文办理　C. 整理归档　D. 文件销毁

29. 下列属于收文办理的程序的有（　）。

A. 登记、初审　B. 承办、传阅　C. 催办、答复　D. 整理、销毁

30. 发文办理的主要程序是（　）。

A. 复核与登记　B. 印制与核发　C. 涉密公文传递　D. 整理归档

31. 涉密公文应当通过（　）进行传输。

A. 密码电报

B. 挂号信

C. 符合国家保密规定的计算机信息系统

D. 互联网

32. 公文的归档范围有以下哪几类？（　）

A. 本机关产生、撰写的指示、决议、请示、报告、计划、总结等

B. 本机关收到的重要文件、电报、内部事项、电话记录等

C. 下级报来的请示、报告、上级针对本机关工作的指示、批示、批复等

D. 本机关编印的出版物、图表、账簿等以及反映本机关活动的照片、录音、录像、影片等声像资料

33. 下列关于涉密公文保密管理的说法中，正确的是（　）。

A. 设立党委（党组）的县级以上单位应当建立机要保密室和机要阅文室

B. 公文确定密级前，不用实行保密管理

C. 党政机关公文由文秘部门或专人统一管理

D. 设立党委（党组）的县级以上单位应按照保密规定，配备工作人员和必要的安全保密设施设备

34. 涉密公文公开发布前应当履行解密程序，由发文机关确定公开发布的（　）。

A. 时间　　B. 形式　　C. 渠道　　D. 效力

35. 下列关于涉密公文的说法，错误的是（　）。

A. 复制、汇编机密级、秘密级公文，应当符合有关规定并经本机关负责人批准

B. 绝密级公文绝对不得复制、汇编

C. 复制、汇编的公文不能视同原件管理

D. 汇编本的密级按照编入公文的最高密级管理

36. 可根据职权范围和有关法律法规决定公文撤销和废止的有（　）。

A. 发文机关　B. 上级机关　C. 权力机关　D. 重要机关

37. 下列关于公文的清退和销毁，说法正确的有（　）。

A. 涉密公文应当按照发文机关的要求和有关规定进行清退或者销毁

B. 销毁涉密公文必须严格按照有关规定履行审批登记手续，确保不丢失、不漏销

C. 个人可以私自销毁、留存涉密公文

D. 工作人员离岗离职时，所在机关应当督促其将暂存、借用的公文按照有关规定移交、清退

38. 公文发放范围进行调整的情况有（　）。

A. 机关合并

B. 机关撤销

C. 机关新设立，并向本级党委、政府的办公厅（室）提出发文立户申请，经审查符合条件的

D. 未经过审查的新设立机关

39. 下列关于邮政企业传递国家秘密载体的规定说法中，正确的是（　）。

A. 应当选择安全的交通工具

B. 应当选择安全的交通路线

C. 应当采取相应的安全保护措施

D. 应当采取绝对的安全保密措施

40. 机要通信用户寄递国家秘密载体，应当严格遵守下列规定（　）。

A. 按要求定期到机要通信部门办理注册登记

B. 符合机要通信寄递范围和准寄类别的规定

C. 使用机要专用封装用品进行封装

D. 指定专人办理交寄

41. 下列关于涉密岗位机要通信人员离岗离职脱密期的要求说法中，正确的是（　）。

A. 重要涉密人员为 2 年　　B. 重要涉密人员为 1 年

C. 一般涉密人员为 1 年　　D. 一般涉密人员为 6 个月

42. 下列关于国家秘密载体封装要求的说法中，正确的是（　）。

A. 国家秘密载体的信封或者袋牌上应当标明密级、编号和收发件单位名称

B. 秘密载体的信封或者袋牌上应当标明密级、编号和收发件单位名称及收发人姓名

C. 使用信封封装绝密级国家秘密载体时，应当使用由防透视材料制作的、周边缝有韧线的信封，信封的封口及中缝处应当加盖密封章或加贴密封条

D. 使用袋子封装时，袋子的接缝处应当使用双线缝纫，袋口应当用铅志进行双道密封

43. 石油石化行业国家秘密范围包括（　）。

A. 绝密级　　B. 机密级　　C. 商密级　　D. 秘密级

44. 电子公文的传输是指（　）。

A. 电子公文的生成　　B. 电子公文的发送

C. 电子公文的接收　　D. 电子公文的归档

45. 电子公文的描述正确的是（　）。

A. 电子公文是以电子数字形式拟制、办理、管理的党政机关公文

B. 电子公文与纸质公文具有同等效力

C. 电子公文与纸质公文在公文种类、格式、行文规则、拟制、办理、管理等方面基本要求一致

D. 电子公文比纸质公文审批环节少、格式更简洁大方

46. 关于电子公文，下列说法正确的是（　）。

A. 各单位以电子信息系统传输的公文

B. 电子公文是各单位以电子数字形式拟制、办理、管理的党政机关公文

C. 电子公文的格式与纸质公文相同

D. 电子公文的审批程序与纸质公文相同

47. 对于电子公文与相同内容的纸质公文，说法正确的是（　）。

A. 审批程序相同

B. 具有同等的行政法律效力

C. 电子公文可以简化审批程序

D. 纸质公文的行政法律效力更高

48. 电子文件要素包括（　）。

A. 版面　　B. 拟制　　C. 办理　　D. 管理

49. 电子公文的版面要素除份号、密级、保密期限、紧急程度、发文机关标志、发文字号、签发人、标题、主送机关、正文、附件说明、发文机关署名、成文日期等，还包括（　）。

A. 印章、附件　　B. 印发机关、印发日期

C. 抄送机关、附注　　D. 页码

50. 电子公文拟制要素中，起草信息包括（　）。

A. 起草人信息　B. 起草时间　C. 定密信息　D. 修改信息

51. 电子公文拟制要素中，审核信息包括（　）。

A. 审核人信息　B. 审核意见、审核时间

C. 修改人信息　D. 修改内容及修改时间

52. 电子公文拟制要素中，签批信息包括（　）

A. 签批人信息　B. 批示内容　C. 签批时间　D. 修改内容

53. 电子公文拟制要素中，内容信息包括（　）。

A. 文字、图表　B. 音频　C. 图像　D. 视频

54. 电子公文收文办理要素包括（　）。

A. 接收信息　B. 审核、批办信息

C. 承办、催办信息　D. 传阅信息

55. 电子公文收文办理要素中，接收信息包括（　）。

A. 接收机关信息　B. 接收人信息

C. 接收文件内容信息　D. 接收时间

56. 电子公文收文办理要素中，传阅信息包括（　）。

A. 传阅批准记录　B. 传阅人信息

C. 传阅批示信息　D. 传阅时间

57. 电子公文收文办理要素中，承办、催办信息包括（　）。

A. 承办人信息　B. 承办意见和结果记录

C. 催办人信息　D. 催办时间和催办结果记录

58. 电子公文收文办理要素中，审核、批办信息包括（　）。

A. 审核人信息　B. 审核时间和结果记录

C. 拟办意见　D. 批办人信息、批办时间和批办意见

59. 电子公文发文办理要素包括（　）。

A. 复核信息　B. 办结信息　C. 发送信息　D. 归档信息

60. 电子公文发文办理要素中，复核信息包括（　）。

A. 复核人信息　B. 复核结果记录　C. 复核时间　D. 复核意见

61. 电子公文发文办理要素中，发送信息包括（ ）。

A. 发送机关信息 B. 发送人信息

C. 发送时间 D. 发送范围

62. 电子公文整理归档要素包括（ ）。

A. 档号 B. 保管期限 C. 移交接收信息 D. 归档时间

63. 电子公文整理归档要素中，档号包括（ ）。

A. 全宗号 B. 档案门类代码

C. 年度和保管期限 D. 机构（问题）代码和件号

64. 电子公文整理归档保管期限中，定期一般分为（ ）。

A. 5 年 B. 10 年 C. 20 年 D. 30 年

65. 电子公文整理归档要素中，移交接收信息包括（ ）。

A. 移交人信息 B. 移交时间 C. 接收人信息 D. 接收时间

66. 电子公文管理要素包括（ ）。

A. 查阅信息 B. 复制、输出信息

C. 变更信息 D. 办理信息

67. 电子公文管理要素中，查阅信息包括（ ）。

A. 查阅人信息 B. 查阅批准记录

C. 查阅批准人信息 D. 查阅时间

68. 电子公文管理要素中，复制、输出信息包括（ ）。

A. 复制、输出批准记录 B. 复制、输出责任人信息

C. 复制、输出份数和时间 D. 复制、输出文件标识

69. 电子公文管理要素中，变更信息包括（ ）。

A. 密级、保密期限、保管期限、主送范围等变更内容

B. 变更时间

C. 审核人信息

D. 签批人信息

70. 党政机关电子印章使用单位撤销的，表述正确的是（ ）。

A. 立即公告电子印章失效 B. 立即更换电子印章密码

C. 及时将电子印章移交制发机关 D. 立即删除系统中电子印章

71. 党政机关电子印章使用单位撤销的，表述错误的是（　）。

A. 立即公告电子印章失效　　B. 立即更换电子印章密码

C. 及时将电子印章移交制发机关　D. 立即删除系统中电子印章

72. 党政机关电子印章使用单位合并或变更的，表述正确的是（　）。

A. 立即公告原电子印章失效　　B. 继续使用原单位电子印章

C. 重新申请制发电子印章　　D. 立即删除系统中电子印章

73. 涉密电子印章载体销毁应当（　）。

A. 按照国家保密法律法规的规定处理

B. 履行有关审批手续

C. 刻印单位自行销毁

D. 交由上级单位处理

74. 涉密电子印章载体销毁不应当（　）。

A. 按照国家保密法律法规的规定处理

B. 履行有关审批手续

C. 刻印单位自行销毁

D. 直接交由上级单位处理

75. 电子印章治安管理，表述正确的是（　）。

A. 由公安机关负责

B. 由使用单位负责

C. 电子印章治安管理具体规定由公安部会同有关部门另行制定

D. 电子印章治安管理具体规定由使用部门会同公安部门另行制定

76. 电子印章治安管理，表述错误的是（　）。

A. 由公安机关负责

B. 由使用单位负责

C. 电子印章治安管理具体规定由公安部会同有关部门另行制定

D. 电子印章治安管理具体规定由使用部门会同公安部门另行制定

77. 电子公文系统支持的程序和功能，包括（　）。

A. 起草、审核、签发、传输　　B. 整理、催办、验证、归档

C. 查阅、催办、答复、归档　　D. 统计、检索、存储、输出

78. 电子公文系统应当（　　）。

A. 符合电子公文、电子印章和版式文档等有关国家标准

B. 按照国家法律法规和有关标准规范要求

C. 优先采用安全可靠的软硬件产品和服务

D. 落实安全防护各项制度

79. 涉密电子公文系统应当（　　）。

A. 确定系统密级，并落实分级保护措施

B. 由保密行政管理部门设立或授权的保密测评机构进行检测评估

C. 需经有关保密行政管理部门审查合格

D. 需经公安机关审查合格

80. 涉密电子公文系统应当落实分级保护措施，包括（　　）。

A. 身份鉴定　　B. 访问控制

C. 安全审计　　D. 电子文件密级标志及信息流转管控

81. 存储涉密电子公文的国家秘密载体应当在载体表面显著位置标注密级和保密期限并确保安全，标注按照（　　）。

A. 最多文件的密级

B. 所存储电子公文的最高密级

C. 所存储电子公文的最长保密期限

D. 最高密级文件的保密期限

82. 复制的电子公文，应当（　　）。

A. 视同原件管理

B. 涉密电子公文，按照相应密级的纸质文件管理规定执行

C. 复制公文无须进行管理监督

D. 标注相关复制信息

83. 电子公文归档时，应整理归档的要素包括（　　）。

A. 版面　　B. 拟制　　C. 办理　　D. 管理

84. 电子公文备份应（　　）。

A. 根据公文存储实际情况进行备份　　B. 定期进行

C. 有条件的可异地进行容灾备份　　D. 备份公文视同原件管理

85. 电子公文删除应（　）。

A. 履行审批手续

B. 由专门人员负责删除

C. 删除涉密电子公文应当严格按照国家有关保密规定执行

D. 长期保存删除文件记录

86. 下列事项属于党组织向上级党组织请示的是（　）。

A. 贯彻落实党中央决策部署和上级党组织决定中的重要情况和问题，需要作出调整的政策措施，需要支持解决的特殊困难

B. 重大改革措施、重大立法事项、重大体制变动、重大项目推进、重大突发事件、重大机构调整、重要干部任免、重要表彰奖励、重大违纪违法和复杂敏感案件处理等

C. 出台重大创新举措，特别是遇到新情况新问题且无明文规定、需要先行先试，或者创新举措可能与现行规定相冲突、需经授权才能实施的情况

D. 属于自身职权范围内但事关重大或者特殊敏感的事项

87. 下列事项属于应当向上级党组织报告的是（　）。

A. 学习贯彻习近平新时代中国特色社会主义思想，统筹推进“五位一体”总体布局和协调推进“四个全面”战略布局的重要情况

B. 党中央以及上级党组织重要会议、重要文件、重大决策部署贯彻落实情况，习近平总书记重要指示批示贯彻落实情况，上级党组织负责同志交办事项的研究办理情况

C. 全面工作总结和计划

D. 重大敏感事件、突发事件和群体性事件应对处置情况

88. 下列事项属于应当向上级党组织报备的是（　）。

A. 党内法规和规范性文件

B. 领导班子成员分工

C. 有关干部任免

D. 党委委员、候补委员职务的辞去、免去或者自动终止

89. 关于请示报告的监督追责，下列说法正确的是（ ）。

A. 党组织应当将重大事项请示报告工作开展情况纳入向上一级党组织报告工作的重要内容

B. 党组织应当建立健全重大事项请示报告工作督查机制，并将执行请示报告制度情况纳入日常监督和巡视巡察范围

C. 党组织应当将重大事项请示报告工作情况作为履行全面从严治党政治责任的重要内容，对下级党组织及其主要负责同志进行考核评价

D. 建立健全纠错机制，对于重大事项请示报告工作中出现的主体不适当、内容不准确、程序不规范、方式不合理等问题，上级党组织应当及时提醒纠正，并将有关情况体现到考评通报中

90. 关于对报告的综合分析利用，下列说法正确的是（ ）。

A. 对于有推广价值的典型经验做法，可以通过适当形式进行宣传

B. 对于有推广价值的典型经验做法，可以"全国一盘棋"全面推广

C. 对于共性问题，应当予以重视并研究解决

D. 对于有价值的意见建议，应当认真研究吸收、推动改进工作

91. 下列关于报告说法正确的是（ ）。

A. 定期报告要按照规定的时间进行

B. 专题报告根据工作进展情况适时进行，学习贯彻上级党组织重要会议和文件精神的专题报告应当注重反映落实见效情况，不得一味求快

C. 对上级党组织交办的重大事项，应当按照时限要求报告

D. 突发性重大事件应当及时报告，并根据事件发展处置情况做好续报工作

92. 档案是指过去和现在的（ ）从事政治、军事、经济、科学、技术、文化、宗教等活动直接形成的对国家和社会有保存价值的各种文字、图表、声像等不同形式的历史记录。

A. 机关　　B. 团体　　C. 个人　　D. 以上都不是

93. 一切（ ）、企业事业单位和公民都有保护档案的义务。

A. 国家机关　　B. 武装力量　　C. 政党　　D. 社会团体

94. 档案工作实行统一领导、分级管理的原则，维护档案（　）与（　），便于社会各方面的利用。

A. 管理　B. 完整　C. 安全　D. 科学

95. 团体、企业事业单位和其他组织的档案机构或者档案工作人员，负责保管本单位的档案，并对所属机构的档案工作实行（　）和（　）。

A. 管理　B. 监督　C. 指导　D. 考核

96. 对国家规定的应当立卷归档的材料，必须按照规定，定期向本单位（　）或者（　）移交，集中管理，任何个人不得据为己有。

A. 档案机构　B. 上级单位　C. 下级单位　D. 档案工作人员

97. 以下（　）单位的档案机构，应当建立科学的管理制度，便于对档案的利用。

A. 机关　B. 团体　C. 企业单位　D. 事业单位

98. 各级各类档案馆和有关档案机构，应当通过建立科学的管理制度、配置必要的设施、采用先进技术，以达到档案管理中的以下（　）目的。

A. 确保档案安全　B. 管理现代化

C. 实现档案者个人价值　D. 最大量化减少纸质档案

99. 电子公文形成单位应指定有关部门或专人负责本单位的电子公文归档工作，将电子公文的（　）纳入机关文书处理程序和相关人员的岗位责任。

A. 收集、整理　B. 归档、保管　C. 利用　D. 经济收益

100. 电子公文的（　），移交前由形成部门负责。

A. 真实性　B. 完整性　C. 安全性　D. 可识别性

101. 电子公文的真实性、完整性、安全性和可识别性，移交前后由（　）部门负责。

A. 移交前由档案部门　B. 移交前由形成部门

C. 移交后由档案部门　D. 移交后由形成部门

102. 符合国家有关规定要求的电子公文以（　）形式归档。

A. 仅以纸质形式　B. 电子形式

C. 可以仅以电子形式　　D. 须仅以电子形式

103. 电子公文归档应当符合以下（　）要求。

A. 电子文件归档　　B. 影像归档

C. 实物归档　　D. 电子档案管理

104. 应在每一个存储载体中同时存有相应的符合规范要求的机读目录的电子公文是（　）。

A. 需要永久保存的电子公文

B. 需要临时保存的电子公文

C. 需要保存 10 天左右的电子公文

D. 需要长期保存的电子公文

105. 以下需要与相对应的电子公文一同归档保存的有（　）。

A. 电子公文的收发登记表　　B. 电子公文的机读目录

C. 电子公文的相关软件　　D. 电子公文的其他说明

106. 电子公文形成单位应在运行电子公文处理系统的硬件环境中设置足够容量、安全的暂存存储器，存放处理完毕应归档保存的电子公文，以保证归档电子公文的（　）。

A. 完整　　B. 安全　　C. 永久利用　　D. 合理利用

107. 电子公文形成单位应在电子公文处理系统中设置符合安全要求的操作日志，随时自动记录对电子公文实时操作的（　）和内容等。

A. 人员　　B. 时间　　C. 设备　　D. 项目

108. 归档电子公文的移交形式有（　）。

A. 交接双方之间进行存储载体传递

B. 通过电子公文传输系统从网上交接

C. 交接双方之间进行纸质材料传递

D. 通过机要通信系统传递

109. 通过存储载体进行交接的归档电子公文，（　）部门应对其载体和技术环境进行检验。

A. 移交部门　　B. 检查部门　　C. 监督部门　　D. 接收部门

110. 通过存储载体进行交接的归档电子公文，应确保载体（　）。

A. 清洁　　B. 无划痕　　C. 无病毒　　D. 无法使用

111. 归档电子公文应存储到符合保管要求的脱机载体上。归档保存的电子公文一般不加密，必须加密归档的电子公文应与其（　）一同归档。

A. 子目录　　B. 二级子目录　　C. 解密软件　　D. 说明文件

112. 归档的电子公文，应按本单位档案分类方案进行（　）。

A. 分类　　B. 整理　　C. 验证　　D. 检测

113. 归档的电子公文，应拷贝至耐久性好的载体上，一式3套，分别用于（　）。

A. 对外出租　　B. 封存保管　　C. 异地保管　　D. 提供利用

114. 档案部门应加强对归档电子公文的管理，提供利用有密级要求的归档电子公文，应严格遵守国家有关保密规定，采用联网的方式提供利用的，应采取稳妥的（　）安全保密措施。

A. 身份认定

B. 权限控制

C. 在存有电子公文的设备上加装防火墙

D. 以上均不对

115. 超过保管期限的归档电子公文的（　），按照归档纸质文件的有关规定执行。

A. 鉴定　　B. 销毁　　C. 出租　　D. 出售

116. 对确认销毁的电子公文可以进行（　）删除，并应由档案部门列出销毁文件目录存档备查。

A. 逻辑　　B. 物理　　C. 出售　　D. 出租

117. 国家秘密是关系国家（　），依照法定程序确定，在一定时间内只限一定范围的人员知悉的事项。

A. 外交　　B. 主权　　C. 安全　　D. 利益

118. 一切国家机关、武装力量（　）和公民都有保守国家秘密的义务。

A. 政党　　B. 社会团体　　C. 企业单位　　D. 事业单位

119. 保守国家秘密的工作实行（　）的方针。

A. 积极防范　B. 突出重点　C. 依法管理　D. 奖罚分明

120. 保守国家秘密，要（　）。

A. 严阵以待　B. 保护经济利益

C. 确保国家秘密安全　D. 便利信息资源合理利用

121. 国家秘密的保密期限，应当根据事项的（　），按照维护国家安全和利益的需要，限定在必要的期限内；不能确定期限的，应当确定解密的条件。

A. 性质　B. 特点　C. 紧急程度　D. 重要程度

122. 国家秘密的保密期限，应当根据事项的性质和特点，按照维护国家（　）的需要，限定在必要的期限内；不能确定期限的，应当确定解密的条件。

A. 安全　B. 法制　C. 治安　D. 利益

123. 机关、单位对承载国家秘密的（　）等载体应当做出国家秘密标志。

A. 纸介质　B. 光介质　C. 电磁介质　D. 以上均不对

124. 机关、单位对承载国家秘密的载体，以及属于限定知悉范围的（　），应当做出国家秘密标志。

A. 设备　B. 领导　C. 个人　D. 产品

125. 国家秘密的密级、（　），应当根据情况变化及时变更。

A. 保密期限　B. 领导　C. 个人　D. 知悉范围

126. 国家秘密载体的（　），应当符合国家保密规定。

A. 制作、收发　B. 传递、使用　C. 复制、保存　D. 维修、销毁

127. 禁止非法（　）国家秘密。

A. 复制　B. 记录　C. 存储　D. 以上均不对

128. 以下哪些出版物的出版发行应当遵守国家保密规定。

A. 报刊　B. 图书　C. 音像制品　D. 电子出版物

129. 报刊的编辑和（　）应当遵守有关保密规定。

A. 出版　B. 印制　C. 发行　D. 以上均不对

130. 互联网及其他公共信息网络（　　）应当配合公安机关、国家安全机关、检察机关对泄密案件进行调查。

A. 运营商　　B. 服务商　　C. 宣传方　　D. 以上均不对

131. 互联网运营商、服务商应当配合（　　）对泄密案件进行调查。

A. 公安机关　　B. 国家安全机关　C. 检察机关　　D. 以上均不对

132. 在涉密岗位工作的人员按照涉密程度分为（　　）人员，实行分类管理。

A. 核心涉密　　B. 重要涉密　　C. 日常涉密　　D. 一般涉密

133. 涉密人员上岗应当经过保密（　　），不得以任何方式泄露国家秘密。

A. 教育　　B. 宣传　　C. 表扬　　D. 培训

134. 涉密人员上岗应当掌握保密知识技能和（　　），不得以任何方式泄露国家秘密。

A. 背诵保密规定　　B. 签订保密承诺书

C. 严格遵守保密规章制度　　D. 了解单位情况

135. 涉密人员出境应当经有关部门批准，有关机关认为涉密人员出境（　　），不得批准出境。

A. 影响国家形象的

B. 将对国家安全造成危害

C. 将对国家利益造成重大损失的

D. 影响单位形象的

136. 机关、单位发生重大泄密案件的，由有关机关、单位依法对（　　）给予处分。

A. 主管单位　　B. 主要领导

C. 直接负责的主管人员　　D. 其他直接责任人员

137. 解决形式主义突出问题的要求之一，就是要精简文件简报，切实改进文风，（　　）一律不发。

A. 没有实质内容的文件、简报　　B. 可发可不发的文件、简报

C. 领导讲话类文件　　D. 领导讲话类简报

138. 在关于解决形式主义突出问题为基层减负的通知中的控制发文方面要求，(　　)。

A. 发扬“短实新”文风　　B. 坚决压缩篇幅

C. 防止穿靴戴帽、冗长空洞　　D. 正文字数不能超过 2 万字

139. 符合在关于持续解决困扰基层的形式主义问题为决胜全面建成小康社会提供坚强作风保证的通知中“切实防止文山会海反弹回潮”要求的是(　　)。

A. 守住精文的硬杠杠

B. 要严格控制向下发文的数量

C. 精减基层向上级报文报表的数量

D. 确保 2020 年发文比 2019 年只减不增

140. 符合在关于持续解决困扰基层的形式主义问题为决胜全面建成小康社会提供坚强作风保证的通知中“切实防止文山会海反弹回潮”要求的是(　　)。

A. 着力提高文件质量

B. 进一步明确精文的标准和尺度，做到真减负、减真负

C. 防止用形式主义做法解决形式主义问题

D. 对在发文方面改头换面、明减实不减的，及时督促纠正

(四) 填空题

1. 党政机关公文是党政机关实施领导、履行职能、处理公务的具有______效力和______体式的文书。

2. 党政机关公文是传达贯彻党和国家的______，公布______，指导、布置和______工作，请示和答复问题，报告、通报和交流情况等的重要工具。

3. 公文处理工作是指公文拟制、办理、管理等一系列______、______的工作。

4. 公文处理工作应当坚持______、______、______、______的原则。

5. 各级党政机关办公厅（室）主管本机关的公文处理工作，并对下级机

关的公文处理工作进行______和______。

6. 适用于会议讨论通过的重大决策事项的公文文种是______。

7. 适用于对重要事项作出决策和部署、奖惩有关单位和人员、变更或者撤销下级机关不适当的决定事项的公文文种是______。

8. 适用于公布行政法规和规章、宣布施行重大强制性措施、批准授予和晋升衔级、嘉奖有关单位和人员的公文文种是______。

9. 适用于公布重要决定或者重大事项的公文文种是______。

10. 适用于向国内外宣布重要事项或者法定事项的公文文种是______。

11. 适用于在一定范围内公布应当遵守或者周知的事项的公文文种是______。

12. 适用于对重要问题提出见解和处理办法的公文文种是______。

13. 适用于发布、传达要求下级机关执行和有关单位周知或者执行的事项，批转、转发公文的文种是______。

14. 适用于表彰先进、批评错误、传达重要精神和告知重要情况的公文文种是______。

15. 适用于向上级机关汇报工作、反映情况，回复上级机关的询问的公文文种是______。

16. 适用于向上级机关请求指示、批准的公文文种是______。

17. 适用于答复下级机关请示事项的公文文种是______。

18. 适用于各级人民政府按照法律程序向同级人民代表大会或者人民代表大会常务委员会提请审议事项的公文文种是______。

19. 适用于不相隶属机关之间商洽工作、询问和答复问题、请求批准和答复审批事项的公文文种是______。

20. 适用于记载会议主要情况和议定事项的公文文种是______。

21. 公文使用的汉字、数字、外文字符、计量单位和标点符号等，按照有关______和规定执行。民族自治地方的公文，可以并用汉字和当地通用的______文字。

22. 行文应当确有必要，讲求实效，注重______和______。

23. 行文关系根据______关系和______范围确定。

24. 向上级机关行文，原则上主送一个上级机关，根据需要同时抄送相关上级机关和______机关，不抄送下级机关。

25. 向上级机关行文，属于部门职权范围内的事项应当______报送上级主管部门。

26. 下级机关的请示事项，如需以本机关名义向上级机关请示，应当______上报。

27. 除上级机关负责人直接交办事项外，不得以______名义向上级机关负责人报送公文，不得以______名义向上级机关报送公文。

28. 向下级机关行文，重要行文应当同时抄送发文机关的______机关。

29. 党委、政府的办公厅（室）根据本级党委、政府授权，可以向下级党委、政府行文，其他部门和单位不得向下级党委、政府发布______公文或者在公文中向下级党委、政府提出______要求。

30. 党委、政府的部门______可以向下级党委、政府的相关部门行文。

31. 涉及多个部门职权范围内的事务，部门之间未协商一致的，______向下行文。

32. 涉及多个部门职权范围内的事务，部门之间未协商一致擅自行文的，上级机关应当责令其______或者______。

33. 上级机关向受双重领导的下级机关行文，必要时抄送______机关的另一个上级机关。

34. 公文拟制包括公文的起草、审核、______等程序。

35. 公文起草应当做到符合党的理论路线方针政策和国家法律法规，完整准确体现发文机关意图，并同现行有关公文______。

36. 公文起草应当一切从实际出发，分析问题实事求是，所提政策措施和办法______。

37. 公文起草应做到内容简洁，主题突出，观点鲜明，______，______文字精练。

38. 公文起草应当做到深入调查研究，充分进行论证，______。

39. 公文涉及其他地区或者部门职权范围内的事项，起草单位必须征求相关地区或者部门意见，______。

40. 机关负责人应当主持、指导______公文起草工作。

41. 公文文稿签发前，应当由发文机关办公厅（室）进行______。

42. 公文应当经本机关负责人______签发。

43. ______公文和______由机关主要负责人签发。

44. 签发人签发公文，应当签署______、______和______；圈阅或者签名的，视为同意。

45. 联合发文由所有联署机关的负责人______。

46. 收文办理中的“签收”是指对收到的公文应当逐件清点，核对______后签字或者盖章，并注明签收时间。

47. 收文办理中的“初审”包括：是否应当由本机关办理，是否符合______，文种、格式是否符合要求等。经初审不符合规定的公文，应当及时退回______并说明理由。

48. 发文办理主要程序是：复核、登记、印制、______。

49. 涉密公文应当通过机要交通、______、城市机要文件交换站或者收发件机关机要收发人员进行传递。

50. 涉密公文可以通过密码电报或者符合______规定的计算机信息系统进行传输。

51. 两个以上机关联合办理的公文，原件由______归档。

52. 机关负责人兼任其他机关职务的，在履行所兼职务过程中形成的公文，由其______归档。

53. 党政机关公文由文秘部门或者______统一管理。

54. 设立党委（党组）的县级以上单位应当建立______保密室和______阅文室。

55. 机要保密室和机要阅文室要按照有关保密规定配备______和必要的安全保密设施设备。

56. 公文确定密级前，应当按照______密级先行采取保密措施。

57. 公文确定密级后，应当按照______密级严格管理。

58. 绝密级公文应当由______管理。

59. 公文的密级需要变更或者解除的，由______的机关或者其上级机关决定。

60. 涉密公文公开发布前应当履行______程序。

61. 公文的印发传达范围应当按照______机关的要求执行。

62. 公文的印发传达范围需要变更的，应当经______机关批准。

63. 经批准公开发布的公文，同发文机关正式印发的公文具有______效力。

64. 复制、汇编机密级、秘密级公文，应当符合有关规定并经______批准。

65. 绝密级公文一般不得复制、汇编，确有工作需要的，应当经______或者______批准。

66. 复制、汇编的绝密级、机密级、秘密级公文视同______管理。

67. 汇编绝密级、机密级、秘密级公文汇编本的密级按照编入公文的______密级标注。

68. 涉密公文应当按照______的要求和有关规定进行清退或者销毁。

69. 公文的撤销和废止，由发文机关、上级机关或者______机关根据职权范围和有关法律法规决定。

70. 公文被撤销的，视为______无效；公文被废止的，视为自______之日起失效。

71. 不具备归档和保存价值的公文，经______后可以销毁。

72. 销毁涉密公文必须严格按照有关规定履行______手续，确保不丢失、不漏销。个人不得私自销毁、留存涉密公文。

73. 机关合并时，全部公文应当随之合并管理；机关撤销时，需要归档的公文经整理后按照有关规定移交______部门。

74. 工作人员离岗离职时，所在机关应当督促其将暂存、借用的公文按照有关规定______、______。

75. 新设立的机关应当向______党委、政府的办公厅（室）提出发文立户申请。经审查符合条件的，列为发文单位，机关合并或者撤销时，相应进行调整。

76. 公文文种中，可以用于平行文的有______、______。

77. 涉密公文公开发布的时间、形式和渠道，由______确定。

78. 根据职权范围和有关法律法规决定公文撤销和废止的机关有______、______、______。

79. 电子公文整理归档保管期限中，定期一般分为______年、______年。

80. 电子公文管理要素包括查阅信息、复制与输出信息和______信息。

81. 电子公文收文办理要素包括接收信息、审核与批办信息、承办催办信息、______信息。

82. 电子公文发文办理要素包括复核信息、______信息。

83.《中国共产党重大事项请示报告条例条例》适用于下级党组织向______，以及______、______向党组织请示报告重大事项相关活动。

84.《中国共产党重大事项请示报告条例条例》规定，接受归口领导、管理的单位党组织，必须服从______的领导，向其请示报告工作，并按照有关规定向______、______请示报告。

85.《中国共产党重大事项请示报告条例条例》规定，涉及跨区域、跨领域、跨行业、跨系统的重大事项，应当由有关党组织向______联合请示报告。联合请示报告应当明确______。

86.《中国共产党重大事项请示报告条例条例》规定，上级党组织应当从实际出发，对下级党组织请示报告中______、______的同类事项______，促使请示报告精简务实。

87.《中国共产党重大事项请示报告条例条例》规定，向上级党组织请示重大事项，必须______，给上级党组织以______时间。情况紧急来不及请示必须临机处置的，应当按照规定履职尽责，并及时进行______。

88.《中国共产党重大事项请示报告条例条例》规定，党组织应当根据重大事项类型和缓急程度采用______、______方式进行请示报告。

89.《中国共产党重大事项请示报告条例条例》规定，非紧急情况、重大事项处理处于______或者______的请示报告，应当采用书面方式。书面报告视情采用______、信息、简报等方式。

90.《中国共产党重大事项请示报告条例条例》规定，党组织应当将重大事项请示报告工作情况作为履行全面从严治党政治责任的重要内容，对______及其______进行考核评价。

91. 报送请示性公文，应做到______，原则上主送一个上级机关；不得在报告等______公文中夹带请示事项。

92. 电子公文与纸质公文在公文种类、______、______、公文拟制、______、公文管理等方面的基本要求一致。

93. 电子公文处理工作应当坚持______、______、______、______的原则。

94. 电子公文拟制要素中的审核信息主要包括审核人信息、______、______、修改人信息、______、______。

95. 党政机关电子印章制发、使用、管理应当按照______管理有关规定执行，并符合______、______相关要求。

96. 电子公文系统是电子公文______过程或者部分环节所使用信息系统的统称，包括相关软硬件______和______。

97. 复制、输出涉密电子公文时，应当履行______。复制电子公文应当标注______，便于管理和监督；输出电子公文时应当采取技术手段控制______。复制、输出的电子公文______管理。

98. 各级党政机关应当______、______电子公文的读取、处理设备，确保设备运转正常。电子公文系统设备更新、系统升级时，应当确认______与______兼容，同时对电子公文进行迁移。

99. 档案是指过去和现在的机关、______以及个人从事经济、政治、军事、文化、社会、生态文明、军事、外事、科技等活动直接形成的对国家和社会有保存价值的各种文字、图表、声像等不同形式的历史记录。

100. 一切国家机关、武装力量、政党、团体、企业事业单位和______都有保护档案的义务。

101. 档案工作实行统一领导、______管理的原则，维护档案完整与安全，便于社会各方面的利用。

102. 团体、企业事业单位和其他组织的档案机构或者档案工作人员，负责保管本单位的档案，并对所属机构的档案工作实行______和______。

103. 对国家规定的应当立卷归档的材料，必须按照规定，定期向本单位档案机构或者档案工作人员移交，______管理，任何个人不得据为己有。

104. 档案馆以及机关、团体、企业事业单位和其他组织的档案机构，应当建立______的管理制度。

105. 档案馆以及机关、团体、企业事业单位和其他组织的档案机构，应当配置必要的设施，确保档案的______。

106. 电子公文______单位应指定有关部门或专人负责本单位的电子公文归档工作。

107. 电子公文形成单位应将电子公文的收集、整理、归档、保管、利用纳入______处理程序和相关人员的岗位责任。

108. 电子公文的真实性、完整性、安全性和可识别性，移交前由______负责。

109. 电子公文的真实性、完整性、安全性和可识别性，移交后由______负责。

110. 电子公文一般应在办理完毕后即时向机关______归档。

111. 符合______要求的电子公文可以仅以电子形式归档。

112. 电子公文归档应当符合电子文件归档和______管理的要求。

113. 需要永久和长期保存的电子公文，应在每一个存储载体中同时存有相应的符合规范要求的______。

114. 电子公文的收发登记表、机读目录、相关软件、其他说明等应与相对应的电子公文______归档保存。

115. 电子公文形成单位应在运行电子公文处理系统的硬件环境中设置足够容量、安全的______存储器，存放处理完毕应归档保存的电子公文，以保证归档电子公文的完整、安全。

116. 电子公文形成单位应在电子公文处理系统中设置符合安全要求的______，随时自动记录对电子公文实时操作的人员、时间、设备、项目、内容等。

117. 电子公文处理系统中的操作日志，用于保证归档电子公文的______。

118. 电子公文形成单位应在电子公文______时按照国家有关要求对其真实性、完整性、可用性和安全性进行检查。

119. 归档电子公文的移交形式可以是交接双方之间进行______。

120. 归档电子公文的移交形式可以通过______系统从网上交接。

121. 通过存储载体进行交接的归档电子公文，______部门均应对其载体和技术环境进行检验，确保载体清洁、无划痕、无病毒等。

122. 归档电子公文应存储到符合保管要求的______载体上。

123. 归档保存的电子公文一般不加密，必须加密归档的电子公文应与其______和说明文件一同归档。

124. 归档的电子公文，应按本单位档案分类方案进行分类、整理，并拷贝至______好的载体上，一式 3 套，一套封存保管，一套异地保管，一套提供利用。

125. 档案部门应加强对归档电子公文的管理，提供利用有密级要求的归档电子公文，应严格遵守______有关保密的规定。

126. 档案部门采用联网的方式提供利用有密级要求的归档电子公文，应采取稳妥的身份认定、______及在存有电子公文的设备上加装防火墙等安全保密措施。

127. 超过保管期限的归档电子公文的鉴定和______，按照归档纸质文件的有关规定执行。

128. 对确认销毁的电子公文可以进行逻辑或物理删除，并应由______部门列出销毁文件目录存档备查。

129. 国家秘密是关系国家安全和利益，依照______程序确定，在一定时间内只限一定范围的人员知悉的事项。

130. 一切国家机关、武装力量、政党、______、______和公民都有保守国家秘密的义务。

131. 保守国家秘密的工作实行积极防范、______、依法管理的方针，既确保国家秘密安全，又便利信息资源合理利用。

132. 国家秘密的保密期限，应当根据事项的性质和特点，按照维护国家安全和利益的需要，限定在______的期限内；不能确定期限的，应当确定解密的条件。

133. 国家秘密的知悉范围，应当根据工作需要限定在______范围。

134. 机关、单位对承载国家秘密的纸介质、光介质、电磁介质等载体，以及属于______知悉范围的设备、产品，应当做出国家秘密标志。

135. 国家秘密的密级、保密期限和知悉范围，应当根据情况变化______变更。

136. 国家秘密载体的制作、收发、传递、使用、复制、保存、维修和销毁，应当符合______规定。

137. 禁止非法复制、记录、______国家秘密。

138. 报刊、图书、音像制品、电子出版物的编辑、出版、印制、发行等，应当遵守有关______规定。

139. 互联网及其他公共信息网络运营商、服务商应当配合公安机关、国家安全机关、检察机关对______进行调查。

140. 在涉密岗位工作的人员按照______分为核心涉密人员、重要涉密人员和一般涉密人员，实行分类管理。

141. 涉密人员上岗应当经过保密教育培训，掌握保密知识技能，签订保密承诺书，严格遵守保密规章制度，不得______泄露国家秘密。

142. 涉密人员出境应当经有关部门批准，有关机关认为涉密人员出境将对国家安全造成危害或者对国家利益造成重大损失的，______出境。

143. 按照解决形式主义突出问题为基层减负的要求，精简文件简报，切实改进文风，没有实质内容、______的文件、简报一律不发。

144. 按照解决形式主义突出问题为基层减负的要求，在控制发文方面，要发扬“______”文风，坚决压缩篇幅，防止穿靴戴帽、冗长空洞。

145. 按照持续解决困扰基层的形式主义问题为决胜全面建成小康社会提供坚强作风保证的要求，要不发不切实际、______的文件。

146. 按照持续解决困扰基层的形式主义问题为决胜全面建成小康社会

提供坚强作风保证的要求，切实防止文山会海反弹回潮，要精减基层向上级______的数量。

五　精选试题答案

（一）判断题

1. √　2. √　3. √　4. √

5. ×　解析：《党政机关公文处理工作条例》中规定公文的种类主要有决议、决定、命令（令）、公报、公告、通告、意见、通知、通报、报告、请示、批复、议案、函、纪要等 15 种。

6. ×　解析：《党政机关公文处理工作条例》中规定，公报适用于公布重要决定或者重大事项，公告适用于向国内外宣布重要事项或者法定事项，属于不同种类的公文。

7. √　8. √

9. ×　解析：按照行文方向不同，可将公文分为上行文、下行文、平行文。

10. √　11. √

12. ×　解析：上行文可选择的文种是请示、报告、意见等，函为平行文。

13. ×　解析：上行文可选择的文种是请示、报告、意见等，批复为下行文。

14. √

15. ×　解析：平行文可选择的文种一般包括函和意见。

16. ×　解析：意见是能用于平行文的文种。

17. √　18. √

19. ×　解析：下行文是指上级领导机关对所属下级机关的行文，使用的文种不包括请示。

20. ×　解析：意见是能用于下行文的文种。

21. √　22. √　23. √　24. √

25. ×　解析：正确表述为“行文关系根据隶属关系和职权范围确定。一般不得越级行文。”

26. × 解析：正确表述为“行文关系根据隶属关系和职权范围确定，特殊情况需要越级行文的，应当同时抄送被越过的机关。”

27. √ 28. √

29. × 解析: 正确表述为“向上级机关行文，原则上主送一个上级机关。”

30. × 解析：正确表述为“下级机关的请示事项，如需以本机关名义向上级机关请示，应当提出倾向性意见后上报，不得原文转报上级机关。”

31. × 解析：正确表述为“受双重领导的机关向一个上级机关行文，必要时抄送另一个上级机关。”

32. √ 33. √ 34. √

35. × 解析：正确表述为“涉及多个部门职权范围内的事务，部门之间未协商一致的，不得向下行文。”

36. √

37. × 解析：应该表述为“公文文稿签发前，应当由发文机关办公厅（室）进行审核。”

38. √ 39. √

40. × 解析：经审核不宜发文的公文文稿，应当退回起草单位并说明理由；符合发文条件但内容需作进一步研究和修改的，由起草单位修改后重新报送。

41. × 解析：公文涉及其他地区或者部门职权范围内的事项，起草单位必须征求相关地区或者部门意见，力求达成一致。

42. × 解析：正确表述为“上级机关向受双重领导的下级机关行文，必要时抄送该下级机关的另一个上级机关。”

43. √ 44. √ 45. √ 46. √

47. × 解析：正确表述为“同级党政机关、党政机关与其他同级机关必要时可以联合行文。”

48. × 解析：正确表述为“属于党委、政府各自职权范围内的工作，不得联合行文。”

49. √ 50. √

51. × 解析：正确表述为“向上级机关行文，不得在报告等非请示性公文中夹带请示事项。”

52. √ 53. √

54. × 解析：正确表述为“请示应当一文一事。”

55. √ 56. √ 57. √

58. × 解析：正确表述为“受双重领导的机关向一个上级机关行文，必要时抄送另一个上级机关。”

59. √ 60. √ 61. √ 62. √ 63. √ 64. √ 65. √ 66. √ 67. √

68. × 解析：涉密公文应当在符合保密要求的场所印制。

69. × 解析：涉密公文应当通过机要交通、邮政机要通信、城市机要文件交换站或者收发件机关机要收发人员进行传递。

70. √ 71. √

72. × 解析：个人不得保存应当归档的公文。

73. × 解析：机关负责人兼任其他机关职务的，在履行所兼职务过程中形成的公文，由其兼职机关整理、归档。

74. √ 75. √

76. × 解析：符合发文条件但内容需进一步研究和修改的，由起草单位修改后重新报送。

77. × 解析：公文应当经本机关负责人审批签发。

78. × 解析：重要公文应由机关主要负责人签发。

79. √ 80. √

81. × 解析：公文办理包括收文办理、发文办理和整理归档。

82. √ 83. √

84. × 解析：收文办理的程序包括签收、登记、初审、承办、传阅、催办和答复共 7 个环节。

85. × 解析：对收到的公文应当进行初审，经初审不符合规定的公文，应当及时退回来文单位并说明理由。

86. √ 87. √

88. × 解析：发文办理按顺序主要程序包括复核、登记、印制和核发。

89. √ 90. √ 91. √

92. × 解析：涉密公文公开发布前应当履行解密程序。

93. √ 94. √

95. × 解析：复制、汇编的涉密公文视同原件管理。

96. × 解析：绝密级公文一般不得复制、汇编，确有工作需要的，应当经发文机关或者其上级机关批准。

97. √ 98. √

99. × 解析：公文确定密级前，应当按照拟定的密级先行采取保密措施。

100. √ 101. √ 102. √

103. × 解析：个人不得私自销毁、留存涉密公文。

104. √ 105. √ 106. √ 107. √

108. × 解析：公文被撤销的，视为自始无效。

109. × 解析：公文被废止的，视为自废止之日起失效。

110. √

111. × 解析：机要通信用户寄递国家秘密载体，应当指定专人办理交寄。

112. √

113. × 解析：机要通信的准寄类别包括机要文件、刊物、案件物证和其他重要物品，也包括经国家新闻出版主管部门批准，印有统一刊号（CN）、标注密级、符合机要通信寄递范围规定的党和国家有关新闻单位制作的期刊。

114. √

115. × 解析：机要通信重要涉密人员脱密期为 1 年，一般涉密人员脱密期为 6 个月。

116. √

117. × 解析：使用信封封装绝密级国家秘密载体时，应当使用由防透视材料制作的、周边缝有韧线的信封，信封的封口及中缝处应当加盖密封章或者加贴密封条。

118. √

119. ×　解析：泄露后会使国家石油石化行业重大政策制定和执行遭受严重损害的事项应当定为机密级国家秘密。

120. ×　解析：电子公文与纸质公文具有同等效力。

121. √

122. ×　解析：电子公文与纸质公文在公文种类、公文格式、行文规则、公文拟制、公文办理、公文管理等方面的基本要求一致。

123. ×　解析：电子公文处理工作应该坚持统一管理、准确规范、精简高效、安全可靠原则。

124. √　125. √

126. ×　解析：电子公文的版面要素包括密级、保密期限以及紧急程度。

127. √

128. ×　解析：电子公文的内容信息包括文字、图表、图像、音频、视频等不同形式的信息记录。

129. ×　解析：电子公文的起草信息主要包括起草人信息、起草时间和定密信息。

130. ×　解析：电子公文的审核信息主要包括审核人信息、审核意见、审核时间、修改人信息、修改内容、修改时间。

131. √

132. ×　解析：电子公文的办理要素包括收文办理、发文办理、整理归档。

133. ×　解析：电子公文传阅信息主要包括传阅批准记录、传阅人信息、传阅批示信息、传阅时间。

134. √

135. ×　解析：电子公文发送信息包括发送机关信息、发送人信息、发送时间。

136. √

137. ×　解析：电子公文保管期限包括永久、定期两种，定期一般分为30年、10年。

138. ×　解析：电子公文移交接收信息主要包括移交人信息、移交时间、接收人信息、接收时间。

139. √

140. × 解析：电子公文管理要素查阅信息包括查阅批准记录、查阅人信息、查阅时间。

141. × 解析：电子公文管理要素变更信息主要包括密级、保密期限、保管期限、主送范围等变更内容，以及变更时间、审核人信息、签批人信息。

142. √

143. × 解析：电子公文中有发文机关署名的，应当加盖发文机关电子印章，并与署名机关相符。

144. × 解析：党政机关电子印章制发、使用、管理应当按照公章管理有关规定执行，并符合电子政务认证管理、密码管理相关要求。

145. √

146. × 解析：电子印章使用单位撤销的，应当立即公告其电子印章失效，并及时将电子印章移交制发机关。

147. √

148. × 解析：电子印章使用单位合并或者变更的，应当立即公告原电子印章失效。

149. √

150. × 解析：电子印章销毁应当履行有关审批手续。

151. × 解析：涉密电子印章载体销毁应当按照国家保密法律法规的规定处理。

152. √

153. × 解析：电子印章的治安管理由公安机关负责，具体规定由公安部会同有关部门另行制定。

154. √

155. × 解析：电子公文系统应当支持电子公文起草、审核、签发、传输、承办、催办、答复、归档等公文处理程序，同时具有验证、存储、输出、查阅、检索、统计等功能。

156. √

157. ×　解析：电子公文系统应当实现可信互联和安全便捷的信息交换。

158. √

159. ×　解析：电子公文系统建设应当优先采用安全可靠的软硬件产品。

160. √

161. ×　解析：电子公文系统设备更新、系统升级时，应当确认原有载体与新设备兼容，同时对电子公文进行迁移。

162. ×　解析：各级党政机关应当根据电子公文存储的实际情况，对电子公文定期进行数据备份，有条件的可以异地容灾备份。

163. √

164. ×　解析：电子公文删除应当履行审批手续，并长期保存删除文件记录。

165. √

166. ×　解析：复制、输出的电子公文视同原件管理。

167. ×　解析：涉密的电子公文的复制、输出应当按照相应密级的纸质文件管理规定执行。

168. √

169. ×　解析：电子公文办理完毕后，应当将需要归档的电子公文及其版面、拟制、办理、管理等要素和相关数据信息及时整理归档。

170. ×　解析：在涉密网络中部署的涉密电子公文系统，由保密行政管理部门设立或者授权的保密测评机构进行检测评估。

171. ×　解析：非涉密的电子公文系统，应当按照网络安全等级保护制度和密码标准规范要求，在建设实施时同步开展系统安全建设工作。

172. √　173. √

174. ×　解析：存储涉密电子公文的国家秘密载体应当按照所存储电子公文的最高密级和最长保密期限，在载体表面显著位置标注密级和保密期限并确保安全。

175. ×　解析：复制、输出涉密电子公文时，应当履行审批手续。

176. √

177. × 解析：一切国家机关、武装力量、政党、团体、企业事业单位和公民都有保护档案的义务。

178. √ 179. √

180. × 解析：对国家规定的应当立卷归档的材料，必须按照规定，定期向本单位档案机构或者档案工作人员移交，集中管理，任何个人不得据为己有。

181. × 解析：对国家规定不得归档的材料，禁止擅自归档。

182. × 解析：档案馆以及机关、团体、企业事业单位和其他组织的档案机构应当建立科学的管理制度，便于对档案的利用；按照国家有关规定配置适宜档案保存的库房和必要的设施、设备，确保档案的安全；采用先进技术，实现档案管理的现代化。

183. × 解析：电子公文形成单位应指定有关部门或专人负责本单位的电子公文归档工作，将电子公文的收集、整理、归档、保管、利用纳入机关文书处理程序和相关人员的岗位责任。

184. × 解析：电子公文的真实性、完整性、安全性和可识别性，移交前由形成部门负责，移交后由档案部门负责。

185. √ 186. √ 187. √ 188. √

189. × 解析：电子公文形成单位应在运行电子公文处理系统的硬件环境中设置足够容量、安全的暂存存储器，存放处理完毕应归档保存的电子公文，以保证归档电子公文的完整、安全。

190. × 解析：电子公文形成单位应在电子公文处理系统中设置符合安全要求的操作日志，随时自动记录对电子公文实时操作的人员、时间、设备、项目、内容等，以保证归档电子公文的真实性。

191. × 解析：电子公文形成单位应在电子公文归档时按照国家有关要求对其真实性、完整性、可用性和安全性进行检查。

192. × 解析：归档电子公文的移交形式可以是交接双方之间进行存储载体传递或通过电子公文传输系统从网上交接。

193. × 解析：通过存储载体进行交接的归档电子公文，移交与接收部门均应对其载体和技术环境进行检验，确保载体清洁、无划痕、无病毒等。

194. ×　解析：归档电子公文应存储到符合保管要求的脱机载体上。归档保存的电子公文一般不加密，必须加密归档的电子公文应与其解密软件和说明文件一同归档。

195. √　196. √　197. √

198. ×　解析：国家秘密是关系国家安全和利益，依照法定程序确定，在一定时间内只限一定范围的人员知悉的事项。

199. √　200. √　201. √

202. ×　解析：国家秘密的知悉范围，应当根据工作需要限定在最小范围。

203. ×　解析：机关、单位对承载国家秘密的纸介质、光介质、电磁介质等载体，以及属于限定知悉范围的设备、产品，应当做出国家秘密标志。

204. √　205. √

206. ×　解析：禁止非法复制、记录、存储国家秘密。

207. √　208. √　209. √　210. √　211. √

212. ×　解析：机关、单位违反发生重大泄密案件的，由有关机关、单位依法对直接负责的主管人员和其他直接责任人员给予处分。

213. √　214. √　215. √　216. √

（二）单选题

1. A　2. B　3. C　4. C　5. D　6. A　7. C　8. C　9. B　10. A　11. D

12. A　13. A　14. D　15. A　16. A　17. C　18. D　19. D　20. A　21. D

22. A　23. A　24. C　25. A　26. A　27. C　28. A　29. B　30. D　31. A

32. D　33. B　34. A　35. D　36. A　37. B　38. A　39. D　40. A　41. A

42. D　43. B　44. A　45. C　46. B　47. C　48. C　49. D　50. A　51. B

52. C　53. C　54. D　55. A　56. A　57. A　58. C　59. D　60. A　61. C

62. B　63. C　64. D　65. C　66. A　67. B　68. C　69. C　70. B　71. C

72. D　73. A　74. A　75. C　76. B　77. B　78. C　79. A　80. C　81. A

82. B 83. C 84. A 85. D 86. D 87. C 88. B 89. B 90. B 91. B
92. D 93. D 94. B 95. B 96. A 97. A 98. B 99. C 100. C 101. D
102. D 103. A 104. A 105. C 106. C 107. C 108. A 109. A
110. B 111. C 112. A 113. D

（三）多选题

1. ABCD 2. ABCD 3. AD 4. BD 5. ACD 6. BD 7. ABCD 8. AB
9. ACD 10. ABD 11. ABC 12. ABD 13. ACD 14. ABCD 15. CD
16. ABC 17. BCD 18. ABCD 19. ABD 20. ABD 21. ABCD 22. ACD
23. BC 24. AB 25. ABCD 26. BC 27. BCD 28. ABC 29. ABC
30. AB 31. AC 32. ABCD 33. ACD 34. ABC 35. BC 36. ABC
37. ABD 38. ABC 39. ABC 40. ABCD 41. BD 42. ACD 43. ABD
44. ABC 45. ABC 46. BCD 47. AB 48. ABCD 49. ABCD 50. ABC
51. ABCD 52. ABC 53. ABCD 54. ABCD 55. ABD 56. ABCD
57. ABCD 58. ABCD 59. AC 60. AB 61. ABC 62. ABC 63. ABCD
64. BD 65. ABCD 66. ABC 67. ABD 68. ABCD 69. ABCD 70. AC
71. BD 72. AC 73. AB 74. CD 75. AC 76. BD 77. ACD 78. ABCD
79. ABC 80. ABCD 81. BC 82. ABD 83. ABCD 84. ABCD 85. ACD
86. ABCD 87. ABCD 88. ABCD 89. ABCD 90. ACD 91. ABCD
92. ABC 93. ABCD 94. BC 95. BC 96. AD 97. ABCD 98. AB
99. ABC 100. ABCD 101. BC 102. BC 103. AD 104. AD 105. ABCD
106. AB 107. ABCD 108. AB 109. AD 110. ABC 111. CD 112. AB
113. BCD 114. ABC 115. AB 116. AB 117. CD 118. ABCD
119. ABCD 120. CD 121. AB 122. AD 123. ABC 124. AD 125. AD
126. ABCD 127. ABC 128. ABCD 129. ABC 130. AB 131. ABC
132. ABD 133. AD 134. BC 135. BC 136. CD 137. AB 138. ABC
139. ABCD 140. ABCD

（四）填空题

1. 特定；规范 2. 方针政策；法规和规章；商洽 3. 相互关联；衔接有序
4. 实事求是；准确规范；精简高效；安全保密 5. 业务指导；督促检查
6. 决议 7. 决定 8. 命令（令） 9. 公报 10. 公告 11. 通告 12. 意见
13. 通知 14. 通报 15. 报告 16. 请示 17. 批复 18. 议案 19. 函
20. 纪要 21. 国家标准；少数民族 22. 针对性；可操作性 23. 隶属；职权
24. 同级 25. 直接 26. 提出倾向性意见后 27. 本机关；本机关负责人
28. 直接上级 29. 指令性；指令性 30. 在各自职权范围内 31. 不得
32. 纠正；撤销 33. 该下级 34. 签发 35. 相衔接 36. 切实可行
37. 结构严谨；表述准确 38. 广泛听取意见 39. 力求达成一致 40. 重要
41. 审核 42. 审批 43. 重要；上行文 44. 意见；姓名；完整日期
45. 会签 46. 无误 47. 行文规则；来文单位 48. 核发 49. 邮政机要通信
50. 国家保密 51. 主办机关 52. 兼职机关 53. 专人 54. 机要；机要
55. 工作人员 56. 拟定的 57. 所定 58. 专人 59. 原确定密级 60. 解密
61. 发文 62. 发文 63. 同等 64. 本机关负责人
65. 发文机关；其上级机关 66. 原件 67. 最高 68. 发文机关 69. 权力
70. 自始；废止 71. 批准 72. 审批登记 73. 档案管理 74. 移交；清退
75. 本级 76. 意见；函 77. 发文机关
78. 发文机关；上级机关；权力机关 79. 10 年；30 年 80. 变更
81. 传阅 82. 发送 83. 上级党组织；党员；领导干部
84. 批准其设立的党组织；归口领导；管理单位党组织
85. 共同上级党组织；牵头党组织
86. 主题相近；内容关联；归并整合提出要求
87. 事前请示；充足研判和决策；后续请示报告 88. 口头；书面
89. 相对成熟阶段；不适宜简便进行；正式报告
90. 下级党组织；主要负责同志 91. 一文一事；非请示性
92. 公文格式；行文规则；公文办理

93. 统一管理；准确规范；精简高效；安全可靠

94. 审核意见；审核时间；修改内容；修改时间

95. 公章；电子政务认证管理；密码管理

96. 全生命周期；支撑环境；应用系统

97. 审批手续；相关复制信息；输出数量和去向；视同原件

98. 定期检查；及时维护；原有载体；新设备

99. 团体、企业事业单位和其他组织　100. 公民　101. 分级

102. 监督；指导　103. 集中　104. 科学　105. 安全　106. 形成

107. 机关文书　108. 形成部门　109. 档案部门　110. 档案部门

111. 国家有关规定　112. 电子档案　113. 机读目录　114. 一同　115. 暂存

116. 操作日志　117. 真实性　118. 归档　119. 存储载体传递

120. 电子公文传输　121. 移交与接收　122. 脱机　123. 解密软件

124. 耐久性　125. 国家　126. 权限控制　127. 销毁　128. 档案　129. 法定

130. 团体；企业事业单位　131. 突出重点　132. 必要　133. 最小

134. 限定　135. 及时　136. 国家保密　137. 存储　138. 保密

139. 泄密案件　140. 涉密程度　141. 以任何方式　142. 不得批准

143. 可发可不发　144. 短实新　145. 内容空洞　146. 报文报表

第三编

公司制度

一 概述

公司公文档案管理及相关方面的制度，是实现公文档案业务规范高效和安全运行的重要保证。近年来，有关部门根据企业内外部形势变化，结合业务发展需要，及时修订完善了公文档案管理及相关制度，对严格和规范总部部门和企业的办文流程、提高办文质量和效率，改进文风，提升归档质量和档案查询利用水平等起到了促进和保障作用。

深入学习了解和全面把握公司制度，是做好公文档案业务的前提和基础。公司各项制度在贯彻执行中央、国家的政策法规基础上，又紧密结合中国石化实际进行了细化，具有很强的石化特色，学习过程中一定要注意这些特点并在工作中加以应用。如，在《中国石化公文处理办法》“行文规则”中，要求防止发一般号召性文件、与相关制度矛盾的文件，以及超规格和范围的文件；凡总部规章制度已作出明确规定的，一律不再制发文件；总部现行文件规定仍然适用的，不再重复发文等，都从制度上对精简文件、强化制度执行等进行了规定。在《中国石化公文处理办法》“公文拟制”中，要求起草公文对涉及其他部门职权范围内的事项，主办部门应当主动与有关部门协商，取得一致意见后方可行文；如有分歧，主办部门的负责人应当出面协调，仍不能取得一致时，主办部门可以列明各方理据，提出建设性意见，并与有关部门会签后，报请上级领导协商或裁定，等等。这些规定对主办部门行文时广泛听取意见，实事求是分析问题，落实措施切实可行等提供了制度保证。在《中国石化业务系统电子文件归档管理规范》中，对“业务系统”范围进行了界定，对确保“应归尽归”起到了保障作用。

学习了解公司制度时，还要注意到其中有些是公司针对一段时期或某种程度经常出现的问题采取的措施。对于这些要求，也要深入学习、全面把握、准确应用。如，在《关于整改当前公文管理中突出问题的通知》“加快会议纪要制发”中，要求董事长、总经理、总裁办公会纪要，在会后 3 个工作日内完成审签，集团公司、股份公司专题会纪要，起草部门在会后 2 个工作日内完成起草和会签，等等。在《关于进一步规范公文报送有关事项的通知》“规范公文报送”中，要求除领导同志直接交办的事项外，不得向领导同志个人报送公文，不得将领导同志与主送机关并列或抄送领导同志个人；公文不得以单位负责人名义主送党组、集团公司、股份公司；主送集团公司党组、集团公司、股份公司的公文，由集团公司综合管理部统一接收，不得直接报送总部其他部门；属总部部门职权范围内的具体事项，应直接报送该部门，不得多头报送；相同内容的公文，不得在更换主送机关后再行报送，不得通过多渠道重复报送；直属单位可以单位党委、单位名义向总部及总部部门报送公文，直属单位所属及控股单位原则上不得直接向总部及部门报送公文。

学习了解公司制度时，还要注意到一些是公司为加强某方面工作的特色做法，对于这些规定要求，一方面要学习领会到位，一方面要贯彻落实到位。如，总部践行“马上就办”工作方案中，要求提高领导批示件办理时效，集团公司领导批示部门办理后，有明确办理时限要求的，部门应当按照要求时限办结；没有明确时限要求的，应当在 3 个工作日内提出办理意见。要求提高部门会签时效，对管理制度，会签部门应当在 3 个工作日内完成会签，意见有分歧的，应当在 3 个工作日内提出书面意见反馈主办部门；简化制度审核流程，将制度的信息化审核环节调整到会签环节，将合法性、规范性等审核时限由 5 个工作日调整为 3 个工作日。对其他文件，会签部门应当在 3 个工作日内提出会签（回复）意见；3 个工作日内不能完成会签的，会签部门要主动回复不能及时会签的原因、目前办理情况以及预计完成会签时间，超过 3 个工作日未处理的，视为会签部门同意，主办部门可履行下一步工作程序，等等。在《关于企业践行“马上就办”工作的指导意见》中，提出全面把握“马上就办”总体要求、精准把握“马上就办”重点内容、着力健全“马上就办”配套措施、精心抓好组织实施工作办理意见等四方面若干条明确意见。

二、主要知识点

《中国石化公文处理办法》《中共中国石油化工集团有限公司党组贯彻落实中国共产党重大事项请示报告条例实施办法》《中共中国石油化工集团有限公司党组关于解决形式主义突出问题为基层减负的重点措施》《中国石化电子公文运行管理办法》《中国石化印章管理规定》《集团公司领导批示件办理工作规定》《中国石化保密工作管理办法》《中国石化商业秘密保护规定》《中国石化总部档案管理实施细则》《总部中央文件管理工作规定》《关于进一步加强总部文件管理的若干规定》《总部文件管理创新方案》《关于进一步规范企业公文报送工作的通知》《关于进一步规范企业报送公文有关事项的通知》《关于进一步加强电子公文接收管理工作的通知》《关于重大事项请示报告工作报送事宜的通知》《总部践行"马上就办"工作方案》《关于企业践行"马上就办"的指导意见》《中国石化档案管理办法》《中国石化驻外机构档案管理规定》《中国石化建设项目档案验收细则》《中国石化管理类文件材料归档管理规定》《中国石化会计档案办法》《中国石化档案数字化规范》《中国石油化工集团公司决策档案管理实施细则》《中国石化声像档案管理细则》《中国石化档案工作评价规定》等。

三、例题解析

1. 集团公司有关公文管理制度规定，报送请示性公文时，应做到（　）。

A. 一篇公文只请示一件事情　　B. 多件事情一并请示

C. 多个上级机关同时报送　　D. 根据情况灵活处理

答案：A

解析：按照集团公司有关规定，公文一般要一文一事，原则上主送一个上级机关，不得在报告中夹带请示事项，或者在一件请示中夹杂多个请示事项。

2. 向集团公司党组、集团公司、股份公司报送公文时，应根据内容直接呈报总部相关主管部门。（ ）

答案：×

解析：报送集团公司党组、集团公司、股份公司的公文，由集团公司综合管理部文件档案室统一接收，不得直接报送总部其他部门。

3. 各直属企业可以单位负责人名义向总部报送公文。（ ）

答案：×

解析：各直属企业应当以本单位名义报送公文，不得以单位负责人名义报送。

4. 按照集团公司公文报送有关规定，除（ ）情况外，不得将公文直接报送集团公司领导同志个人。

A. 突发重大安全、信访事项　　B. 集团公司领导直接交办的事项

C. 涉及单位改革发展的事项　　D. 基层群众反应强烈的事项

答案：B

解析：按照集团公司公文报送有关规定，除集团公司领导直接交办事项外，不得向领导同志个人报送公文，不得将领导同志与主送机关并列或抄送领导同志个人。

5. 转变文风作风，下列做法正确的是（ ）。

A. 严格落实中央八项规定精神和党组实施细则

B. 简化集团公司领导同志职务称谓，一般称同志，不使用“尊敬的”

C. 对集团公司领导同志批示、讲话、工作部署等，不使用“重要指示”“重要批示”“重要讲话”等表述

D. 一般情况下，不得向领导同志个人报送公文

答案：ABCD

解析：按照集团公司有关规定，严格落实中央八项规定精神和党组实施细则，简化领导同志职务称谓，一般称同志，不使用“尊敬的”，对领导同志批示、讲话、工作部署等，不使用“重要指示”“重要批示”“重要讲话”等表述，不得在微信、网络上发布、传递公文内容，不得将领导同志在公文上的批示转给非相关人员。

6. 加快会议纪要制发，集团公司、股份公司专题会纪要，在会后2个工作日内完成印发。(　)

答案：×

解析：集团公司、股份公司专题会纪要，起草部门在会后2个工作日起草和会签，提交集团公司综合管理部核稿后送公司领导审签，签发后1个工作日内印发。协调工作量较大的，最长不超过1周印发。

7. 集团公司综合管理部拟办或集团公司领导批示给总师级领导、部门负责人阅办的文件，阅处后的正确处理方式是(　)。

A. 及时退回集团公司综合管理部文件档案室

B. 根据办理情况退回复印件

C. 待办理完成后，退回原件

D. 总师、部门负责人留存

答案：A

解析：集团公司综合管理部拟办或集团公司领导批示给总师级领导、部门负责人阅办的文件，本人要及时阅处并及时退回集团公司综合管理部文件档案室，不得滞留文件，影响后续办理。

8. 文件起草单位收到校对提醒通知后，若核稿人员因出差等原因无法及时校对，可等其出差回来后再进行校对。(　)

答案：×

解析：文件起草单位收到校对提醒通知后，核稿人员无法及时校对的时候，起草单位需安排其他人员代为校对。

9. 为加快文件办理速度和落实进度，应充分利用信息化手段，必要时可以通过微信、QQ等聊天工具传阅公文。(　)

答案：×

解析：严格遵守保密规定，不得在微信、网络上发布、传递涉密信息、内部信息和公文内容。

10.《中共中国石油化工集团有限公司党组贯彻落实中国共产党重大事项请示报告条例实施办法》仅适用于集团公司党组向党中央、直属单位党委向

集团公司党组，以及领导干部向党组织请示报告重大事项相关活动。（　）

答案：×

解析：《中共中国石油化工集团有限公司党组贯彻落实中国共产党重大事项请示报告条例实施办法》的适用范围：集团公司党组向党中央、直属单位党委向集团公司党组以及党员、领导干部向党组织请示报告重大事项相关活动。向党组织请示报告的主体包括党员、领导干部两部分。

11. 根据《中共中国石油化工集团有限公司党组贯彻落实中国共产党重大事项请示报告条例实施办法》，下列属于集团公司党组向党中央请示事项的是（　）。

A. 贯彻落实党中央决策部署中的重要情况和问题，需要作出调整的政策措施，需要支持解决的特殊困难

B. 重大改革措施、重大体制变动、重大项目推进、重大突发事件、重要机构调整、重要干部任免、重要表彰奖励、重大违纪违法和复杂敏感案件处理等

C. 重大活动、重要政策的宣传报道口径，新闻宣传和意识形态工作中不易把握的问题

D. 出台重大创新举措，特别是遇到新情况新问题且无明文规定、需要先行先试，或者创新举措可能与现行规定相冲突、需经授权才能实施的情况

答案：ABCD

解析：根据《中共中国石油化工集团有限公司党组贯彻落实中国共产党重大事项请示报告条例实施办法》，集团公司党组向党中央请示的内容、报告的内容、报备的事项，需清晰掌握。

12. 根据《中共中国石油化工集团有限公司党组贯彻落实中国共产党重大事项请示报告条例实施办法》，下列事项属于直属单位党委向集团公司党组请示事项的是（　）。

A. 贯彻执行党的路线方针政策和党组决策部署中出现的新情况、新问题，需要党组予以明确答复的

B. 项目情况

C. 活动情况

D. 项目评估

答案：A

解析：根据《中共中国石油化工集团有限公司党组贯彻落实中国共产党重大事项请示报告条例实施办法》，直属单位党委向集团公司党组请示的内容、报告的内容、报备的事项需清晰掌握，同时还需注意掌握不必向党组报告的事项。

13. 根据《中共中国石油化工集团有限公司党组贯彻落实中国共产党重大事项请示报告条例实施办法》要求，凡涉外工作交往活动，党员须向党组织请示。(   )

答案：×

解析：根据《中共中国石油化工集团有限公司党组贯彻落实中国共产党重大事项请示报告条例实施办法》，按照规定需要请示的涉外工作交往活动，党员要向党组织请示。为此，需清晰掌握党员向党组织请示报告的事项，集团公司领导班子成员向党组、党组管理的领导人员向本部门本单位党组织请示报告的事项。

14. 根据《中共中国石油化工集团有限公司党组贯彻落实中国共产党重大事项请示报告条例实施办法》要求，报告应当简明扼要、文风质朴，集团公司党组呈报党中央的综合报告一般在（   ）字以内。

A. 5000　　B. 2000　　C. 6000　　D. 8000

答案：A

解析：根据《中共中国石油化工集团有限公司党组贯彻落实中国共产党重大事项请示报告条例实施办法》，报告应当简明扼要、文风质朴，集团公司党组呈报党中央的综合报告一般在5000字以内、专项报告在3000字以内，直属单位党委呈报集团公司党组的报告在3000字以内，情况复杂、确有必要详细报告的内容可以通过附件反映。为此，需清晰掌握集团公司对贯彻落实重大事项请示报告条例的有关要求，特别是有明确要求的时限、数据等内容。

15. 根据《中共中国石油化工集团有限公司党组贯彻落实中国共产党重大事项请示报告条例实施办法》要求，下列属于请示报告责任追究情形的是（　）。

A. 违反政治纪律和政治规矩，损害党中央权威和集中统一领导的

B. 履行领导责任不到位，对重大事项请示报告不重视不部署，工作开展不力的

C. 搞形式主义、官僚主义，请示报告内容不实、信息不准，造成严重后果的

D. 违反工作要求，不按规定程序和方式请示报告，造成严重后果的

答案：ABCD

解析：根据《中共中国石油化工集团有限公司党组贯彻落实中国共产党重大事项请示报告条例实施办法》，需清晰掌握依法依纪追究贯彻落实重大事项请示报告条例不利的几种情形。

16. 根据集团公司有关规定，对各单位机要取件人员的要求是（　）。

A. 相对固定

B. 每年更换

C. 变动时及时向集团公司综合管理部备案

D. 变更的人员要参加相关业务培训

答案：ACD

解析：集团公司要求各单位机要取件人员要相对固定，变动时要及时向集团公司综合管理部备案并参加相关业务培训。

17. 集团公司总部层级公文无纸化办公范围不包含（　）。

A. 党组、集团公司、股份公司发文

B. 集团公司、股份公司专题会及总师办公会等会议纪要

C. 机密文件

D. 总部签报

答案：C

解析：集团公司总部层级无纸化办公的公文处理范围包括党组、集团公司、股份公司发文，集团公司、股份公司专题会及总师办公会等会议纪

要，总部签报，党组、集团公司、股份公司收文（机要收文除外）等。涉及国家秘密、企业核心商密（以下统称涉密文件）以及其他不宜无纸化的公文除外。

18. 下列关于无纸化办公发文稿纸必填项的说法，不正确的是（　）。

A. 主送、标题等必填项由文书填写

B. 主送、标题等必填项由拟稿人填写

C. 主送、标题等必填项由部门负责人填写

D. 主送、标题等必填项由办公室主任填写

答案：ACD

解析：总部层级无纸化办公明确提出，拟稿人要准确、完整填写发文稿纸上所列的必填内容。

19. 集团公司总部层级电子公文的附件只能使用 word、pdf、excel 三种指定格式。（ ）

答案：×

解析：总部层级电子文件应使用通用格式，正文与附件一般不得使用压缩文件格式。

20. 集团公司总部层级无纸化办公上传公文管理系统的文档要进行排序，排序一般为（　）。

A. 正文文档、公文办理情况说明文档、附件文档

B. 公文办理情况说明文档、正文文档、附件文档

C. 正文文档、附件文档、公文办理情况说明文档

D. 公文办理情况说明文档、附件文档、正文文档

答案：B

解析：总部层级无纸化办公上传公文管理系统中的文档要进行排序，发文一般为公文办理情况说明文档、正文文档、附件文档，签报一般为正文文档、附件文档。如无公文办理情况说明、附件文档，则直接为正文文档。文档标题应完整准确，符合规范要求。

21. 下列关于无纸化办公委托办理授权的说法，不正确的是（　）。

A. 拟稿人出差，不具备移动办公条件的，等本人具备条件再办理

B. 拟稿人出差，不具备移动办公条件的，应在离岗前及时通过公文管理系统委托功能，将本人公文处理权限委托代办人，由代办人代为办理电子公文

C. 拟稿人可在任何情况下通过公文管理系统委托功能，将本人公文处理权限委托代办人

D. 拟稿人可将密码告知他人，由他人登录公文管理系统办理

答案：ACD

解析：《中国石化总部层级公文无纸化办公实施细则（暂行）》等规定，因出差等原因不能办理公文，且不具备移动办公条件的，应在离岗前及时通过公文管理系统委托功能，将本人公文处理权限委托代办人，由代办人代为办理电子公文。在发文稿纸或签批单上代录他人签批意见的，需在代录意见后署代录者姓名，签批意见原件与对应代录电子件一并归档。

22. 努力克服文牍主义，能通过______进行的工作，不印发文件。必须发的文件要严格控制______，能以低层级印发的不以高层级印发，能以______印发的不以正式文件印发，能发部分单位的不扩大到全部单位。

答案：电话、传真、电子邮件、业务平台；规格和范围；工作表单

23. 工作表单是不作为______、在中国石化______的文书，主要用于总部部门之间一般工作往来，以及总部部门与企业之间一般日常性、临时性工作安排等。

答案：正式文件；内部封闭运行

24. 下列关于总部签报的说法中，不正确的是（　）。

A. 总部部门（含部分专业公司）向总部领导报告交办事项处理结果

B. 使总部领导能够及时全面掌握工作动态并作出指示的内部文书

C. 专业公司向总部相关部门请示汇报工作

D. 使总部部门能够及时全面掌握工作动态并作出指示的内部文书

答案：CD

解析：签报是总部部门（含部分专业公司）向总部领导请示汇报工作、反映情况、报告交办事项处理结果，使总部领导能够及时全面掌握工作动态并作出指示的内部文书。

25. 签报内容要求一事一报，内容翔实，文字宁多勿少。(　)

答案：×

解析：签报要求一事一报，文字简练。

26. 总部领导批阅后的签报，由秘书将领导批示登录后退呈报部门。(　)

答案：×

解析：总部领导批阅后的签报，由秘书将领导批示登录后退集团公司综合管理部文件档案室，再由集团公司综合管理部文件档案室退呈报部门。

27. 下列关于总部签报签报单填写，属于呈报部门必填项的是(　)。

A. 呈送领导　B. 签报编号　C. 拟稿人姓名　D. 标题

答案：CD

解析：签报单需填写标题、缓急、制度依据、是否总师审核、密级、标题、拟稿人姓名。

28. 中国石化公文管理系统使用的各企事业单位的电子印章仅限于在该系统传输和打印电子公文等使用，由各单位自行制发。(　)

答案：×

解析：各单位电子印章统一在中国石化电子印章管理系统制发。

29. 中国石化电子公文是指中国石化总部及各企事业单位、各分（子）公司传输的电子数据文书。(　)

答案：×

解析：中国石化电子公文是指中国石化总部及各企事业单位、各分（子）公司通过中国石化公文管理系统传输的具有规范格式的电子数据文书。

30. 电子公文传输是指电子公文的(　)过程。

A. 起草、审批、发送　B. 生成、发送、接收

C. 发起、审核、签发　D. 起草、审核、定稿

答案：B

解析：电子公文传输是指电子公文的生成、发送和接收过程。

31. 下列关于传输电子公文说法中，正确的是（　）。

A. 传输电子公文需要使用中国石化公文管理系统

B. 传输电子公文需要使用国际互联网

C. 传输电子公文需要使用国际互联网或企业内网

D. 传输电子公文需要使用公司外部电子邮箱

答案：A

解析：中国石化公文管理系统是电子公文运行的载体，使用该系统要严格遵守统一的技术操作规范，保证电子公文及时高效、安全保密运行。

32. 下列关于中国石化电子文件安全性的说法中，正确的是（　）。

A. 电子文件的管理过程可控、数据存储可靠，未被破坏、未被非法访问的性质

B. 电子文件的管理过程安全可控、数据存储完整可靠，不得被破坏和非法访问的性质

C. 电子文件的产生和使用过程可控、可靠的性质

D. 电子文件的产生和使用过程未被破坏、未被非法访问的性质

答案：A

解析：中国石化电子文件的安全性是指电子文件的管理过程可控、数据存储可靠，未被破坏、未被非法访问的性质。

33. 在中国石化公文管理系统中向企业发送总部文件时，须将正式文件、修改痕迹稿等一并发送。（　）

答案：×

解析：总部向企业发送文件、企业向总部报送文件等，均为正式文件，不发送修改痕迹稿。

34. 中国石化公文管理系统是集团公司及股份公司内部网络系统，不能在该系统传输的公文有（　）。

A. 标有国家秘密的公文　　B. 国家秘密以上密级的公文

C. 标有普通商密的公文　　D. 内部明电

答案：AB

解析：中国石化公文管理系统是集团公司及股份公司内部网络系统，可传输非涉密级公文，标有国家秘密及以上密级的公文不得在该系统传输。

35. 中国石化保密工作坚持______的原则，实行______、______、______的管理体制，确保国家秘密、商业秘密、工作秘密安全。

答案：党管保密；统一领导；归口管理；分级负责

解析：《中国石化保密工作管理办法》第 1.2 中明确：中国石化保密工作坚持“党管保密”的原则，贯彻“积极防范、突出重点、依法管理”的方针，遵循“利于保密、便于工作”和“业务工作谁主管、保密工作谁负责”的要求，实行“统一领导、归口管理、分级负责”的管理体制，确保国家秘密、商业秘密、工作秘密安全。

36. 各单位保密委员会的职责包括（　）。

A. 贯彻执行党和国家有关保密工作的指导思想和部署

B. 研究制定本单位保密工作规划、责任制落实、确定保密要害部门部位，组织保密业务培训

C. 开展保密监督检查，建立考核奖惩机制；查处重大失泄密事件，及时采取必要的补救措施

D. 筹备保密委员会会议、保密工作会议

答案：ABC

解析：《中国石化保密工作管理办法》第 3.1 中明确了保密委员会的 11 项工作职责，“筹备保密委员会会议、保密工作会议”属于保密工作部门的工作职责（3.2 中有明确规定）。

37. 各单位党政主要领导对保密工作负直接领导责任。应全面掌握保密工作情况，定期听取工作汇报，及时研究解决实际问题。（　）

答案：×

解析：《中国石化保密工作管理办法》第 3.4 中明确：各单位党政主要领导是保密工作第一责任人，对本单位保密工作负主要领导责任。应统筹谋划和推进保密工作，定期听取情况汇报，研究解决重大问题，为保密工作开展

提供支持，推动保密工作责任制落实。各单位分管保密工作的领导对保密工作负直接领导责任。应全面掌握保密工作情况，定期听取工作汇报，及时研究解决实际问题。“党政主要领导”和“分管保密工作的领导”的职责要分清。

38. 定密工作应坚持的原则是（ ）。

A. 权责明确、依据充分、程序规范、及时准确

B. 信息化、精准化、规范化

C. 最小化、全程化、精准化

D. 全程化、精细化、信息化

答案：C

解析：《中国石化保密工作管理办法》第 3.4 中明确：定密工作坚持“最小化、全程化、精准化”的原则，做到权责明确、依据充分、程序规范、及时准确，既确保秘密安全，又有利于信息资源合理利用，保障各项工作顺利开展。

39. 下列关于涉密计算机的管理正确的是（ ）。

A. 按照国家保密标准，统一采购、登记、标志、配备，并明确设备管理责任人；按照所存储、处理信息的最高密级作出标志

B. 按照国家保密规定和标准设置口令；不得擅自卸载、修改涉密计算机安全保密防护软件和设备

C. 不得接入互联网等公共信息网络，不得使用无线网卡、无线鼠标、无线键盘等设备

D. 涉密计算机维修，应在本单位内部进行，或到保密工作部门指定的维修点进行，淘汰、报废涉密计算机，应严格履行清点、登记手续，交由保密工作部门或指定单位处置

答案：ABCD

解析：上述选项均符合《中国石化保密工作管理办法》第 7.4 中关于涉密计算机的 6 项管理规定。

40. 涉密载体是指以文字、数据、符号、图形、图像、声音等方式记载国家秘密和集团公司核心商业秘密信息的______、______、______等各类物品。

答案：纸介质；光介质；电磁介质

解析：《中国石化保密工作管理办法》第9.1中明确：涉密载体是指以文字、数据、符号、图形、图像、声音等方式记载国家秘密和集团公司核心商业秘密信息的纸介质、光介质、电磁介质等各类物品。

41. 关于涉密载体的保存和传递，以下说法错误的是（　）。

A. 保存涉密载体，要履行清点、登记、编号、签收等手续

B. 涉密载体应包装密封

C. 传递涉密载体实行2人护送制

D. 传递涉密载体应当通过机要通信、快递或者指派专人进行

答案：D

解析：《中国石化保密工作管理办法》第9.4中明确：传递涉密载体应当通过机要交通、机要通信或者指派专人进行，不得使用快递传递。

42. 按规定应清退的涉密载体要清退或自行销毁。（　）

答案：×

解析：按规定应清退的涉密载体要如数清退，不得自行销毁。

43. 涉及国家秘密的文件、资料或其他物品下落不明，自发现之日起，绝密级20日内、机密级40日内、秘密级60日内查无下落的，应当按泄密事件处理。（　）

答案：×

解析：《中国石化保密工作管理办法》第18.2中明确：涉及国家秘密的文件、资料或其他物品下落不明，自发现之日起，绝密级10日内、机密级30日内、秘密级50日内查无下落的，应当按泄密事件处理。

44. 涉及集团公司核心商业秘密的文件、资料或其他物品下落不明的，自发现之日起，（　）日内查无下落的按泄密事件处理。

A. 10　　B. 20　　C. 30　　D. 50

答案：C

解析：《中国石化保密工作管理办法》第18.2中明确：涉及集团公司核心商业秘密的文件、资料或其他物品下落不明的，自发现之日起，30日内查

无下落的按泄密事件处理。

45. 中国石化商业秘密的定义是：不为公众所知悉、能为中国石化带来经济利益，具有实际或潜在实用价值，并经各单位采取保密措施的（　）。

A. 财务信息和技术信息　　B. 产品信息和生产信息

C. 经营信息和技术信息　　D. 财务信息和生产信息

答案：C

解析：《中国石化商业秘密保护规定》第 1.1 中明确：商业秘密，是指不为公众所知悉、能为中国石化带来经济利益、具有实际或潜在实用价值，并经集团公司、股份公司以及所属各企事业单位、股份公司各分（子）公司、总部各部门（以下统称各单位）采取保密措施的经营信息和技术信息。

46. 除另有规定外，中国石化核心商业秘密的保护期限不超过（　），普通商业秘密的保护期限不超过（　）。

A. 10 年　5 年　　B. 15 年　5 年

C. 20 年　10 年　　D. 25 年　10 年

答案：C

解析：《中国石化商业秘密保护规定》第 3.5 中明确：商业秘密的保护期限除另有规定外，核心商业秘密不超过 20 年，普通商业秘密不超过 10 年，不可预见时限的应当定为“长期”或者“公布前”。

47. 以下哪个是集团公司核心商密的正确标识（　）。

A. 商密▲▲ 5 年　　B. 中国石化商密▲ 5 年

C. 中国石化商密▲　　D. 中国石化　商密▲▲ 10 年

答案：D

解析：《中国石化商业秘密保护规定》第 3.4 中明确：各单位商业秘密的密级，根据泄露会使企业经济利益遭受损害的程度，确定为核心商业秘密、普通商业秘密两级，密级标识分别为“商密▲▲”和“商密▲”。3.6 中明确：标志由权属单位简称（如“中国石化”）、密级、保密期限 3 部分组成，字体字号规范为 3 号黑体字，如：“中国石化　商密▲▲ 5 年”，“中国石化　商密▲ 3 年”。

48. 商业秘密事项的确定、变更和解密，其（　）均为定密责任人，分别承担秘密事项的拟定、审核、批准责任。

A. 承办人员　B. 审核人员　C. 具体承办人　D. 审批人员

答案：ABD

解析：《中国石化商业秘密保护规定》第 3.10.1 中明确：商业秘密事项的确定、变更和解密，其承办人员、审核人员、审批人员均为定密责任人，分别承担秘密事项的拟定、审核、批准责任。

49. 中国石化核心商业秘密，要参照（　）标准，加强对相关涉密载体的管理。

答案：国家秘密事项管理

解析：《中国石化商业秘密保护规定》第 4.2 中明确：中国石化核心商业秘密，要参照国家秘密事项管理标准，加强对相关涉密载体的管理。普通商业秘密，要加强技术防范措施。

50. 各单位新闻宣传部门在宣传报道过程中，或接受外部媒体采访、咨询时，应注意（　）。

A. 随时跟随采访

B. 要建立严格的审查审批制度

C. 视采访内容，适当告知商密内容

D. 严禁公开商业秘密的具体内容

答案：BD

解析：《中国石化商业秘密保护规定》第 4.5 中明确：各单位新闻宣传部门在宣传报道过程中，或接受外部媒体采访、咨询时，要建立严格的审查审批制度，严禁公开商业秘密的具体内容。

51. 各单位员工对外发表涉及经营信息和技术信息的各类文章，要经本单位（　）和（　）批准。

A. 业务主管部门　B. 主要领导

C. 具体操作人员　D. 保密工作部门审批

答案：AD

解析：《中国石化商业秘密保护规定》第 4.6 中明确：各单位员工对外发表涉及经营信息和技术信息的各类文章，要经本单位业务主管部门和保密工作部门审批批准。

52. 涉及核心商业秘密的计算机，要按照涉密计算机进行管理，严格落实______等保密要求。

答案：涉密不上网、上网不涉密、电脑不乱用、U 盘不乱插

解析：《中国石化商业秘密保护规定》第 4.14 中明确：各单位要对存储或处理商业秘密资料的计算机实行专人管理，设立并定期更换用户名、口令。涉及核心商业秘密的计算机，要按照涉密计算机进行管理，严格落实“涉密不上网、上网不涉密、电脑不乱用、U 盘不乱插”等保密要求。涉及普通商业秘密的计算机，要采取有效技术手段对信息加以保护，严格设定信息交换权限。

53. 集团公司、股份公司、总部各部门的印章，各直属专业公司和临时机构的印章，各企事业单位、股份公司各分（子）公司的印章均由集团公司制发。(　)

答案：×

解析：集团公司印章按照上级管理规定制发，股份公司印章由集团公司按照有关规定制发。总部各部门、各直属单位的印章由本部门、本单位按照规定制发，并向集团公司或股份公司备案。因单位撤销、单位名称变更或换用新印章要停止使用原印章时，并应及时将原印章送交印章制发机关封存或销毁。

54. 如发现伪造印章或使用伪造印章者，应及时向印章管理部门举报。(　)

答案：×

解析：《中国石化印章管理规定》中明确：如发现伪造印章或使用伪造印章者，应及时向公安机关或印章所刊名称单位举报。

55. 印章制发机关应严格印章制发的办理程序和审批手续，刻制印章应到（　）刻制。

A. 上级机关指定的刻章单位　　B. 公安机关

C. 公安机关指定的刻章单位　　D. 当地公安机关指定的刻章单位

答案：D

解析：印章制发机关应严格印章制发的办理程序和审批手续，刻制印章应到当地公安机关指定的刻章单位刻制。

56. 废止印章应按照年度移交（　），移交单位要填写移交清单。

A. 本单位档案部门封存　　B. 文件管理部门

C. 公安机关　　D. 当地公安机关指定的刻章单位

答案：A

解析：《中国石化印章管理规定》中明确：废止印章应按年度移交单位档案室封存，应当符合声像实物档案的整理及质量要求，同时移交单位要填写移交清单，一式两份，经交接双方签字后，各执一份。

57. 中国石化各企事业单位、股份公司各分（子）公司的印章，由（　）启用。

A. 集团公司

B. 总部部门

C. 各直属专业公司

D. 各企事业单位、股份公司各分（子）公司

答案：D

解析：《中国石化印章管理规定》中规定各企事业单位、股份公司各分（子）公司的印章由各单位自制并启用，同时向集团公司（股份公司）备案。

58. 中国石油化工股份有限公司印制文件的印章印模，其规格、式样与实物印章______。

答案：等同

解析：《中国石化印章管理规定》中已明确规定。

59. 总部各部门、各直属单位党委 / 各直属单位印制文件时的印章印模，其规格、式样与实物印章______。

答案：等同

解析：《中国石化印章管理规定》中已明确规定。

60. 印章所刊名称，应为______。如名称字数过多不易刻制，可以采用______。

答案：法定名称；规范简称

解析：《中国石化印章管理规定》中已明确规定。

61. 下列关于总部档案工作的表述正确的是（　）。

A. 中国石化档案的重要组成部分

B. 是公司生产经管、改革发展决策部署和工作安排的真实记录

C. 个别应归档文件，可视情况由本部门保存

D. 执行“集中统一管理”的管理原则

答案：ABD

解析：《中国石化总部档案管理实施细则》第 1.2 条规定：总部档案是中国石化档案的重要组成部分，是公司生产经管、改革发展决策部署和工作安排的真实记录，是不可或缺的重要信息资源。总部各部门形成办理的应归档文件材料，须整理后移交总部档案部门统一保管，任何部门和个人不得据为己有或拒绝归档。

62. 集团公司综合管理部文件档案室负责总部各部门管理类档案、党组管理干部及总部员工人事档案管理。（　）

答案：×

解析：《中国石化总部档案管理实施细则》规定：集团公司综合管理部文件档案室负责总部各部门管理类档案管理。

63. 各部门管理类文件材料（文书、合同等）于（　）前完成整理移交归档。

A. 本年年底　　　　B. 次年年初

C. 次年 6 月底　　　D. 次年年底

答案：C

解析：《中国石化总部档案管理实施细则》规定：各部门管理类文件材料（文书、合同等）于次年 6 月底前完成整理移交归档；重大及一般合同（协议）由合同主办部门于次年 6 月底前完成整理移交归档；明传电报、党中央国务院及国家部委来文由集团公司综合管理部文件档案室于次年 4 月底前完成整理移交归档。

64. 公司战略协议（意向书）、声像档案、电子文件（数据）光盘或移动硬盘、奖牌证书、公司接受的赠品等文件材料，应在工作结束后（　）内向综合管理部（文件档案室）移交归档。

A. 1 个月　　B. 2 个月　　C. 6 个月　　D. 12 个月

答案：A

解析：《中国石化总部档案管理实施细则》规定：公司战略协议（意向书）、声像档案、电子文件（数据）光盘或移动要盘、奖牌证书、公司接受的赠品等文件材料，在工作结束后，1 个月内向集团公司综合管理部文件档案室移交归档。

65. 总部档案实行“______”的归档整理制度，即各部门文件材料由部门处室或形成者收集整理归档，并录入“______”。

答案：谁形成，谁归档；中国石化档案管理系统

解析：《中国石化总部档案管理实施细则》规定：实行“谁形成，谁归档”的归档整理制度，即各部门文件材料由部门处室或形成者收集整理归档，并录入“中国石化档案管理系统”。

66. 在档案保管方面，实行专人专柜管理的档案包括（　）。

A. 人事任免档案　　B. 党组会议记录材料

C. 表彰材料　　D. 案件卷宗

答案：ABD

解析：《中国石化总部档案管理实施细则》第 4.5 条规定：特类档案（党组会议记录材料、人事任免、案件卷宗等需特别管理的文件材料）实行专人专柜管理。

67. 涉及国家秘密及中国石化核心商业秘密、知识产权保护的档案，须经档案管理部门同意，方可查阅。（　）

答案：×

解析：《中国石化总部档案管理实施细则》第 5.3 条规定：涉及国家秘密及中国石化核心商业秘密、知识产权保护的档案，须经档案形成部门同意，方可查阅。未经允许，不得向外部人员提供；档案查阅服务，确因工作需

要，由主办部门出具书面档案查阅批件并指定专人负责办理借阅手续。

68. 下列关于涉及国家秘密和中国石化核心商业秘密的档案保管，表述正确的是（　）。

A. 一律不得借出　　　　　　　　B. 可以借出，但须提供书面申请

C. 一律不得复制上网　　　　　　D. 一律不得擅自复制

答案：BCD

解析：《中国石化总部档案管理实施细则》第 5.5 条规定：涉及国家秘密和中国石化核心商业秘密的档案不得借出，确因工作需要借出时，须提供书面申请，借出档案按公司保密管理规定妥善保管。同时，5.9 条规定：涉及国家秘密及中国石化核心商业秘密的档案一律不得复制上网，不得擅自复制。

69. 根据集团公司党组关于解决形式主义突出问题为基层减负的重点措施要求，总部部门之间、部门与企业之间工作往来一般采用正式文件形式。（　）

答案：×

解析：总部部门之间、部门与企业之间工作往来一般采用便函或电话形式。

70. 根据集团公司党组关于解决形式主义突出问题为基层减负的重点措施要求，中国石化各企事业单位要发扬“短实新”文风，压缩文件篇幅，政策类、工作部署类文件原则上不超过 5000 字。（　）

答案：×

解析：各企事业单位要发扬“短实新”文风，压缩文件篇幅，政策类、工作部署类文件原则上不超过 3500 字。

71. 根据集团公司党组关于解决形式主义突出问题为基层减负的重点措施要求，原则上总部每个部门只保留两种专业简报。（　）

答案：×

解析：原则上总部每个部门只保留一种专业简报。

72. 根据集团公司党组关于解决形式主义突出问题为基层减负的重点措施要求，严格文件、会议管理，建立奖惩制度，督促减少数量、提高质量。（　）

答案：×

解析：严格文件、会议、评比、调研等领域的管理，建立抽查通报制度，督促减少数量、提高质量。

73. 按照“马上就办”工作要求，会签部门应当在5个工作日内完成会签，意见有分歧的，应当在5个工作日内提出书面意见反馈主办部门。(　　)

答案：×

解析：会签部门应当在3个工作日内完成会签，意见有分歧的，应当在3个工作日内提出书面意见反馈主办部门。

74. 根据“马上就办”工作要求，简化制度审核流程，将制度的信息化审核环节调整到会签环节，将合法性、规范性等审核时限由5个工作日调整为4个工作日。(　　)

答案：×

解析：简化制度审核流程，将制度的信息化审核环节调整到会签环节，将合法性、规范性等审核时限由5个工作日调整为3个工作日。

75. 根据“马上就办”工作要求，提高部门批复时效。涉及项目投资的，主办部门原则上应当在收文之日起12个月内办结，如不能办结，应当回复不能办结原因。(　　)

答案：×

解析：涉及项目投资的，主办部门原则上应当在收文之日起6个月内办结，如不能办结，应当回复不能办结原因。

76.《关于企业践行“马上就办”工作的指导意见》明确要求：对于客户日常反映的问题，企业应做到(　　)。

A. 实行首问负责制

B. 能够当场解决的要及时解决

C. 需要协调有关部门解决的，应在5个工作日内给予解决或提出办理意见

D. 需要协调有关部门解决的，应在3个工作日内给予解决或提出办理意见

答案：ABD

解析：“以提高服务效率为重点”中明确要求：对于客户日常反映的问题，实行首问负责制，能够当场解决的要及时解决，需要协调有关部门解决的，应在3个工作日内给予解决或提出办理意见。

77. 中国石化归档电子文件质量保障要求，电子文件的真实性、完整性、可用性和安全性，移交前由（ ）负责，移交后由（ ）负责。

A. 业务部门；档案部门　　B. 业务部门；企管部门

C. 档案部门；法律部门　　D. 业务部门；法律部门

答案：A

解析：中国石化归档电子文件的质量保障要求，电子文件的真实性、完整性、可用性和安全性，移交前由业务部门负责，移交后由档案部门负责。

78. 公司战略协议（意向书）、声像档案、电子文件（数据）光盘或移动硬盘、奖牌证书、公司接受的赠品等文件材料，次年六月底前移交归档。（ ）

答案：×

解析：根据《中国石化总部档案管理实施细则》第3.2.4条规定，公司战略协议（意向书）、声像档案、电子文件（数据）光盘或移动硬盘、奖牌证书、公司接受的赠品等文件材料，在工作结束后，1个月内移交归档。

79. 档案专业人员的待遇可以低于其他专业技术人员的待遇。（ ）

答案：×

解析：根据《中国石化档案管理办法》规定，各单位应依据国家和中国石化有关规定评聘档案工作人员的专业技术职务，并给予其享受管理人员或其他专业技术人员同等待遇。

80. 下列不应归档范围的文件（ ）。

A. 本单位负责人兼任外单位职务形成的与本单位无关的文件

B. 非隶属关系单位发来的不需贯彻执行和无参考价值的文件

C. 上级任免、奖惩非本单位工作人员的文件

D. 有关机关和上级主管单位制发的普发性不需本单位办理的文件

答案：ABCD

解析：《中国石化管理类文件材料归档管理规定》第4.2条规定。

81. 管理类文件材料整理以“盒”为单位，应符合《归档文件整理规则》（DA/T22）的要求。(　　)

答案：×

解析：根据《中国石化总部档案管理实施细则》第 3.3.3 条规定，管理类文件材料整理以“件”为单位。

82. 档案数字化前，所有数字化设备和软件须经档案部门进行安全保密技术检测，有安全保密隐患的一律不得使用。(　　)

答案：×

解析：根据《中国石化档案数字化规范》第 4.5 条规定，档案数字化前，所有数字化设备和软件须经保密部门进行安全保密技术检测，有安全保密隐患的一律不得使用。

83. 重大活动（指重要会议、重要人物来访、大型庆典、大型展览、重要文化活动、突发事件处理等）形成的文件材料，次年六月底前移交归档。(　　)

答案：×

解析：根据《中国石化总部档案管理实施细则》第 3.2.5 条规定，重大活动（指重要会议、重要人物来访、大型庆典、大型展览、重要文化活动、突发事件处理等）形成的文件材料，在活动（会议）结束后，由承办部门移交归档。

84. 会计档案由相关部门专业处室收集整理归档，其档案由相关专业处室保管（　　）后移交。

A. 1 年　　B. 2 年　　C. 3 年　　D. 5 年

答案：A

解析：根据《中国石化总部档案管理实施细则》第 3.2.2 条规定，会计档案由相关部门专业处室收集整理归档，其档案由相关专业处室保管 1 年后移交。

85. 档案数字化时，对著录项的文字录入进行正确率控制，保证错误率低于（　　）。

A. 百分之一　　B. 千分之一　　C. 万分之一　　D. 十分之一

答案：B

解析：根据《中国石化档案数字化规范》第 7.4 条规定，对著录项的文字录入进行正确率控制，保证错误率低于 1‰。

86. 各单位员工调出本单位时，无须归还借阅的档案。(　)

答案：×

解析：根据《中国石化档案管理办法》第 3.8 条规定，各单位员工调出本单位时，须归还借阅的档案，档案部门签署意见后，方可办理有关手续。

87. 以下文件属于归档范围：控股企业报送的供参阅的一般性简报、情况反映，其他社会组织抄送不需本单位办理的文件。(　)

答案：×

解析：《中国石化管理类文件材料归档管理规定》第 4.2.4 条规定，不属于归档范围。

88. “四参加”项目或活动中，企业档案部门或档案人员不应参加的是(　)。

A. 产品鉴定　　B. 设备购买　　C. 项目验收　　D. 科研课题成果审定

答案：B

解析：“四参加”包括建设项目竣工验收、产品（科研）成果鉴定、设备开箱等活动。

四、精选试题

（一）判断题

1. 中国石化公文（包括电报）是在生产经营建设和管理过程中形成的具有法定效力和规范体式的文书。　(　)

2. 中国石化公文（包括电报）是传达贯彻党和国家的方针政策，发布规章制度，施行管理措施，指导、布置和商洽工作，请示和答复问题，报告、通报和交流情况的重要工具。　(　)

3. 中国石化公文主要包括决定、命令（令）、通告、意见、通知、通报、报告、请示、批复、函、纪要 11 种。 （　）

4. 中国石化公文主要包括决定、命令（令）、公告、通告、建议、通知、通报、报告、请示、批复、函、纪要 12 种。 （　）

5. 公文处理工作是指公文办理、管理、整理（立卷）、归档等一系列相互关联、衔接有序的工作。 （　）

6. 公文处理工作是指公文拟制、办理、管理、整理（立卷）、归档等一系列相互独立的工作。 （　）

7. 公文中涉及国家秘密事项时，按照中国石化商业秘密、工作秘密的有关规定执行。 （　）

8. 决定适用于对重要事项或者重大行动作出决策和部署，奖惩有关单位和人员。 （　）

9. 决定适用于变更或者撤销下级机关不适当的决定事项。 （　）

10. ×× 单位干部职务任免时，应选用的文种是决定。 （　）

11. ×× 单位印发 HSSE 工作要点时，应选用的文种是决定。 （　）

12. ×× 单位给予 ×× 职工警告处分时，应选用的文种是意见。 （　）

13. 命令（令）适用于公布行政法规和规章，嘉奖有关单位和人员。（　）

14. 为杜绝不安全生产行为，某央企根据国家有关法律法规，正式行文发布安全生产禁令。 （　）

15. 命令（令）适用于对重要事项或重大行动作出决策和部署。 （　）

16. 命令（令）适用于公布行政法规和规章；宣布施行重大强制性行政措施；奖惩有关单位和人员。 （　）

17. 公告适用于向国内外宣布重要事项或者法定事项。 （　）

18. 向国内外宣布重要事项或者法定事项，使用通告文种是错误的。（　）

19. 公告适用于公布行政法规和规章。 （　）

20. 公告适用于宣布施行重大强制性行政措施。 （　）

21. 通告适用于在一定范围内公布应当遵守或者周知的事项。 （　）

22. 在一定范围内公布应当遵守或者周知的事项，使用公告文种是错误的。（　）

23. 通告适用于向国内外公布应当遵守或者周知的事项。（　）

24. 意见适用于对重要问题提出见解和处理办法。（　）

25. 某单位在推进工作中发现新情况、新问题，经系统调查研究，提出了解决问题的具体见解和处理办法，以意见的形式报上级机关批转。（　）

26. 意见仅用于对重要问题提出见解。（　）

27. 意见适用于向上级机关请求指示、批准。（　）

28. 通知适用于发布、传达要求下级机关执行和有关单位周知或者执行的事项，批转、转发公文。（　）

29. 通知不适用于平级机关和不相隶属机关之间相互行文。（　）

30. 通知适用于发布、传达要求下级机关执行和上级单位周知的事项。（　）

31. 通知适用于发布、传达要求同级机关执行的事项，批转、转发公文。（　）

32. 通知和意见都是传达要求下级机关执行的具体事项。（　）

33. 通知仅用于批转、转发公文。（　）

34. 某企业员工见义勇为事迹在社会上引起强烈反响，其所属企业以通报的形式在企业范围内进行表彰。（　）

35. 通报适用于表彰先进、批评错误、传达重要精神和告知重要情况。（　）

36. 通报仅用于表彰先进，批评错误。（　）

37. 被××单位通报的人或事具有代表性和针对性，应是好的方面的典型。（　）

38. 被××单位通报的人或事具有代表性和针对性，应是坏的方面的典型。（　）

39. 通报适用于在一定范围内公布应当遵守或者周知的事项。（　）

40. ××单位对××爆炸事故进行评价分析、指出严重后果、作出某种决定时，使用的公文种类是通知。（ ）

41. 报告适用于向上级机关汇报工作、反映情况，回复上级机关的询问。（ ）

42. 回复上级机关的询问，应使用报告文种。（ ）

43. 向上级机关反映情况，回复上级机关的询问时，不能用报告。（ ）

44. 向上级机关汇报工作，反映情况，请求指示、批准，应使用报告文种。（ ）

45. 请示和报告均为上行文，它们的用途和目的相同。（ ）

46. 请示必须事先行文，报告只有在事后才可以行文。（ ）

47. ××单位向上级机关汇报2020年度经济技术指标完成情况时，使用的公文种类是请示。（ ）

48. 请示适用于向上级机关请求指示、批准。（ ）

49. 不相隶属机关之间请求指示、批准，使用请示文种是错误的。（ ）

50. 请示适用于向上级机关反映情况。（ ）

51. 请示适用于回复上级机关的询问。（ ）

52. ××单位希望上级机关协调解决本单位人防工程收费问题，需以报告的文种向上级机关行文。（ ）

53. 批复适用于答复下级机关请示事项。（ ）

54. 答复同级机关请求批准事项使用批复文种是错误的。（ ）

55. 批复适用于发布要求下级机关执行的事项。（ ）

56. 批复适用于在一定范围内公布应当遵守的事项。（ ）

57. 函适用于不相隶属机关之间商洽工作，询问和答复问题，请求批准和答复审批事项。（ ）

58. 甲公司致函乙公司商请土地划转事宜，乙公司予以函复。（ ）

59. 函适用于上下级机关之间商洽工作，询问和答复问题，请示批准和答复审批事项。（ ）

60. 函适用于向上级机关请求指示和答复下级机关请示事项。（ ）

61. 纪要适用于记载、传达会议主要情况和议定事项。（　）

62. 记载、传达会议主要情况和议定事项时使用纪要文种。（　）

63. 纪要适用于记录会议主要情况。（　）

64. 会议纪要是记录与会人员共同议定的事项、达成共识和未达成共识的意见。（　）

65. 属于两个及以上部门职责范围内的事务，部门之间协商一致后，可联合行文。（　）

66. 联合行文应当明确主办部门。（　）

67. 各单位的行文关系由职权范围确定。（　）

68. 下行文、平行文均可联合行文，上行文不可以联合行文。（　）

69. 各单位的行文关系，应根据隶属关系和职权范围确定。一般不得越级行文，特殊情况需要越级行文的，应当同时主送被越过的机关。（　）

70. 各单位在各自职权范围内，不可以互相行文。（　）

71. 总部各部门可以直接向成员单位的业务处室和下属单位行文。（　）

72. 属于部门职权范围内的事务，由部门自行行文或联合行文，联合行文时所有联合行文的部门均为主办部门。（　）

73. 一文多事的请示，应该按照上级机关的职务范围同时主送相关的上级机关。（　）

74. 请示应当一文一事，原则上主送一个上级机关，根据需要同时抄送上级机关和同级机关，并抄送下级机关。（　）

75. 受双重领导的机关向一个上级机关行文时，应同时主送另一个上级机关。（　）

76. 上级机关向受双重领导的下级机关行文，应同时主送该下级机关的另一个上级机关。（　）

77. 同级党政机关与其他同级机关不可以联合行文。（　）

78. 特殊情况下，报告等非请示性公文中可以夹带请示事项。（　）

79. 凡中国石化总部规章制度已作出明确规定的，一律不再制发文件。（　）

80. 中国石化总部现行文件规定不再适用的，可以重新发文。（ ）

81. 下发与相关制度矛盾的文件时，文件中应予以注明。（ ）

82. 下发超规格和范围的文件时，文件中应予以注明。（ ）

83. 规章制度作出明确规定的，仅可以制发一般强调性文件。（ ）

84. 现行文件规定仍然适用的，仅可以制发一般强调性文件。（ ）

85. 中国石化各企事业单位在各自职责范围内，可以互相行文。必要时，可以向各省、自治区、直辖市人民政府的有关业务部门和地、市、县人民政府行文。（ ）

86. 中国石化总部各部门原则上不得直接向成员单位的业务处室和下属单位行文。（ ）

87. 总部部门联合行文时，可以超越规格行文或降低规格行文。（ ）

88. 部门之间对有关问题未经协商一致，应按照各自部门职权范围内的事务，各自向下行文。（ ）

89. 总部部门报集团公司（股份公司）领导的签报、情况反映、汇报材料等，本部门领导签字后，直接呈报集团公司（股份公司）领导。（ ）

90.《中共中国石油化工集团有限公司党组贯彻落实中国共产党重大事项请示报告条例实施办法》仅适用于集团公司党组向党中央、直属单位党委向集团公司党组，以及领导干部向党组织请示报告重大事项相关活动。（ ）

91.《中共中国石油化工集团有限公司党组贯彻落实中国共产党重大事项请示报告条例实施办法》适用于集团公司党组向党中央、直属单位党委向集团公司党组，以及党员、领导干部向党组织请示报告重大事项相关活动。（ ）

92. 根据《中共中国石油化工集团有限公司党组贯彻落实中国共产党重大事项请示报告条例实施办法》，关于重要机构调整、重要干部任免、重要表彰奖励、中央领导同志交办事项的研究办理情况，集团公司党组要向党中央请示。（ ）

93. 根据《中共中国石油化工集团有限公司党组贯彻落实中国共产党重大事项请示报告条例实施办法》，关于重大改革措施、重大突发事件、重要

干部任免、重大违纪违法和复杂敏感案件处理，直属单位党委应向集团公司党组请示。 （ ）

94. 根据《中共中国石油化工集团有限公司党组贯彻落实中国共产党重大事项请示报告条例实施办法》，直属单位的特殊、敏感时期员工思想动态情况，需报总部主管部门。 （ ）

95. 根据《中共中国石油化工集团有限公司党组贯彻落实中国共产党重大事项请示报告条例实施办法》，直属单位党委在改革发展稳定以及生产经营中的重大事项，应向集团公司党组报告。 （ ）

96. 根据《中共中国石油化工集团有限公司党组贯彻落实中国共产党重大事项请示报告条例实施办法》，直属单位党委委员除自动终止外，辞去和免去需要向集团公司党组报备。 （ ）

97. 根据《中共中国石油化工集团有限公司党组贯彻落实中国共产党重大事项请示报告条例实施办法》，直属单位党委领导班子成员分工情况应向集团公司党组报备。 （ ）

98. 根据《中共中国石油化工集团有限公司党组贯彻落实中国共产党重大事项请示报告条例实施办法》，凡涉外工作交往活动，党员须向党组织请示。 （ ）

99. 根据《中共中国石油化工集团有限公司党组贯彻落实中国共产党重大事项请示报告条例实施办法》，党员一般向所在党组织请示报告重大事项。领导干部一般向所属党组织请示报告重要工作。 （ ）

100. 根据《中共中国石油化工集团有限公司党组贯彻落实中国共产党重大事项请示报告条例实施办法》，党组织应当及时办理党员、领导干部的请示事项，但不得对报告事项作出研究处理。 （ ）

101. 根据《中共中国石油化工集团有限公司党组贯彻落实中国共产党重大事项请示报告条例实施办法》，直属单位党委书记是向集团公司党组请示报告的第一责任人，对向党组请示报告工作负总责。 （ ）

102. 根据《中共中国石油化工集团有限公司党组贯彻落实中国共产党重大事项请示报告条例实施办法》，对于应请示报告的重大事项，要做到应报

尽报。明确要求正式报告的，不得以其他方式代替。正式报告应以正式文件形式通过中国石化公文管理系统报送。（ ）

103. 根据《中共中国石油化工集团有限公司党组贯彻落实中国共产党重大事项请示报告条例实施办法》，学习贯彻重要会议和文件精神的专题报告应当注重反映落实见效情况，不得一味求快。（ ）

104. 定期报告按照规定的时间进行。专题报告根据工作进展情况适时进行。对交办的重大事项，应当按照时限要求报告。突发性重大事件应当及时报告。（ ）

105. 根据《中共中国石油化工集团有限公司党组贯彻落实中国共产党重大事项请示报告条例实施办法》，搞形式主义、官僚主义，请示报告内容不实、信息不准，造成严重后果的，将依规依纪追究有关领导干部以及工作人员的责任，涉嫌违法犯罪的，按照有关法律规定处理。（ ）

106. 根据《中共中国石油化工集团有限公司党组贯彻落实中国共产党重大事项请示报告条例实施办法》，对于直属单位党委重大事项请示报告工作中出现的问题，集团公司综合管理部（党组办公室）应及时提醒纠正，在不影响工作的前提下可进行退文处理。（ ）

107. 根据集团公司党组关于解决形式主义突出问题为基层减负的重点措施，要科学确定文件层级，一般性工作安排、专业领域工作要点或工作方案等以工作表单形式行文，部门之间、部门与企业之间工作往来一般采用便函或电话形式，以减轻基层负担。（ ）

108. 中国石化各企事业单位贯彻落实总部及其部门文件，可结合实际制定务实管用的措施，除有明确规定外，不再制定贯彻落实意见和实施细则，切实解决形式主义问题。（ ）

109. 根据集团公司党组关于解决形式主义突出问题为基层减负的重点措施，总部部门之间、部门与企业之间工作往来一般采用正式文件形式。（ ）

110. 根据集团公司党组关于解决形式主义突出问题为基层减负的重点措施，中国石化各企事业单位要发扬“短实新”文风，压缩文件篇幅，政策类、工作部署类文件原则上不超过3500字。（ ）

111. 根据集团公司党组关于解决形式主义突出问题为基层减负的重点措施，中国石化各企事业单位要严格发文管理，发扬“短实新”文风，压缩文件篇幅。（　）

112. 根据集团公司党组关于解决形式主义突出问题为基层减负的重点措施，制度类文件要发扬“短实新”文风，政策类文件可不压缩文件篇幅。（　）

113. 根据集团公司党组关于解决形式主义突出问题为基层减负的重点措施，发扬“短实新”文风，“请示”“报告”类文件要压缩文件篇幅，工作部署类文件原则上可不压缩篇幅。（　）

114. 根据集团公司党组关于解决形式主义突出问题为基层减负的重点措施，向上级部门和有关外部单位行文要发扬“短实新”文风。（　）

115. 根据集团公司党组关于解决形式主义突出问题为基层减负的重点措施，中国石化各企事业单位贯彻落实总部及其部门文件，可结合实际制定务实管用的措施，除有明确规定外，不再制定贯彻落实意见和实施细则，切实减少层层发文现象。（　）

116. 根据集团公司党组关于解决形式主义突出问题为基层减负的重点措施，中国石化总部各部门之间、部门和各企事业单位之间工作往来一般采用便函或电话形式，减少层层发文现象。（　）

117. 根据集团公司党组关于解决形式主义突出问题为基层减负的重点措施，一般性工作安排、专业领域工作要点或工作方案等不再行文，采用便函或电话形式。（　）

118. 根据集团公司党组关于解决形式主义突出问题为基层减负的重点措施，一般性工作安排、专业领域工作要点或工作方案等以正式文件形式行文。（　）

119. 根据集团公司党组关于解决形式主义突出问题为基层减负的重点措施，以工作表单部署的工作，各单位应以正式文件报告有关情况。（　）

120. 根据集团公司党组关于解决形式主义突出问题为基层减负的重点措施，各单位贯彻落实集团公司和总部部门文件，应制定贯彻落实意见和实施细则。（　）

121. 根据集团公司党组关于解决形式主义突出问题为基层减负的重点措施，原则上总部每个部门只保留两种专业简报。（ ）

122. 各单位要严格按照文件发布层级和有关规定做好中央文件的阅读传达，根据领导意思传阅有关人员。（ ）

123. 绝密级中央文件可以复制、汇编。（ ）

124. 发至县团级的中央文件，供各单位副处级以上及相当职级的党员干部阅读。（ ）

125. 各单位到集团公司综合管理部文件档案室取回中央文件后，可视情况先传阅再登记。（ ）

126. 集团公司综合管理部每半年发 1 次中央文件清单，以便各单位及时核对。（ ）

127. 绝密级中央文件各单位不得复制、汇编。（ ）

128. 集团公司、股份公司，总部各部门的印章，各直属专业公司和临时机构的印章，各企事业单位、股份公司各分（子）公司的印章均由集团公司刻制。（ ）

129. 按照《中国石化印章管理规定》，刻制印章应到当地公安机关指定的刻章单位刻制。（ ）

130. 集团公司、股份公司、总部各部门的印章，各直属专业公司和临时机构的印章，各企事业单位、股份公司各分（子）公司的印章均由集团公司启用。（ ）

131. 按照《中国石化印章管理规定》，因单位撤销、名称变更或换用新印章而停止使用原印章时，应将原印章交制发单位。（ ）

132. 各单位要加强用印管理，严格用印审批手续，经本单位印章管理部门负责人批准后使用单位印章。（ ）

133. 各单位应严格用印审批手续，未经本单位领导批准，不得擅自使用单位印章。（ ）

134. 如发现伪造印章或使用伪造印章者，应及时向印章管理部门举报。（ ）

135. 按照《中国石化印章管理规定》，发现伪造印章或使用伪造印章者，应及时向公安机关或印章所刊名称单位举报。（ ）

136. 签报包括请示、汇报两种形式。（ ）

137. 签报要求一事一报，总部签报适用于总部部门和各直属企业。（ ）

138. 在总部签报单呈报总部领导批示栏中的呈送项，可由集团公司综合管理部或呈报部门填写。（ ）

139. 凡签报所请示、报告的内容涉及其他部门业务范围的，要先行送总部领导签批。（ ）

140. 总部领导批阅后的签报，由秘书将领导批示登录后退呈报部门。（ ）

141. 签报单必填写标题、编号、缓急、制度依据、是否总师审核、密级、标题、拟稿人以及备注。（ ）

142. 需总师审核的签报内容，由综合管理部负责将签报发送总师审核。（ ）

143.《签报》可以直送或者横传。（ ）

144. 总部（部门）与企业之间重大事项、一般日常性、临时性工作安排，均可以工作表单形式制发。（ ）

145. 中国石化电子公文是指中国石油化工集团有限公司及中国石油化工股份有限公司总部各部门及专业公司、各企事业单位、股份公司各分（子）公司通过中国石化公文管理系统传输的具有规范格式的电子数据文书。（ ）

146. 中国石化公文管理系统是电子公文运行的载体，使用该系统要严格遵守统一的技术操作规范，保证电子公文及时高效、安全保密运行。（ ）

147. 电子公文是指中国石油化工集团有限公司及中国石油化工股份有限公司总部及其各部门、各企事业单位、各分（子）公司传输的电子数据文书。（ ）

148. 电子公文传输是指电子公文的生成、发送和接收过程。（ ）

149. 传输电子公文需通过中国石化公文管理系统（涉密公文除外）。（ ）

150. 电子公文传输是指电子公文的生成、发送、接收、传阅、办结等一系列过程。（ ）

151. 电子印章不属于实物印章，但其管理和使用等同于实物印章。(　)

152. 中国石化公文管理系统中使用的各企事业单位的电子印章仅限于在该系统中传输、打印电子公文等使用。(　)

153. 各单位的电子印章由各单位自行制发。(　)

154. 电子印章的管理和使用高于实物印章。(　)

155. 用于电子公文传输的计算机严禁通过国际互联网传输公文。(　)

156. 传输电子公文不得通过国际互联网，不得传输涉密公文。(　)

157. 中国石化普通商密公文可以通过公文管理系统传输。(　)

158. 发送电子公文必须严格履行审批手续。(　)

159. 以单位名义发出的电子公文，必须经单位主要领导或主管领导签发。(　)

160. 发送电子公文必须严格履行审批手续，以单位名义发出的公文，必须经单位主要领导签发。(　)

161. 电子公文与相同内容的纸质公文具有同等行政法律效力。(　)

162. 加盖电子印章的电子公文正式运行后，不再寄发纸质公文，由收文单位自行打印办理。(　)

163. 电子公文没有纸质公文的行政法律效力大。(　)

164. 标有国家秘密的公文不得在中国石化公文管理系统传输。(　)

165. 负责电子公文传输和电子印章管理的工作人员不得向无关人员透露操作程序和公文内容。(　)

166. 负责电子公文传输和电子印章管理的工作人员在必要时可以向无关人员透露操作程序和公文内容。(　)

167. 涉及国家秘密、企业核心商密的文件，可以在公文系统中办理。(　)

168. 涉及国家秘密、企业核心商密的文件不能通过公文管理系统进行处理。(　)

169. 中国石油化工股份有限公司工单发文稿纸中拟稿单位、拟稿人、职务、电话等信息栏属于必填内容。(　)

170. 集团公司总部层级发文稿纸中，拟稿人姓名、电话属于发文稿纸必填内容。（　）

171. 集团公司总部层级电子公文的附件只能使用 word、pdf、excel 三种指定格式。（　）

172. 在总部公文管理系统中，上传公文正文应为通用格式。（　）

173. 集团公司总部层级发文文档上传公文管理系统时，一般的排序是正文文档、附件文档和公文办理情况说明文档。（　）

174. 集团公司总部层级公文，上传公文管理系统中的文档要进行排序，签报一般为正文文档、附件文档。（　）

175. 为确保电子公文流转高效，原则上在文书环节的办理时间不超过 1 个工作日。（　）

176. 因出差等原因不能办理公文，且不具备移动办公条件的，应在离岗前及时通过公文管理系统委托功能，将本人公文处理权限委托代办人。（　）

177. 国家事务重大决策中的秘密事项不属于国家秘密。（　）

178. 国防建设和武装力量活动中的秘密事项不属于国家秘密。（　）

179. 国民经济和社会发展中的秘密事项不属于国家秘密。（　）

180. 国家秘密的密级分为绝密、机密两级。（　）

181. 国家秘密分为绝密、机密、秘密三级。（　）

182. 国家秘密及其密级的具体范围，由中央军事委员会规定。（　）

183. 定密工作坚持“最小化、全程化、精准化”的原则，做到权责明确、依据充分、程序规范、及时准确，既确保秘密安全，又有利于信息资源合理利用，保障各项工作顺利开展。（　）

184. 定密工作坚持“最小化、全程化、精准化”的原则。（　）

185. 传递涉密载体应当通过机要交通、机要通信或者指派专人进行。传递绝密级载体实行 5 人护送制。（　）

186. 保存涉密载体，无须配备必要的保密设备。（　）

187. 复制涉密载体，经过本单位负责人批准，不需要办理登记手续。（　）

188. 按规定应清退的涉密载体要清退或自行销毁。（　）

189. 传递涉密载体应当通过机要交通、机要通信或者指派专人进行。（ ）

190. 涉及国家秘密的文件、资料或其他物品下落不明，自发现之日起，绝密级 20 日内、机密级 40 日内、秘密级 60 日内查无下落的，应当按泄密事件处理。（ ）

191. 涉及集团公司核心商业秘密的文件、资料或其他物品下落不明的，自发现之日起，60 日内查无下落的按泄密事件处理。（ ）

192. 保密工作部门接到泄密事件报告后，应立即组织人员开展调查，采取紧急补救措施，并在 48 小时内向上级保密工作部门报告。（ ）

193. 泄密事件实行一事一报、可越级报告的制度。（ ）

194. 涉及绝密级国家秘密的文件下落不明，自发现之日起 10 日内查无下落的，应当按泄密事件处理。（ ）

195. 各单位商业秘密的密级，根据泄露会使企业经济利益遭受损害的程度，确定为核心商业秘密、普通商业秘密、一般商业秘密三级。（ ）

196. 遇有密级不明确的事项，或产生事项的部门无相应定密权时，应先拟定密级，采取保密措施，并在 20 个工作日内报上级机关部门或保密工作部门确定。（ ）

197. 根据中国石化商业秘密保护基本范围，对国家经济、能源重大方针政策走向的分析、建议及对策不属于核心商业秘密的范围。（ ）

198. 根据中国石化商业秘密保护基本范围，尚未公布的改革方案不属于普通商业秘密的范围。（ ）

199. 中国石化商业秘密的密级，确定为核心商业秘密、普通商业秘密两级。（ ）

200. 集团公司普通商业秘密的保护期限不超过 20 年。（ ）

201. 集团公司中长期发展规划以及中长期业务发展计划的保密期限是 10 年。（ ）

202. 集团公司中长期发展计划的主要经济技术指标和措施的保密期限是 10 年。（ ）

203. 集团公司含有建设项目数据的经济评价模型的保密期限是10年。（　）

204. 中国石化商业秘密的保护期限除另有规定外，普通商业秘密不超过10年。（　）

205. 集团公司核心商业秘密的保护期限不超过10年。（　）

206. 根据中国石化商业秘密保护基本范围，集团公司酝酿、实施过程中的重大改革方案的保密期限是10年。（　）

207. 根据中国石化商业秘密保护基本范围，国家战略储备原油采购整体情况的保密期限是20年。（　）

208. 根据中国石化商业秘密保护基本范围，海外油（气）的生产、经营计划的保密期限是20年。（　）

209. 中国石化商业秘密的保护期限除另有规定外，核心商业秘密不超过20年。（　）

210. 集团公司普通商业秘密的密级标识为"中国石化　商密▲▲"。（　）

211. 集团公司商业秘密的密级和保密期限一经确定，应当在秘密载体（文件、资料的封面右上角或图纸、物品类醒目处）上作出明显标志。标志由权属单位简称（如"中国石化"）、密级、保密期限3部分组成，字体字号规范为4号黑体字。（　）

212. 集团公司商业秘密的密级和保密期限一经确定，应当在秘密载体（文件、资料的封面右上角或图纸、物品类醒目处）上作出明显标志。标志由密级、保密期限2部分组成，字体字号规范为3号黑体字。（　）

213. 集团公司核心商业秘密的密级标识为"中国石化　商密▲"。（　）

214. 商业秘密的密级、保密期限变更后，应当在原标明位置附近作出新标志，原标志不用废除。（　）

215. 集团公司核心商业秘密是特别重要的商业秘密，泄露会使企业的安全和利益遭受特别严重损害。（　）

216. 集团公司核心商密密级标识为"中国石化　商密▲▲"。（　）

217. 总部各部门应对在工作中形成办理的文字、电子、声像和实物等文件材料进行归档。 （ ）

218. 集团公司总部各部门管理类文件材料（文书、合同等）于次年6月底前完成整理移交归档。 （ ）

219. 各直属企业可以以单位负责人名义向总部报送公文。 （ ）

220. 各直属企业向总部报送公文的同时可以并列主送或抄送集团公司领导同志个人。 （ ）

221. 除集团公司领导直接交办的事项外，不得将公文直送领导同志个人。 （ ）

222. 应当以本单位名义报送公文，不得以单位负责人名义报送，不得向总部报送公文的同时并列主送或抄送集团公司领导同志个人。 （ ）

223. 为减少发文，在向上级机关呈送的报告中，可附带请示事项。（ ）

224. 为提高工作效率，请示性公文中可以多个事项同时呈报。 （ ）

225. 报送请示性公文时，应做到一文一事，原则上主送一个上级机关；不得在报告等非请示性公文中夹带请示事项。 （ ）

226. 为精减发文数量，同一份公文更换主送机关后可以向总部或领导同志个人报送。 （ ）

227. 同样内容的公文，不得在更换主送机关后，向党组、集团公司、股份公司或集团公司领导同志个人多头报送。 （ ）

228. 一般情况下，直属单位所属及控股单位可以向总部部门报送公文。 （ ）

229. 向集团公司党组、集团公司、股份公司报送公文时，应根据内容直接呈报总部相关主管部门。 （ ）

230. 直属单位可以单位党委、单位名义向总部及总部部门报送公文。（ ）

231. 直属单位所属及控股单位原则上不得直接向总部及总部部门报送公文。 （ ）

232. 根据电子公文接收管理有关规定，接收带有“红头”“红章”的公文，遇到字体、行间距等明显偏差，要及时联系文件制发部门确认，查找解

决问题，确保文件准确规范。（　）

233. 根据集团公司有关公文管理规定，非涉密公文可以在中国石化公文管理系统中办理，不得在微信、互联网等平台上办理。（　）

234. 各直属企业要加强公文处理机的管理和使用，自行升级系统、更新字库。（　）

235. 根据集团公司相关公文管理规定，加快会议纪要制发，董事长、总经理、总裁办公会纪要，在会后 3 个工作日完成审签；党组会会议纪要，根据会议内容尽快完成起草并提交审签，最长不超过 1 周。（　）

236. 加快会议纪要制发，集团公司、股份公司专题会纪要，在会后 2 个工作日内完成印发。（　）

237. 根据中国石化相关公文管理规定，董事长、总经理、总裁办公会会议纪要，在会后 3 个工作日完成审签；党组会纪要，根据会议内容尽快完成起草并提交审签，最长不超过 1 周。（　）

238. 根据中国石化相关公文管理规定，集团公司、股份公司专题会纪要，起草部门在会后 2 个工作日内完成起草和会签，并提交集团公司综合管理部核稿。（　）

239. 集团公司综合管理部拟办或公司领导批示给总师级领导、部门负责人阅办的文件，本人要及时阅处并及时退回集团公司综合管理部文件档案室，不得滞留文件，影响后续办理。（　）

240. 部门负责人在阅办集团公司综合管理部拟办或公司领导批示的文件时，可以根据工作需要复印文件或延迟退回集团公司综合管理部文件档案室。（　）

241. 集团公司综合管理部拟办或公司领导批示给总师级领导、部门负责人阅办的文件，本人要及时阅处并及时退回集团公司综合管理部文件档案室，不得自行扩大范围，不得滞留原件，影响后续办理。（　）

242. 文件起草单位收到校对提醒通知后，在 2 个工作日内完成文件清样校对。（　）

243. 文件起草单位收到校对提醒通知后，若核稿人员因出差等原因无法

及时校对，可等其出差回来后再进行校对。（ ）

244. 文件起草单位收到校对提醒通知后，在 1 个工作日内完成文件清样校对。（ ）

245. 为加快文件办理速度和落实进度，应充分利用信息化手段，必要时可以通过微信、QQ 等聊天工具传阅公文。（ ）

246. 严禁在微信上流转涉密信息、内部信息和公文内容。（ ）

247. 部门文件不搞“穿靴戴帽”，减少工作重要性和意义的描述。严格控制文件字数，一般情况下，正式文件不超过 5000 字。（ ）

248. 电子印章使用单位撤销的，应当立即公告其电子印章失效，并及时将电子印章移交制发机关。（ ）

249. 电子印章使用单位合并或者变更的，应当立即公告原电子印章失效，并重新申请制发电子印章。（ ）

250. 涉密电子印章载体销毁可自行处理，不用按照国家保密法律法规的规定处理。（ ）

251. 电子印章的治安管理由公安机关负责，具体规定由公安部会同有关部门另行制定。（ ）

252. 电子公文系统应当实现可信离线关联和安全的信息交换。（ ）

253. 在涉密网络中部署的涉密电子公文系统，应当确定系统密级并按照国家保密规定和标准落实身份鉴别、访问控制、安全审计、电子文件密级标志、信息流转管控等分级保护措施，由保密行政管理部门设立或者授权的保密测评机构进行检测评估。（ ）

254. 非涉密的电子公文系统，应当按照网络安全等级保护制度和密码标准规范要求，在建设实施后开展系统安全建设工作。（ ）

255. 各级党政机关办公厅（室）的文秘部门负责电子公文处理工作的日常运转、组织协调、监督检查、培训指导等。（ ）

256. 存储涉密电子公文的国家秘密载体应当按照所存储电子公文的最低密级和最长保密期限，在载体表面右上角位置标注密级和保密期限并确保安全。（ ）

257. 传输电子公文需使用中国石化公文管理系统，严禁通过国际互联网传输公文。（　）

258. 标有国家秘密及以上密级的公文不得在中国石化公文管理系统传输。负责电子公文传输和电子印章管理的工作人员不得向无关人员透露操作程序和公文内容。（　）

259. 复制涉密载体，应经过本单位负责人批准，履行登记手续，复制件加盖复制机关、单位的戳记，并视同原件管理，不得改变其密级、保密期限和知悉范围。（　）

260. 保密工作部门接到泄密事件报告后，应立即组织人员开展调查，采取紧急补救措施，并在 24 小时内向上级保密工作部门报告。（　）

261. 集团公司保密委员会在党组协调下，具体负责指导、推动和考核评比集团公司的保密工作。（　）

262. 涉密计算机按照所存储、处理信息的最高密级作出标志，由保密工作部门统一制作，粘贴在设备的显著位置。（　）

263. 存储、处理国家秘密或集团公司核心商业秘密的网络为涉密网络，其他为非涉密网络。（　）

264. 涉密人员因公出国（境）证件由外事部门或委托保管护照单位集中保管。涉密人员因私出国（境）证件由组织人事部门集中保管。（　）

265. 严格非涉密计算机管理，禁止使用非涉密计算机存储、处理、传输涉及国家秘密和集团公司核心商业秘密信息。（　）

266. 涉密会议、活动的主办单位，要按照有关保密法规、制度，结合实际，制定专项保密方案，提出保密要求。（　）

267. 定密工作是指各单位为确保生产经营和管理安全，依法依规确定、变更或解除国家秘密、商业秘密、工作秘密的活动。（　）

268. 各单位产生的秘密事项，应参照国家有关政策，依据本单位有关定密制度，按照规定程序及时定密。（　）

269. 涉外保密管理是指境内各单位在涉外活动中，对接触和产生的国家秘密、工作秘密依法依规进行保护所开展的检查等各项管理。（　）

270. 根据中国石化商业秘密保护规定，管理方法、商业模式均不属于商业秘密保护范围。（ ）

271. 根据中国石化商业秘密保护规定，各单位涉及商业秘密的谈判、技术评审、合作开发等应当与相关方签订保密协议，涉及商业秘密的咨询、外部审计则不必签订保密协议。（ ）

272. 中国石油化工股份有限公司的印章，中央刊五角星，五角星外刊机构名称，自左而右环行，由集团公司制发。（ ）

273. 各企事业单位、股份公司各分（子）公司所属单位的印章，中央刊五角星，五角星外刊单位名称，自左而右环行，或名称的前段自左而右环行、后段自左而右横行，由各企事业单位、股份公司各分（子公司）制发。（ ）

274. 印章所刊汉字字体为宋体，并应使用国务院公布的简化字。（ ）

275. 中国石化印制文件时使用的套印印章、印模，其规格、式样与实物印章等同，由集团公司自制。（ ）

276. 涉及国家秘密的档案，须经保密保卫部门和档案管理部门同意，方可查阅。（ ）

277. 库藏档案因工作需要借出时，使用后应及时归还，借出时间不得超过 10 天，借出档案需要转借他人时，必须征得档案管理部门同意。（ ）

278. 收到的公司内外部来文，凡按照规定需要归档的，均应在要求时间内及时完成整理移交归档。（ ）

279. 公司战略协议（意向书）、声像档案、电子文件（数据）光盘或移动要盘、奖牌证书、公司接受的赠品等文件材料，在工作结束后 6 个月内向综合管理部文件档案室移交归档。（ ）

280. 档案库房、阅览室、办公室实行三分开，非本单位人员不得进入档案库房。（ ）

281. 未经集团公司综合管理部和档案形成部门允许，任何单位或个人不得擅自公布档案内容。（ ）

282. 档案库房设备应定期检查，存在隐患应及时报告并通知机关服务中心相关部门排除。（ ）

283. 会计档案由相关部门专业处室收集整理归档，其档案由相关专业处室保管 1 年后向集团公司综合管理部文件档案室移交。（　）

284. 涉及国家秘密的档案须经本单位领导同意方可借出。（　）

285. 按照“马上就办”要求，会签部门应当在 3 个工作日内完成会签。（　）

286. 部门和基层单位报送的请示类文件，企业领导一般应在 3 个工作日内签批。（　）

287. 涉及中国石化核心商密的档案须经单位领导同意方可原件上网。（　）

288. 企业档案就是一个企业形成的全部文件。（　）

289. 归档文件排列时请示在前，批复在后。（　）

290. 归档的文件一般一式一份。（　）

291. 凡为易褪色材料（如复写纸、热敏纸等）形成的并需要永久和长期保存的文件，应附一份复印件。（　）

292. 企业各类型文件材料的形成规律基本相同。（　）

293. 企业文件立卷工作最根本的要求是方便保管和利用。（　）

294. 文件材料形成（主办）部门负责本部门文件材料归档工作，并纳入部门工作计划，明确专（兼）职档案员及岗位职责。（　）

295. 中国石化实行“谁形成，谁归档”的归档整理制度。（　）

296. 归档的文件应为原件，因故无原件的可将具有凭证作用的复制件归档。（　）

297. 档案销毁清册应永久保存。（　）

298. 外文（或少数民族文字）材料若有中译文的，应一并归档，无译文的不需要译出标题后归档。（　）

299. 企业应归档纸质文件材料中，有重要修改意见和批示的修改稿及有发文稿纸或文件处理单的，应与文件正本、定稿一并归档。（　）

（二）单选题

1. 中国石化公文（包括电报），是（　　）的重要工具。

A. 在生产经营建设和管理过程中形成的具有法定效力和规范体式的文书

B. 传达贯彻党和国家的方针政策，发布规章制度，实施管理措施，指导、布置和商洽工作

C. 请示和答复问题，报告、通报和交流情况

D. 以上选项均正确

2. 根据《中国石化公文处理办法》规定，下列属于违反公文报送原则的是（　　）。

A. 不按规定越级行文　　B. 一函一事

C. 一文一事　　D. 不能多头请示

3. 下列关于决定适用情况说法中，不正确的是（　　）。

A. 对重要事项或者重大行动作出决策和部署

B. 答复下级机关请示和报告事项

C. 奖惩有关单位和人员

D. 变更或者撤销下级机关不适当的决定事项

4. 下列关于命令（令）适用情况说法中，不正确的是（　　）。

A. 对重要事项或者重大行动作出决策和部署

B. 公布行政法规和规章

C. 宣布施行重大强制性行政措施

D. 嘉奖有关单位和人员

5. 下列关于公告适用情况说法中，正确的是（　　）。

A. 公布行政法规和规章

B. 向国内外宣布重要事项或者法定事项

C. 宣布施行重大强制性行政措施

D. 嘉奖有关单位和人员

6. 下列关于通告适用情况说法中，正确的是（　）。

A. 在一定范围内宣布重要事项或者法定事项

B. 在一定情况下公布行政法规和规章

C. 宣布施行重大强制性行政措施

D. 在一定范围内公布应当遵守或者周知的事项

7. 下列关于意见适用情况说法中，正确的是（　）。

A. 向国内外宣布重要事项或者法定事项

B. 对重要问题提出见解和处理办法

C. 宣布施行重大强制性行政措施

D. 在一定范围内公布应当遵守或者周知的事项

8. 下列关于通知适用情况说法中，不正确的是（　）。

A. 发布、传达要求下级机关执行事项

B. 有关单位周知或者执行的事项

C. 批转、转发公文

D. 在一定范围内公布应当遵守或者周知的事项

9. 下列关于通报适用情况说法中，不正确的是（　）。

A. 表彰先进，批评错误　　B. 传达重要精神

C. 宣布施行重大强制性行政措施　　D. 告知重要情况

10. 下列关于报告适用情况说法中，不正确的是（　）。

A. 向上级机关请求指示、批准　　B. 向上级机关汇报工作

C. 向上级机关反映情况　　D. 回复上级机关的询问

11. 下列关于请示适用情况说法中，正确的是（　）。

A. 向上级机关请求指示、批准　　B. 向上级机关汇报工作

C. 向上级机关反映情况　　D. 向上级机关询问情况

12. 下列关于批复适用情况说法中，正确的是（　）。

A. 向国内外宣布重要事项或者法定事项

B. 答复下级机关请示事项

C. 宣布施行重大强制性行政措施

D. 在一定范围内公布应当遵守或者周知的事项

13. 下列关于函适用情况说法中，不正确的是（ ）。

A. 不相隶属机关之间商洽工作

B. 不相隶属机关之间对重要问题提出见解和处理办法

C. 不相隶属机关之间询问和答复问题

D. 不相隶属机关之间请求批准和答复审批事项

14. 下列关于纪要适用情况说法中，正确的是（ ）。

A. 记载、传达会议主要情况和议定事项

B. 对重要问题提出见解和处理办法

C. 宣布施行重大强制性行政措施

D. 在一定范围内公布应当遵守或者周知的事项

15. 属于部门职权范围内的事务，由部门（ ）。

A. 自行行文　　B. 自行行文或联合行文

C. 联合行文　　D. 上级行文

16. 凡总部规章制度已作出明确规定的，（ ）。

A. 一律不再制发文件　　B. 可以重新制发文件

C. 可以适当制发文件　　D. 可以研究制发文件

17. 下列关于行文规则说法中，不正确的是（ ）。

A. 受双重领导的机关向一个上级机关行文，必要时抄送另一个上级机关

B. 上级机关向受双重领导的下级机关行文，必要时抄送该下级机关的另一个上级机关

C. 同级党政机关、党政机关与其他同级机关必要时可以联合行文

D. 属于党委、行政各自职权范围内的工作，可以联合行文

18.《中共中国石油化工集团有限公司党组贯彻落实中国共产党重大事项请示报告条例实施办法》适用于集团公司党组向（ ）、直属单位党委向集团公司党组，以及党员、领导干部向党组织请示报告重大事项相关活动。

A. 中央军事委员会　　B. 党中央

C. 外交部　　D. 公安部

19.《中共中国石油化工集团有限公司党组贯彻落实中国共产党重大事

项请示报告条例实施办法》适用于集团公司党组向党中央、直属单位党委向（　），以及党员、领导干部向党组织请示报告重大事项相关活动。

A. 集团公司综合管理部　　B. 集团公司党群工作部

C. 集团公司党组　　D. 集团公司人事部

20.《中共中国石油化工集团有限公司党组贯彻落实中国共产党重大事项请示报告条例实施办法》适用于集团公司党组向党中央、直属单位党委向集团公司党组，以及党员、领导干部向（　）请示报告重大事项相关活动。

A. 党组织　　B. 支部委员会　　C. 党小组　　D. 总支部委员会

21. 根据《中共中国石油化工集团有限公司党组贯彻落实中国共产党重大事项请示报告条例实施办法》，下列事项属于集团公司党组向党中央报告的是（　）。

A. 学习贯彻习近平新时代中国特色社会主义思想，统筹推进"五位一体"总体布局和协调推进"四个全面"战略布局的重要情况

B. 项目情况报告

C. 活动情况报告

D. 项目评估报告

22. 根据《中共中国石油化工集团有限公司党组贯彻落实中国共产党重大事项请示报告条例实施办法》，下列事项属于集团公司党组向党中央报告的是（　）。

A. 党中央重要会议、重要文件、重大决策部署贯彻落实情况，习近平总书记重要指示批示贯彻落实情况，中央领导同志交办事项的研究办理情况

B. 项目情况报告

C. 活动情况报告

D. 项目评估报告

23. 根据《中共中国石油化工集团有限公司党组贯彻落实中国共产党重大事项请示报告条例实施办法》，下列事项属于直属单位党委向集团公司党组请示的是（　）。

A. 贯彻执行党的路线方针政策和党组决策部署中出现的新情况、新问题，需要党组予以明确答复的

B. 项目情况请示

C. 活动情况请示

D. 项目评估请示

24. 根据《中共中国石油化工集团有限公司党组贯彻落实中国共产党重大事项请示报告条例实施办法》，下列事项属于直属单位党委向集团公司党组请示的是（   ）。

A. 集体研究“三重一大”事项存在重大分歧、强行决策可能带来不良后果，需要党组裁定的

B. 项目情况请示

C. 活动情况请示

D. 项目评估请示

25. 根据《中共中国石油化工集团有限公司党组贯彻落实中国共产党重大事项请示报告条例实施办法》，下列事项属于直属单位党委向集团公司党组报备的是（   ）。

A. 党委规范性文件

B. 开展劳动竞赛、合理化建议、岗位练兵等群众性活动

C. 团委活动

D. 公司职工提案的审议

26. 根据《中共中国石油化工集团有限公司党组贯彻落实中国共产党重大事项请示报告条例实施办法》，下列事项属于直属单位党委向集团公司党组报备的是（   ）。

A. 领导班子成员分工

B. 开展劳动竞赛、合理化建议、岗位练兵等群众性活动

C. 团委活动

D. 公司职工提案的审议

27. 根据《中共中国石油化工集团有限公司党组贯彻落实中国共产党重大事项请示报告条例实施办法》，下列事项属于直属单位党委向集团公司党

组报备的是（　）。

A. 按规定需要报备的干部任免

B. 开展劳动竞赛、合理化建议、岗位练兵等群众性活动

C. 团委活动

D. 公司职工提案的审议

28. 根据《中共中国石油化工集团有限公司党组贯彻落实中国共产党重大事项请示报告条例实施办法》，下列事项属于直属单位党委向集团公司党组报备的是（　）。

A. 党委委员职务的辞去、免去或者自动终止

B. 开展劳动竞赛、合理化建议、岗位练兵等群众性活动

C. 团委活动

D. 公司职工提案的审议

29. 根据《中共中国石油化工集团有限公司党组贯彻落实中国共产党重大事项请示报告条例实施办法》，下列事项属于党员向党组织请示的是（　）。

A. 从事党组织所分配的工作中的重要问题

B. 个人休假

C. 个人购车

D. 从事党组织所分配的工作中的日常问题

30. 根据《中共中国石油化工集团有限公司党组贯彻落实中国共产党重大事项请示报告条例实施办法》，下列事项属于党员向党组织请示的是（　）。

A. 代表党组织发表主张或者作出决定

B. 个人休假

C. 个人购车

D. 从事党组织所分配的工作中的日常问题

31. 根据《中共中国石油化工集团有限公司党组贯彻落实中国共产党重大事项请示报告条例实施办法》，下列事项属于党员向党组织请示的是（　）。

A. 按照规定需要请示的涉外工作交往活动

B. 个人休假

C. 个人购车

D. 从事党组织所分配的工作中的日常问题

32. 根据《中共中国石油化工集团有限公司党组贯彻落实中国共产党重大事项请示报告条例实施办法》，下列事项属于党员向党组织请示的是（　）。

A. 转移党的组织关系

B. 个人休假

C. 个人购车

D. 从事党组织所分配的工作中的日常问题

33. 根据《中共中国石油化工集团有限公司党组贯彻落实中国共产党重大事项请示报告条例实施办法》，对于应请示报告的重大事项，要做到应报尽报。明确要求正式报告的，不得以其他方式代替。正式报告应以（　）形式通过中国石化公文管理系统报送。

A. 正式文件　B. 工作表单　C. 函　D. 非正式发文

34. 对于直属单位党委重大事项请示报告工作中出现的（　）、内容不准确、程序不规范、方式不合理等问题，集团公司综合管理部（党组办公室）应及时提醒纠正，在不影响工作的前提下可进行退文处理，并将有关情况体现到考评通报中。

A. 主体不适当　B. 主送单位不适当

C. 报送单位不适当　D. 抄送单位不适当

35. 对于直属单位党委重大事项请示报告工作中出现的主体不适当、（　）、程序不规范、方式不合理等问题，集团公司综合管理部（党组办公室）应及时提醒纠正，在不影响工作的前提下可进行退文处理，并将有关情况体现到考评通报中。

A. 内容不准确　B. 语气不适当

C. 报送单位不适当　D. 抄送单位不适当

36. 实行重大事项请示报告责任追究制度，（　），将依规依纪追究有关领导干部以及工作人员的责任，涉嫌违法犯罪的，按照有关法律规定处理。

A. 违反组织原则，该请示不请示，该报告不报告的

B. 向党组请示明确规定需要请示的重要会议、重要活动、重要文件等

C. 向党组请示拟筹备召开党员代表大会

D. 向党组请示地方党委、政府安排承办的重大专项活动或工作

37. 根据《中共中国石油化工集团有限公司党组贯彻落实中国共产党重大事项请示报告条例实施办法》，对于应请示报告的重大事项，要做到应报尽报。明确要求正式报告的，不得以其他方式代替。正式报告应以正式文件形式通过（　）报送。

A. 中国石化公文管理系统　　B. 电子邮件

C. 电话　　D. 微信

38. 根据《中共中国石油化工集团有限公司党组贯彻落实中国共产党重大事项请示报告条例实施办法》，直属单位党委向集团公司党组请示重要干部任免，必须（　）请示。

A. 事前　　B. 事后　　C. 及时　　D. 适时

39. 根据《中共中国石油化工集团有限公司党组贯彻落实中国共产党重大事项请示报告条例实施办法》，直属单位党委向集团公司党组报告年度党建工作情况，时限要求（　）。

A. 次年 1 月 31 日前　　B. 当年 12 月 31 日前

C. 次年 2 月 31 日前　　D. 次年 6 月 31 日前

40. 根据《中共中国石油化工集团有限公司党组贯彻落实中国共产党重大事项请示报告条例实施办法》，直属单位党委向集团公司党组报告年度民主生活会情况，时限要求（　）。

A. 会后 5 个工作日内　　B. 会后 10 个工作日内

C. 会后 15 个工作日内　　D. 会后 20 个工作日内

41. 根据《中共中国石油化工集团有限公司党组贯彻落实中国共产党重大事项请示报告条例实施办法》要求，报告应当简明扼要、文风质朴，集团公司党组呈报党中央的综合报告一般在（　）字以内。

A. 3000　　B. 4000　　C. 5000　　D. 6000

42. 根据《中共中国石油化工集团有限公司党组贯彻落实中国共产党重大事项请示报告条例实施办法》要求，报告应当简明扼要、文风质朴，集团公司党组呈报党中央的专项报告一般在（　）字以内。

A. 2000　B. 3000　C. 5000　D. 8000

43. 根据《中共中国石油化工集团有限公司党组贯彻落实中国共产党重大事项请示报告条例实施办法》要求，报告应当简明扼要、文风质朴，直属单位党委呈报集团公司党组的报告一般在（　）字以内，情况复杂、确有必要详细报告的有关内容可以通过附件反映。

A. 2000　B. 3000　C. 5000　D. 8000

44. 根据《中共中国石油化工集团有限公司党组贯彻落实中国共产党重大事项请示报告条例实施办法》，实行重大事项请示报告责任追究制度，（　），将依规依纪追究有关领导干部以及工作人员的责任，涉嫌违法犯罪的，按照有关法律规定处理。

A. 违反政治纪律和政治规矩，损害党中央权威和集中统一领导的

B. 向党组请示明确规定需要请示的重要会议、重要活动、重要文件等

C. 向党组请示拟筹备召开党员代表大会

D. 向党组请示地方党委、政府安排承办的重大专项活动或工作

45. 根据《中共中国石油化工集团有限公司党组贯彻落实中国共产党重大事项请示报告条例实施办法》，实行重大事项请示报告责任追究制度，（　），将依规依纪追究有关领导干部以及工作人员的责任，涉嫌违法犯罪的，按照有关法律规定处理。

A. 缺乏责任担当，推诿塞责、上交矛盾、消极作为的

B. 向党组请示明确规定需要请示的重要会议、重要活动、重要文件等

C. 向党组请示拟筹备召开党员代表大会

D. 向党组请示地方党委、政府安排承办的重大专项活动或工作

46. 根据《中共中国石油化工集团有限公司党组贯彻落实中国共产党重大事项请示报告条例实施办法》，实行重大事项请示报告责任追究制度，（　），

将依规依纪追究有关领导干部以及工作人员的责任，涉嫌违法犯罪的，按照有关法律规定处理。

A. 搞形式主义、官僚主义，请示报告内容不实、信息不准，造成严重后果的

B. 向党组请示明确规定需要请示的重要会议、重要活动、重要文件等

C. 向党组请示拟筹备召开党员代表大会

D. 向党组请示地方党委、政府安排承办的重大专项活动或工作

47. 根据《中共中国石油化工集团有限公司党组贯彻落实中国共产党重大事项请示报告条例实施办法》，实行重大事项请示报告责任追究制度，（　），将依规依纪追究有关领导干部以及工作人员的责任，涉嫌违法犯罪的，按照有关法律规定处理。

A. 违反工作要求，不按规定程序和方式请示报告，造成严重后果的

B. 向党组请示明确规定需要请示的重要会议、重要活动、重要文件等

C. 向党组请示拟筹备召开党员代表大会

D. 向党组请示地方党委、政府安排承办的重大专项活动或工作

48. 根据集团公司党组关于解决形式主义突出问题为基层减负的重点措施，科学确定文件层级，一般性工作安排、专业领域工作要点或工作方案等以（　）形式行文。

A. 传真　　B. 公文　　C. 工作表单　　D. 邮件

49. 根据集团公司党组关于解决形式主义突出问题为基层减负的重点措施，发扬“短实新”文风，压缩文件篇幅，政策类、工作部署类文件原则上不超过（　）字。

A. 500　　B. 3500　　C. 2000　　D. 3000

50. 发至市地师级的中央文件，阅读范围是（　）。

A. 领导成员及相当职级的党员干部

B. 副处级以上党员干部

C. 公司业务骨干

D. 全体党员

51. 发至县团级的中央文件，阅读范围是（　）。

A. 副处级以上及相当职级的党员干部

B. 业务骨干

C. 支部支委

D. 全体党员

52. 中央文件在送领导传阅的过程中，需标明（　）。

A. 送阅时间及文件名称　　B. 送阅时间及传阅人

C. 文件名称及传阅人　　D. 文件名称及送取时间

53. 关于中央文件阅读、传达描述正确的是（　）。

A. 在本单位的阅读传达范围可视文件内容的关联性确定

B. 阅读传达范围需严格按照文件发布层级和有关规定确定

C. 中央文件在领导阅读后要及时收回，需立刻归档，不需核对文件是否齐全

D. 需要有关处室阅读的文件，可取走阅读

54. 中央文件的保存，正确的是（　）。

A. 专人专柜管理　　B. 与其他交换文件一并管理

C. 均按照保密文件管理　　D. 可扫描上传至公文系统中传阅

55. 中央文件保密管理要求，说法正确的是（　）。

A. 可抄录和借阅

B. 可以适当公开引用文件内容

C. 绝密中央文件不得复制、汇编

D. 机密级以下文件确需复制，由收文单位批准，复制文件视同原文管理

56. 中央文件保密管理要求，说法错误的是（　）。

A. 不得抄录和借阅

B. 不得公开和引用文件内容

C. 绝密中央文件不得复制、汇编

D. 机密级以下文件确需复制，由收文单位批准，复制文件视同原文管理

57. 印章制发机关应严格印章制发的办理程序和审批手续，刻制印章应到（　）刻制。

A. 上级机关指定的刻章单位　　B. 公安机关

C. 公安机关指定的刻章单位　　D. 当地公安机关指定的刻章单位

58. 如因单位撤销而停止使用原印章时，应及时将原印章送交（ ）封存。

A. 印章制发机关　　B. 司法部门

C. 公安机关　　D. 当地公安机关指定的刻章单位

59. 如因单位名称变更而停止使用原印章时，应及时将原印章送交（ ）封存。

A. 印章制发机关　　B. 司法部门

C. 公安机关　　D. 当地公安机关指定的刻章单位

60. 如因单位换用新印章而停止使用原印章时，应及时将原印章送交（ ）封存或销毁。

A. 印章制发机关　　B. 司法部门

C. 公安机关　　D. 当地公安机关指定的刻章单位

61. 中国石化各企事业单位印制文件时使用的印章印模，其规格、式样与实物印章等同，由（ ）制发。

A. 集团公司　　B. 各企事业单位

C. 公安机关　　D. 当地公安机关指定的刻章单位

62. 中国石化各企事业单位、股份公司各分（子）公司的印章，由（ ）启用。

A. 集团公司

B. 总部部门

C. 各直属专业公司

D. 各企事业单位、股份公司各分（子）公司

63. 中国石化各企事业单位自制并启用印章后，需向（ ）备案。

A. 总部部门　　B. 各企事业单位法律部门

C. 公安机关　　D. 集团公司（股份公司）

64.《中国石化印章管理规定》中，明确各企事业单位的印章，由各单位自制，印章所刊汉字字体为（ ）。

A. 宋体　　B. 仿宋体　　C. 黑体　　D. 楷体

65.《中国石化印章管理规定》中，明确严格用印审批手续，未经（　）批准，不得擅自使用单位印章。

A. 本单位领导　　B. 本单位法律部门

C. 印章备案机关　　D. 公安机关指定的刻章单位

66. 发现伪造印章，应及时向公安机关或（　）举报。

A. 印章所刊名称单位　　B. 印章备案机关

C. 印章制发机关　　D. 公安机关指定的刻章单位

67. 以下单位（部门）中，不能使用总部签报的单位（部门）是（　）。

A. 集团公司财务部　　B. 石油工程公司

C. 炼化工程集团　　D. 福建炼化公司

68. 总部签报的形式为（　）。

A. 请示、通知　B. 请示、批复　C. 请示、报告　D. 报告、通知

69. 总部签报要求一事一报，文字简练，字数最多不超过（　）。

A. 1200　B. 1400　C. 1500　D. 1600

70. 在《总部签报》单呈报部门和会签部门内，对负责人的签批要求为（　）。

A. 只签署负责人姓名　　B. 需签署“同意”

C. 需签署负责人姓名和时间　　D. 需签署呈报领导

71. 在总部《签报》会签要求中，说法不正确的是（　）。

A.《签报》的内容涉及相关部门，需要先行会签

B.《签报》的内容涉及相关部门，不需要先行会签

C.《签报》会签意见不一致，会签部门要提出书面意见

D.《签报》会签意见不统一时，由会签部门退回呈报部门

72. 关于总部《签报》办理流程的表述，说法正确的是（　）。

A.《签报》由呈报部门直接送总部领导

B.《签报》一般事项也需要送给总部主要领导

C. 总部领导批阅后的《签报》，由秘书将领导批示直接退呈报部门

D.《签报》中涉及重大、全局事项须呈送总部主要领导

73. 在总部《签报》签报单中，以下不是必填项的为（ ）。

A. 签报类型　　B. 密级

C. 拟稿人和电话　　D. 页数

74. 总部《签报》办理过程中，以下需要总师审核的是（ ）。

A. 文件格式　　B. 文件标题

C. 与论证会结论是否一致　　D. 文件紧急程度

75. 在总部《签报》办理过程中，拟稿部门部室负责的审核事项表述不正确的是（ ）。

A. 会签意见是否准确　　B. 是否需要部门会签

C. 定密是否准确　　D. 文稿内容是否达意、合规、有无缺漏

76. 在总部《签报》办理过程中，拟稿部门办公室的审核事项表述不正确的是（ ）。

A. 上会建议是否准确　　B. 与论证会结论是否一致

C. 定密是否准确　　D. 格式、内容是否符合有关规定

77. 在总部《签报》办理过程中，对签报流转范围表述正确的是（ ）。

A. 将签批后的签报送所有领导

B. 将签批后的签报送所有部门

C. 将签批后的签报送所有副总师

D. 将签批后的签报根据领导批示送有关部门办理（或送其他领导签批）

78. 工作表单适用范围如下（ ）。

A. 给上级单位的请示　　B. 给下属单位重大项目的批复

C. 制度类文件　　D. 日常性工作和临时性工作

79. 电子公文是指通过中国石化（ ）系统传输的具有规范格式的电子数据文书。

A. 安全管理信息管理　　B. 合同管理信息管理

C. 公文管理　　D. 财务共享服务管理

80. 电子公文传输是指电子公文的（ ）过程。

A. 起草、审批、发送　　B. 生成、发送、接收

C. 发起、审核、签发　　D. 起草、审核、定稿

81. 电子印章要由（　）保管。

A. 多人、分散　　B. 多人、专柜

C. 专人、分散　　D. 专人、专柜

82. 下列关于传输电子公文说法中，正确的是（　）。

A. 传输电子公文需要通过中国石化公文管理系统

B. 传输电子公文需要国际互联网

C. 传输电子公文需要使用微信群

D. 传输电子公文需要使用外部互联网电子邮箱

83. 发送电子公文必须严格履行审批手续，以单位名义发出的公文，必须经（　）签发。

A. 单位主要领导　　B. 单位主管领导

C. 单位主要领导或主管领导　　D. 单位分管领导

84. 下列关于电子公文效力说法中，正确的是（　）。

A. 电子公文与相同内容的纸质公文具有同等行政法律效力

B. 电子公文正式运行后，同时寄发纸质公文

C. 电子公文的使用效力与纸质公文存在一定的差异

D. 电子公文由发文单位打印办理

85. 下列关于电子公文保密工作说法中，不正确的是（　）。

A. 电子公文传输的计算机及其相关设备应专机专用，指定专人管理和维护，可以与国际互联网连接

B. 不得向无关人员透露操作程序和密码

C. 不得向无关人员提供电子印章 U 盘等相关设备和软件

D. 标有国家秘密的公文不得在系统传输

86. 集团公司总部层级公文无纸化办公范围不包含（　）。

A. 党组、集团公司、股份公司发文

B. 集团公司、股份公司专题会及总师办公会等会议纪要

C. 机密文件

D. 总部签报

87. 集团公司总部层级发文、签报、专题会议纪要等公文正文起草格式应为（ ）。

A. 通用格式 B. 压缩格式 C. 图片格式 D. 加密格式

88. 集团公司总部层级发文、签报、专题会议纪要等公文附件格式不应为（ ）。

A. 通用格式 B. 版式文件 C. 压缩格式 D. 图片格式

89. 集团公司总部层级公文，如果会签部门提出的意见需要以单独的文档反馈主办部门时，文档格式一般为（ ）。

A. 加密格式 B. 通用格式 C. 压缩格式 D. 图片格式

90. 集团公司总部层级公文，上传公文管理系统中的文档要进行排序，发文排序一般为（ ）。

A. 正文文档、公文办理情况说明文档、附件文档

B. 公文办理情况说明文档、正文文档、附件文档

C. 正文文档、附件文档、公文办理情况说明文档

D. 公文办理情况说明文档、附件文档、正文文档

91. 集团公司总部签报需会签的，会签意见如需以单独的文档反馈主办部门时，文档名称应为（ ）。

A. 会签意见：×× 部门 B. 会签意见：×× 标题

C. 会签意见：联系人＋联系方式 D. 会签意见：部门＋标题

92. 集团公司总部电子公文，附件因数量、性质等原因难以扫描上传的，做法正确的是（ ）。

A. 在正文附件标题后注明原因，以压缩包形式、加注密码后上传

B. 在正文附件标题后注明“因 ★★ 原因不上传，纸质件另送”

C. 在正文附件标题后注明原因

D. 无须注明原因，以压缩包形式、加注密码后上传

93. 为确保电子公文流转畅通高效，各单位文书应在工作日期间及时接收办理待办电子公文，原则上在公文到达收文单位时，文书环节的办理时间不超过（ ）。

A. 1 个工作日 B. 2 个工作日 C. 3 个工作日 D. 4 个工作日

94. 因出差等原因不能办理公文，且不具备移动办公条件，应（　）。

A. 在离岗前及时通过公文管理系统委托功能，将本人公文处理权限委托代办人，由代办人代为办理电子公文

B. 在离岗前将自己的公文管理系统密码告知他人，让他人代为办理电子公文

C. 无须委托，在返回岗位时及时处理

D. 在离岗前将自己的公文管理系统密码告知部门负责人，请负责人安排其他人代为办理电子公文

95. 因出差等原因不能办理公文，由代办人办理公文的，在发文稿纸或签批单上代录他人签批意见的，做法正确的是（　）。

A. 在代录意见后署代录者姓名　　B. 在代录意见后署被代录者姓名

C. 署被代录者姓名及意见　　D. 在代录意见后无须署代录者姓名

96. 以下哪种密级不属于国家秘密等级（　）。

A. 机密　　B. 商密　　C. 绝密　　D. 秘密

97. 定密工作应坚持的原则是（　）。

A. 权责明确、依据充分、程序规范、及时准确

B. 信息化、精准化、规范化

C. 最小化、全程化、精准化

D. 全程化、精细化、信息化

98. 关于涉密载体的保存和传递，以下说法错误的是（　）。

A. 保存涉密载体，要履行清点、登记、编号、签收等手续

B. 涉密载体应包装密封

C. 传递绝密级国家秘密载体实行 2 人护送制

D. 传递涉密载体应当通过机要通信、快递或者指派专人进行

99. 涉及集团公司核心商业秘密的文件、资料或其他物品下落不明的，自发现之日起，（　）日内查无下落的按泄密事件处理。

A. 10　　B. 20　　C. 30　　D. 50

100. 以下符合中国石化商业秘密定义的是（　）。

A. 不为公众所知悉、能为中国石化带来经济利益，具有实际或潜在实用价值，并经各单位采取保密措施的财务信息和技术信息

B. 不为公众所知悉、能为中国石化带来经济利益，具有实际或潜在实用价值，并经各单位采取保密措施的产品信息和生产信息

C. 不为公众所知悉、能为中国石化带来经济利益，具有实际或潜在实用价值，并经各单位采取保密措施的经营信息和技术信息

D. 不为公众所知悉、能为中国石化带来经济利益，具有实际或潜在实用价值，并经各单位采取保密措施的财务信息和生产信息

101. 除另有规定外，中国石化普通商密的保护期限不超过（　）。

A. 10 年　　B. 15 年　　C. 20 年　　D. 25 年

102. 除另有规定外，中国石化核心商密的保护期限不超过（　）。

A. 10 年　　B. 15 年　　C. 20 年　　D. 25 年

103. 以下哪个是集团公司普通商密的正确标识（　）。

A. 中国石化 商密▲▲ 5 年　　B. 中国石化 商密▲ 5 年

C. 商密▲ 15 年　　D. 中国石化 商密▲▲

104. 以下哪个是集团公司核心商密的正确标识?（　）

A. 商密▲▲ 5 年　　B. 中国石化商密▲ 5 年

C. 中国石化商密▲　　D. 中国石化 商密▲▲ 10 年

105. 集团公司规定，除（　）情况外，不得将公文直接报送集团公司领导同志个人。

A. 突发重大安全、信访事项　　B. 集团公司领导直接交办的事项

C. 涉及单位改革发展的事项　　D. 基层群众反应强烈的事项

106. 集团公司有关公文管理制度规定，报送请示性公文时，应做到（　）。

A. 一篇公文只请示一件事情　　B. 多件事情一并请示

C. 多个上级机关同时报送　　D. 根据情况灵活处理

107. 集团公司有关公文管理制度规定，同样内容的公文，（　）在更换主送机关后，向党组、集团公司、股份公司或集团公司领导同志个人多头报送。

A. 可以　　B. 必须　　C. 不得　　D. 视情况

108. 集团公司有关公文管理制度规定，直属单位向总部及总部部门报送公文，应以（　）名义报送。

A. 单位领导班子　　B. 单位负责人

C. 单位职工代表　　D. 单位党委或单位

109. 集团公司电子公文管理规定，在打印接收到的带有“红头”“红章”的公文时，遇到字体、行间距明显偏差的情况，应该（　）。

A. 联系发文部门确认，查找解决问题，确保文件准确规范

B. 确保公文表述正确即可

C. 自行处理

D. 继续打印，按程序送阅

110. 下列对中国石化公文管理系统表述正确的是（　）。

A. 系统需要升级时，要先征得本单位主要领导同意后进行

B. 特殊情况下，可办理绝密级公文

C. 根据情况需要，可办理机密级和绝密级公文

D. 不能传送绝密级公文

111. 集团公司有关文件规定，董事长、总经理、总裁办公会纪要，应在会后（　）个工作日完成审签；党组会会议纪要的起草、审签最长不超过（　）。

A. 5；一周　　B. 3；3 个工作日　　C. 3；一周　　D. 5；3 个工作日

112. 集团公司综合管理部拟办或公司领导批示给总师级领导、部门负责人阅办的文件，阅处后，正确处理方式是（　）。

A. 及时退回综合管理部文件档案室

B. 根据办理情况退回复印件

C. 待办理完成后，退回原件

D. 总师、部门负责人留存

113. 文件起草单位收到校对提醒通知后，应在（　）个工作日内完成文件清样校对。

A. 0.5　　B. 1　　C. 2　　D. 3

114. 严格遵守保密规定，不得在微信、网络上发布、传递内部信息、涉密信息和（　）。

A. 转发信息　B. 普发信息　C. 公文内容　D. 内控信息

115. 保密工作重点单位要设置（　）工作机构，可与党委办公室或行政办公室合署办公，配备 1～2 名专职保密干部。

A. 兼职保密　B. 联合保密　C. 专门保密　D. 单独保密

116. 开展保密监督检查，建立保密工作考核评价和奖惩机制是（　）的职责。

A. 党委办公室　B. 单位主要领导

C. 保密领导小组　D. 保密委员会

117. 各单位保密工作第一责任人是（　），对本单位保密工作负主要领导责任。

A. 党委书记　B. 厂长、经理

C. 党政主要领导　D. 保密委员会

118.（　）是定密工作领导机构，组织开展定密培训，指导、监督和检查本单位定密工作，及时解决定密工作中存在的问题。

A. 党委书记　B. 厂长、经理

C. 党政主要领导　D. 保密委员会

119. 在保密委员会的统一领导下，（　）为涉外保密工作归口管理部门。

A. 党委办公室　B. 集团公司综合管理部

C. 外事部门　D. 保密办公室

120. 接待外部媒体的约稿、采访，均需报宣传部门审批，未征得（　）同意，不得擅自接待媒体采访或进行任何形式和内容的对外宣传报道。

A. 党委办公室　B. 集团公司综合管理部

C. 宣传部门　D. 保密办公室

121. 各单位要对商业秘密载体的（　）等各环节采取有效保护措施，确保秘密载体安全。

A. 制作、收发　B. 传递、使用

C. 保存、销毁　D. 以上都是

122. 集团公司（　）负责中国石化商业秘密的保护工作。

A. 保密委员会　　B. 主要领导

C. 保密领导小组　　D. 党委主管部门

123. 商业秘密项目及其密级、保密期限和知悉范围，由（　）拟定。

A. 保密委员会　　B. 主要领导

C. 产生该事项的业务部门　　D. 保密办公室

124. 涉及商业秘密的公文及其他载体，由（　）提出，经业务部门审定、主管领导签发后，即作为商业秘密事项进行管理。

A. 保密委员会　　B. 拟稿人（制作人）

C. 主要领导　　D. 保密办公室

125. 遇有密级不明确的事项，或产生事项的部门无相应定密权时，应（　），并在 10 个工作日内报上级部门或保密部门确定。

A. 先采取保护措施　　B. 先拟定密级

C. 先口头报告上级　　D. 先拟定密级，采取保密措施

126. 中国石化的（　），要参照国家秘密事项管理标准，加强对相关涉密载体的管理。

A. 普通商业秘密　　B. 核心商业秘密

C. 工作秘密　　D. 以上答案均是

127. 各单位要加强重点工程、重要谈判、重大项目的商业秘密保护，建立（　）机制，关系国家安全和利益的要向国家有关部门报告。

A. 告知预警　　B. 全程跟踪

C. 保密工作先期进入　　D. 全程双人确认

128. 对保管期限已满应予销毁的档案，由（　）会同档案形成部门按照国家有关规定开展鉴定与销毁工作 。

A. 集团公司　　B. 保密委员会

C. 集团公司综合管理部　　D. 安全环保部门

129. 涉及国家秘密及中国石化核心商业秘密、知识产权保护的档案，须经（　）同意，方可查阅。

A. 保密委员会　　B. 档案形成部门

C. 集团公司综合管理部　　D. 安全环保部门

130. 查阅党组会、董事会、监事会、经理办公会等会议材料档案须经（　）批准。

A. 保密委员会　　B. 领导班子会研究

C. 集团公司综合管理部领导　　D. 经理办公会研究

131. 查阅党组会原始记录、录音须经（　）批准。

A. 保密委员会　　B. 党组会研究

C. 集团公司综合管理部领导　　D. 集团公司党组书记

132. 库藏档案因工作需要借出时，使用后应及时归还，借出时间不得超过（　）天，借出档案不得转借他人。

A. 5　　B. 6　　C. 7　　D. 8

133. 档案管理部门每年（　）月开展一次库藏档案清理核对工作，做到账、物相符。

A. 1　　B. 6　　C. 10　　D. 12

134. 档案归档要求实行（　）的归档整理制度。

A. 谁上交，谁保管　　B. 谁保管、谁归档

C. 谁形成，谁上交　　D. 谁形成，谁归档

135. 管理类文件材料整理以（　）为单位，应符合《归档文件整理规则》（DA/T22）的要求。

A. 组　　B. 件　　C. 类　　D. 本

136. 根据集团公司党组关于解决形式主义突出问题为基层减负的重点措施，科学确定文件层级，一般性工作安排、专业领域工作要点或工作方案等以工作表单形式行文，部门之间、部门与企业之间工作往来一般采用便函或（　）形式。

A. 传真　　B. 公文　　C. 电话　　D. 邮件

137. 档案的本质属性是（　）。

A. 原始记录性　B. 科学管理性　C. 广泛参考性　D. 历史文化性

138. 就整体而言，企业档案的产生和形成领域是（　　）。

A. 市场调研、产品开发、产品销售等活动

B. 生产管理、经营管理活动

C. 科研管理、生产管理及技术活动

D. 研发、生产、经营和管理活动

139. 社会组织在科技、生产活动中形成的，有保存价值和利用价值的科技性文件的集合是（　　）。

A. 科学技术档案　　B. 企业管理档案

C. 企业专门档案　　D. 企业文书档案

140. “便于社会各方面的利用”是检验档案工作的主要标准，它体现了档案工作的（　　）。

A. 基本要求　B. 管理体制　C. 组织原则　D. 根本目的

141. 档案室的基本任务之一是为（　　）积累档案史料。

A. 本机关和上级主管部门　　B. 党和国家

C. 组织及组织成员　　D. 历史研究人员

142. 统一管理本单位全部档案的档案室是（　　）。

A. 联合档案室　B. 文书档案室　C. 人事档案室　D. 综合档案室

143. 企业各职能或承办部门及项目文件形成者应负责积累文件，并对归档文件的齐全、准确和（　　）负责。

A. 归档质量　　B. 形成和归档质量

C. 整理质量　　D. 形成质量

144. 档案整理过程中，可作为档案分类依据的是（　　）。

A. 分类标准　B. 保管期限表　C. 归档范围　D. 分类方案

145. 保持文件之间的有机联系，最根本的是保持文件在（　　）的联系。

A. 来源上　B. 时间上　C. 内容上　D. 形式上

146. 案卷是一组具有有机联系、价值相同、密级相同的企业文件的（　　）。

A. 基本单元　B. 有机集合　C. 基本集合　D. 最小集合体

147. 在开展档案数字化质量控制时，一般应采用抽查的方法来进行数据挂接核查，且抽检比率不低于（ ）。

A. 20% B. 15% C. 10% D. 5%

148. 重大建设项目档案验收应在项目竣工验收（ ）个月之前完成。

A. 3 B. 4 C. 5 D. 6

149. 纸质档案库房的相对湿度应控制在（ ）。

A. 30% ~50% B. 35% ~55% C. 45% ~60% D. 50% ~65%

（三）多选题

1. 中国石化公文（ ）。

A. 是在生产经营建设和管理过程中形成的具有规范体式的文书

B. 可用来传达贯彻党和国家的方针政策

C. 是发布规章制度，施行管理措施的重要工具

D. 具有法定效力

2. 下列属于决定的适用情况有（ ）。

A. 对重要事项或者重大行动作出决策和部署

B. 奖惩有关单位和个人

C. 嘉奖有关单位和个人

D. 撤销下级机关不适当的决定事项

3. 关于命令文种，下列说法正确的是（ ）。

A. 适用于公布行政法规和规章

B. 也可称作令

C. 宣布施行重大强制性行政措施

D. 奖惩有关单位和个人

4. 关于公文种类中公告的适用情况，下列说法不正确的是（ ）。

A. 适用于在一定范围内宣布重要事项或者法定事项

B. 适用于在一定范围内公布应当遵守或者周知的事项

C. 适用于向国内外宣布重要事项

D. 适用于向国内外宣布法定事项

5. 关于公文种类中通告的适用情况，下列说法不正确的是（　）。

A. 适用于向国内外宣布重要事项或者法定事项

B. 适用于在一定范围内公布应当遵守或者周知的事项

C. 适用于在一定范围内宣布重要事项

D. 适用于在一定范围内宣布法定事项

6. 关于公文种类中意见的适用情况，下列说法不正确的是（　）。

A. 适用于对重要问题提出见解　B. 适用于对重要问题提出处理办法

C. 适用于答复重要问题及事项　D. 适用于告知重要情况

7. 关于公文种类中通知的适用情况，下列说法正确的是（　）。

A. 适用于发布、传达要求下级机关执行的事项

B. 适用于批转、转发公文

C. 适用于发布、传达要求有关单位周知的事项

D. 适用于发布、传达要求有关单位执行的事项

8. 关于公文种类中通报的适用情况，下列说法正确的是（　）。

A. 适用于表彰先进　B. 适用于批评错误

C. 适用于传达重要精神　D. 适用于告知重要情况

9. 关于公文种类中报告的适用情况，下列说法正确的是（　）。

A. 适用于向上级机关汇报工作　B. 适用于向上级机关反映情况

C. 适用于回复上级机关的询问　D. 适用于向上级机关请求指示

10. 关于公文种类中请示的适用情况，下列说法正确的是（　）。

A. 适用于向上级机关请求指示

B. 适用于向上级机关请求批准

C. 适用于不相隶属机关的请求指示

D. 适用于不相隶属机关的请求批准

11. 关于批复文种，下列说法不正确的是（　）。

A. 适用于答复下级机关请示事项

B. 适用于答复下级机关报告事项

C. 适用于不相隶属机关的请示事项

D. 适用于不相隶属机关的报告事项

12. 关于函文种，下列说法正确的是（　）。

A. 适用于不相隶属机关之间商洽工作，询问问题

B. 适用于不相隶属机关之间答复问题

C. 适用于不相隶属机关的请求批准

D. 适用于不相隶属机关的答复审批事项

13. 关于公文种类中纪要的适用情况，下列说法不正确的是（　）。

A. 适用于传达会议主要情况和议定事项

B. 适用于记载会议主要情况和议定事项

C. 适用于宣布施行重大强制性行政措施

D. 适用于记载会议未决事项

14. 关于部门自行或联合行文的规则，下列不正确的是（　）。

A. 联合行文应当明确主办部门

B. 属于部门职权范围内的事务，不得联合行文

C. 属于部门职权范围内的事务，只能由部门自行行文

D. 经集团公司（股份公司）审批的事项，经授权也可以由部门行文，文中应当注明经集团公司（股份公司）同意

15. 关于制发文件，下列说法正确的是（　）。

A. 凡总部规章制度已作出明确规定的，一律不再制发文件

B. 总部现行文件规定仍然适用的，不再重复发文

C. 总部规章制度有相关规定的，必要时需制发文件予以明确

D. 总部现行文件规定仍然适用的，必要时需制发文件予以明确

16. 关于行文规则，下列说法正确的是（　）。

A. 不可越级行文，必须逐级上报

B. 特殊情况可越级行文，但应当同时抄送被越过机关

C. 各单位在各自职权范围内，可以相互行文

D. 部门之间可以通过电话、面谈解决问题的，不得行文

17.《中共中国石油化工集团有限公司党组贯彻落实中国共产党重大事项请示报告条例实施办法》的适用范围是（　）。

A. 集团公司党组向党中央、直属单位党委向集团公司党组请示报告重大事项

B. 集团公司党组向国务院请示报告重大事项

C. 党员、领导干部向党组织请示报告重大事项

D. 本级党组织向上级党委请示报告重大事项

18. 下列属于集团公司党组向党中央请示事项的是（　）。

A. 贯彻落实党中央决策部署中的重要情况和问题，需要作出调整的政策措施，需要支持解决的特殊困难

B. 重大改革措施、重大体制变动、重大项目推进、重大突发事件、重要机构调整、重要干部任免、重要表彰奖励、重大违纪违法和复杂敏感案件处理等

C. 重大活动、重要政策的宣传报道口径，新闻宣传和意识形态工作中不易把握的问题

D. 出台重大创新举措，特别是遇到新情况新问题且无明文规定、需要先行先试，或者创新举措可能与现行规定相冲突、需经授权才能实施的情况

19. 根据《中共中国石油化工集团有限公司党组贯彻落实中国共产党重大事项请示报告条例实施办法》，下列属于集团公司党组向党中央报告事项的是（　）。

A. 学习贯彻习近平新时代中国特色社会主义思想，统筹推进“五位一体”总体布局和协调推进“四个全面”战略布局的重要情况

B. 党中央重要会议、重要文件、重大决策部署贯彻落实情况，习近平总书记重要指示批示贯彻落实情况，中央领导同志交办事项的研究办理情况

C. 加强党的建设，履行全面从严治党责任，包括集中学习教育活动、意识形态工作、民主生活会、党风廉政建设、落实中央八项规定精神、党员干部直接联系群众、巡视整改、发现重大违纪违法问题等情况

D. 年度工作总结及下一步工作安排

20. 根据《中共中国石油化工集团有限公司党组贯彻落实中国共产党重大事项请示报告条例实施办法》，下列属于集团公司党组向党中央报备事项的是（ ）。

A. 党组规范性文件

B. 领导班子成员分工

C. 按规定需要报备的干部任免

D. 领导班子成员职务的辞去或者自动终止

21. 根据《中共中国石油化工集团有限公司党组贯彻落实中国共产党重大事项请示报告条例实施办法》，下列属于党员向党组织请示事项的是（ ）。

A. 从事党组织所分配的工作中的重要问题

B. 发表主张或者作出决定

C. 按照规定需要请示的涉外工作交往活动

D. 转移党的组织关系

22. 根据《中共中国石油化工集团有限公司党组贯彻落实中国共产党重大事项请示报告条例实施办法》，下列属于党员向党组织报告事项的是（ ）。

A. 贯彻执行党组织决议以及完成党组织交办工作任务情况

B. 发现党员、领导干部违纪违法线索情况

C. 对党的工作和领导干部的意见建议

D. 流动外出情况

23. 根据《中共中国石油化工集团有限公司党组贯彻落实中国共产党重大事项请示报告条例实施办法》，下列关于直属单位党委向集团公司党组请示报告事项，正确的是（ ）。

A. 直属单位党委书记是向集团公司党组请示报告的第一责任人

B. 直属单位领导班子成员负责研究部署分管部门和领域的请示报告工作并提出意见建议

C. 接受双重领导的直属单位党委向集团公司党组请示报告，根据事项性质和内容，按照有关规定和要求同时抄送所在地方党委

D. 请示报告一般经班子会研究确定或传批审定，党政主要负责人要达成一致意见，由党委书记签发

24. 根据《中共中国石油化工集团有限公司党组贯彻落实中国共产党重大事项请示报告条例实施办法》，下列关于直属单位党委向集团公司党组请示报告的方式和途径，正确的是（　）。

A. 必须以正式文件形式上报

B. 可视情况采用正式报告、信息、简报等书面方式上报

C. 特殊紧急情况可以采用口头方式，并做好记录和资料留存

D. 涉密事项按照有关保密规定执行

25. 根据《中共中国石油化工集团有限公司党组贯彻落实中国共产党重大事项请示报告条例实施办法》，下列关于请示报告的时限，正确的是（　）。

A. 定期报告按照规定的时间进行

B. 专题报告根据工作进展情况适时进行

C. 对交办的重大事项，应当按照时限要求报告

D. 发生重大事件应当及时报告，并根据事件发展处置情况做好续报工作

26. 根据《中共中国石油化工集团有限公司党组贯彻落实中国共产党重大事项请示报告条例实施办法》，下列关于请示报告内容的规定，正确的是（　）。

A. 具有实质性内容和参考价值

B. 内容翔实准确，注意修辞技巧

C. 有助于党中央、集团公司党组了解情况、科学决策

D. 力戒空洞无物、评功摆好、搞形式主义

27. 根据《中共中国石油化工集团有限公司党组贯彻落实中国共产党重大事项请示报告条例实施办法》，下列属于请示报告责任追究情形的是（　）。

A. 违反政治纪律和政治规矩，损害党中央权威和集中统一领导的

B. 履行领导责任不到位，对重大事项请示报告不重视不部署，工作开展不力的

C. 搞形式主义、官僚主义，请示报告内容不实、信息不准，造成严重后果的

D. 违反工作要求，不按规定程序和方式请示报告，造成严重后果的

28. 根据集团公司党组关于解决形式主义突出问题为基层减负的重点措施，下列事项中，适合通过工作表单形式行文的有（ ）。

A. 安排国庆节放假事宜

B. 发布年度宣传工作要点

C. 公布企业机构调整方案

D. 部署开展法治宣传教育月活动

29. 根据集团公司党组关于解决形式主义突出问题为基层减负的重点措施，公文起草提倡“短实新”文风，压缩文件篇幅。下列文件中，可以超过1000字，但原则上不超过3500字的是（ ）。

A. 政策类文件　　B. 专业领域工作要点

C. 工作部署类文件　　D. 一般性安排

30. 贯彻落实党组关于解决形式主义突出问题为基层减负的重点措施，下列说法中正确的是（ ）。

A. 为切实减轻基层负担，避免层层发文，各企业不再承接总部的制度和规定

B. 贯彻落实公司和部门文件，可结合实际制定务实管用的举措

C. 除总部文件有明确规定外，不再要求企业制定贯彻落实意见和实施细则

D. 以工作表单部署的工作，一般不要求各单位以正式文件报告有关情况

31. 下列关于总部有关中央文件阅读传达做法正确的是（ ）。

A. 严格按照文件发布层级和有关规定做好中央文件的阅读传达

B. 根据工作需要适当扩大或缩小阅读传达范围

C. 送领导传阅的文件，要详细记录文件名称、送阅时间

D. 需要有关处室阅读的文件，可带走阅读但必须及时归还办公室

32. 下列关于总部对中央文件保存做法正确的是（ ）。

A. 实行专人专柜管理中央文件，文件交接和签收要严格履行手续

B. 文件管理人员变动时，要做好文件的交接工作并履行签收手续

C. 严格中央文件保密管理，不得抄录和借阅，不得公开和引用中央文件内容

D. 绝密级中央文件不得复制、汇编

33. 下列关于印章的刻制说法中，正确的是（　）。

A. 印章制发机关应严格印章制发的办理程序

B. 印章制发机关应严格印章制发的审批手续

C. 刻制印章应到当地公安机关指定的刻章单位刻制

D. 印章所刊名称应为法定名称或规范简称

34. 下列关于印章的启用和停用规定说法中，正确的是（　）。

A. 如因单位撤销而停止使用原印章时，应及时将原印章送交印章制发机关封存

B. 如因单位名称变更而停止使用原印章时，应及时将原印章送交印章制发机关封存

C. 如因换用新印章而停止使用原印章时，应及时将原印章送交印章制发机关销毁

D. 如因换用新印章而停止使用原印章时，应及时将原印章送交印章制发机关封存

35. 下列关于用印的审批说法中，正确的是（　）。

A. 用印应严格用印审批手续

B. 建立健全印章管理制度

C. 用印未经本单位领导批准，不得擅自使用单位印章

D. 紧急情况下，可直接使用单位印章

36. 下列关于伪造仿制印章的责任追究与举报说法中，正确的是（　）。

A. 对伪造印章或使用伪造印章者，要依照国家有关法规查处

B. 对伪造印章或使用伪造印章者，要依照公司规章制度查处

C. 如发现伪造印章，应及时向公安机关或印章所刊名称单位举报

D. 如发现使用伪造印章者，应及时向公安机关或印章所刊名称单位举报

37. 下列关于总部《签报》范围内容的说法中，正确的是（　）。

A. 总部部门（含部分专业公司）向总部领导报告交办事项处理结果

B. 使总部领导能够及时全面掌握工作动态并作出指示

C. 总部部门（含部分专业公司）向总部领导请示汇报工作

D. 签报属于总部内部文书

38. 下列关于总部《签报》的范围内容的说法中，不正确的是（　）。

A. 总部部门（含部分专业公司）向总部领导报告交办事项处理结果

B. 使总部领导能够及时全面掌握工作动态并作出指示的内部文书

C. 专业公司向总部相关部门请示汇报工作

D. 使总部部门能够及时全面掌握工作动态并作出指示的机关内部文书

39. 下列关于总部《签报》的范围内容的说法中，正确的是（　）。

A. 总部部门（含部分专业公司）向总部领导报告交办事项处理结果

B. 使总部领导能够及时全面掌握工作动态并作出指示的机关内部文书

C. 总部部门（含部分专业公司）向总部领导请示汇报工作

D. 使总部部门能够及时全面掌握工作动态并作出指示的机关内部文书

40. 下列关于总部《签报》的说法中，正确的是（　）。

A. 总部部门（含部分专业公司）向总部领导报告交办事项处理结果

B. 使总部领导能够及时全面掌握工作动态并作出指示的机关内部文书

C. 专业公司向总部相关部门请示汇报工作

D. 使总部部门能够及时全面掌握工作动态并作出指示的机关内部文书

41. 下列关于总部《签报》的描述，正确的是（　）。

A.《签报》有请示、报告两种形式

B. 请示要求明确问题，说明理由，并提出解决的意见和办法，必要时附有关资料加以说明

C. 报告要求观点明确，条理清楚，详略得当，实事求是

D.《签报》要求一事一报

42. 下列关于总部《签报》的描述，不正确的是（　）。

A.《签报》有请示、报告两种形式

B. 报告要求明确问题，说明理由，并提出解决的意见和办法，必要时附有关资料加以说明

C. 请示要求观点明确，条理清楚，详略得当，实事求是

D.《签报》可多事一报

43. 向集团公司报送公文的有关要求，下列表述正确的是（　）。

A. 应当以本单位名义报送

B. 涉及国家秘密或中国石化商密的应严格按规定标注密级和期限

C. 按照集团公司领导分工，抄送集团公司领导同志个人

D. 公文内容涉及总部几个部门时，更换主送机关多头报送

44. 下列关于总部《签报》的描述，正确的是（　）。

A. 文字简练，最多不超过1000字

B. 请示要求明确问题，说明理由，并提出解决的意见和办法，必要时附有关资料加以说明

C. 报告要求观点明确，条理清楚，详略得当，实事求是

D.《签报》要求一事一报

45. 下列关于总部《签报》签批要求的说法中，正确的是（　）。

A. 不得直送或横传总部领导

B. 在总部签报单呈报部门和会签部门栏内，一般只签署负责人姓名和时间

C. 所请示、报告的内容涉及其他部门业务范围的，要先行会签

D.《签报》由呈报部门送集团公司综合管理部统一登记、编号，经审核后送总部领导

46. 下列关于总部《签报》签批要求的说法中，不正确的是（　）。

A. 在总部签报单呈报部门和会签部门栏内，一般只签署负责人意见

B. 在总部签报单呈报部门和会签部门栏内，一般只签署负责人姓名和时间

C. 总部领导批示栏中的呈送项，由集团公司综合管理部填写

D. 总部领导批示栏中的呈送项，由拟稿单位填写

47. 下列关于总部《签报》签批要求的说法中，正确的是（　）。

A. 在总部签报单呈报部门和会签部门栏内，一般只签署负责人意见

B. 在总部签报单呈报部门和会签部门栏内，一般只签署负责人姓名和时间

C. 总部领导批示栏中的呈送项，由集团公司综合管理部填写

D. 总部领导批示栏中的呈送项，由拟稿单位填写

48. 下列关于总部《签报》会签的说法中，正确的是（ ）。

A. 凡《签报》所请示、报告的内容涉及其他部门业务范围的，要先行会签

B. 如意见不一致，会签部门要提出书面意见，在“会签”处注明所提意见

C. 由负责人签字后退回呈报部门，必要时由核稿部门牵头协商

D. 会签可为口头意见

49. 下列关于总部《签报》会签的说法中，正确的是（ ）。

A. 凡《签报》所请示、报告的内容涉及其他部门业务范围的，要先行会签

B. 如意见不一致，会签部门要提出书面意见，在“会签”处注明所提意见

C. 如意见不一致，必要时由呈报部门牵头协商

D. 应会签有关部门而未会签等，集团公司综合管理部退呈报部门重新办理

50. 下列关于总部《签报》会签的说法中，不正确的是（ ）。

A. 凡《签报》所请示、报告的内容涉及其他部门业务范围的，要先行会签

B. 如会签意见不一致，该意见不一致会签部门可口头反馈

C. 如意见不一致，必要时由呈报部门牵头协商

D. 应会签而未会签，可先呈报总部领导，后补流程

51. 下列关于总部《签报》会签的说法中，正确的是（ ）。

A. 如意见不一致，必要时由呈报部门牵头协商

B. 凡《签报》所请示、报告的内容涉及其他部门业务范围的，要先行会签

C. 会签意见不一致的部门可口头反馈

D. 应会签而未会签，可先呈报总部领导，后补流程

52. 下列关于总部《签报》办理流程的说法中，正确的是（ ）。

A. 总部领导对《签报》所作重要批示，由领导秘书负责督查催办

B.《签报》如表达不清、不准确或应会签有关部门而未会签等，集团公司综合管理部退呈报部门重新办理

C. 由呈报单位送集团公司综合管理部核稿，经审核后送总部领导

D. 一般事项呈送总部分管领导，涉及重大、全局事项须呈送总部主要领导

53. 下列关于总部《签报》办理流程的说法中，正确的是（　）。

A. 总部领导对《签报》所作重要批示，由拟稿单位或部门负责人督查催办

B. 如表达不清、不准确或应会签有关部门而未会签等，集团公司综合管理部退呈报部门重新办理

C. 由呈报单位送集团公司综合管理部核稿，经审核后送总部领导

D. 一般事项呈送总部分管领导，涉及重大、全局事项须呈送总部主要领导

54. 下列关于总部《签报》办理流程的说法中，不正确的是（　）。

A. 总部领导对《签报》所作重要批示，由呈报单位负责人督查催办

B. 如表达不清、不准确或应会签有关部门而未会签等，集团公司综合管理部退呈报部门重新办理

C. 一般事项呈送总部主要领导，涉及重大、全局事项须呈送总部分管领导

D. 一般事项呈送总部分管领导，涉及重大、全局事项须呈送总部主要领导

55. 下列关于总部《签报》办理流程的说法中，正确的是（　）。

A. 总部领导对《签报》所作重要批示，由领导秘书负责督查催办

B.《签报》如表达不清、不准确或应会签有关部门而未会签等，集团公司综合管理部退呈报部门重新办理

C. 由呈报单位送集团公司综合管理部核稿，经审核后送总部领导

D. 一般事项可由呈送部门直送总部主要领导

56. 下列关于总部《签报》签报单填写，属于呈报部门必填项的是（　）。

A. 呈送领导　B.《签报》密级　C. 拟稿人姓名　D. 标题

57. 关于工作表单适用范围的内容，下列说法正确的是（　）。

A. 一般日常性工作，主要包括内部关联交易、原料互供安排、调度令、计划调整等专项业务

B. 定期或日常性的工作安排、工作计划、工作总结和情况通报

C. 在公司内部具有规范性文件同等的作用

D. 适用于公司内部

58. 关于工作表单适用范围的内容，下列说法正确的是（ ）。

A. 一般日常性工作，主要包括内部关联交易、原料互供安排、调度令、计划调整等专项业务

B. 定期或日常性的工作安排、工作计划、工作总结和情况通报

C. 在公司内部具有规范性文件同等的作用

D. 对公司外制发的规范性文件

59. 关于工作表单适用范围的内容，下列说法不正确的是（ ）。

A. 一般日常性工作，主要包括内部关联交易、原料互供安排、调度令、计划调整等专项业务

B. 定期或日常性的工作安排、工作计划、工作总结和情况通报

C. 在公司外部具有规范性文件同等的作用

D. 可对公司外制发的规范性文件

60. 关于工作表单适用范围的内容，下列说法正确的是（ ）。

A. 定期或日常性的工作安排、工作计划、工作总结和情况通报

B. 是中国石化各单位内部封闭运行的文书

C. 在公司内部具有规范性文件同等的作用

D. 在公司外部具有规范性文件同等的作用

61. 中国石化电子公文是指（ ）通过中国石化公文管理系统传输的具有规范格式的电子数据文书。

A. 中国石油化工集团有限公司及中国石油化工股份有限公司总部各部门

B. 专业公司

C. 各企事业单位

D. 股份公司各分（子）公司

62. 电子公文传输是指电子公文的（ ）过程。

A. 生成 B. 发送 C. 接收 D. 审批

63. 电子公文传输是指电子公文的生成、（ ）过程。

A. 发送 B. 接收 C. 审批 D. 办理

64. 中国石化电子公文运行管理办法等规定，集团公司综合管理部负责（　）。

A. 中国石化公文管理系统的统一建设与应用、技术管理及协调

B. 制定中国石化公文管理系统业务执行的统一标准和规范

C. 对电子公文运行工作进行指导和检查

D. 统一制发中国石化非直属单位电子印章

65. 中国石化电子公文运行管理办法等规定，各单位负责（　）。

A. 设专职人员发送和接收电子公文

B. 电子公文传输

C. 本单位系统的日常维护

D. 本单位的人员培训

66. 各单位办公室是本单位电子公文的管理部门，各单位的电子印章要（　）。

A. 由国家有关部门统一制发

B. 专人保管

C. 委托第三方保管

D. 专柜保管

67. 根据《中国石化电子公文运行管理办法》，负责（　）工作人员的变动要严格履行交接手续，并及时向集团公司综合管理部文件档案室备案。

A. 电子公文传输

B. 电子印章管理

C. 中国石化公文管理系统使用人员

D. 电子公文传输专用计算机维护人员

68. 关于电子印章的管理，下列表述正确的是（　）。

A. 电子印章的管理和使用不同于实物印章

B. 电子印章的管理和使用等同于实物印章

C. 加盖电子印章的电子公文与相同内容的纸质公文具有同等的行政法律效力

D. 加盖电子印章的电子公文与相同内容的纸质公文具有不同的行政法律效力

69. 中国石化公文管理系统中可以传输电子公文的种类有（ ）。

A. 非涉密公文　B. 普通商密文件

C. 普通商密工作表单　D. 普通商密非正式发文

70. 中国石化公文管理系统中不可以传输的电子公文种类有（ ）。

A. 秘密级公文　B. 机密级公文

C. 绝密级公文　D. 普通商密文件

71. 发送电子公文必须严格履行审批手续，以单位名义发送的电了公文，必须（ ）。

A. 经单位主要领导或主管领导签发

B. 经单位主要领导和主管领导签发

C. 加盖电子印章

D. 寄发纸质公文

72. 加盖电子印章的电子公文正式运行后，（ ）。

A. 不再寄发纸质公文　B. 同时寄发纸质公文

C. 由收文单位按规定办理　D. 纸质公文由收文单位存档

73. 电子公文与相同内容的纸质公文具有（ ）。

A. 同等的行政效力　B. 同等的法律效力

C. 不同等的行政效力　D. 不同等的法律效力

74. 电子公文正式运行后，（ ）

A. 与相同内容的纸质公文具有同等的行政效力

B. 与相同内容的纸质公文具有同等的法律效力

C. 不再寄发纸质公文

D. 由收文单位自行办理

75. 各单位在电子印章管理工作中，出现下列（ ）情况时，应联系集团公司综合管理部。

A. 单位名称变更　B. 电子印章损坏

C. 系统故障　D. 单位撤销

76. 中国石化公文管理系统是集团公司及股份公司内部网络系统，不能在该系统传输的公文有（　）。

A. 标有国家秘密的公文　　B. 标有核心商密及以上密级的公文

C. 标有普通商密的公文　　D. 内部明电

77. 涉密计算机及其相关设备，应（　）。

A. 专机专用　　B. 指定专人管理

C. 指定专人维护　　D. 严禁与国际互联网连接

78. 负责电子公文传输和电子印章管理的工作人员，应做到（　）。

A. 标有国家秘密的公文，要提交中国石化办公综合业务处理系统传输

B. 不得向无关人员透露操作程序

C. 不得向无关人员透露操作密码

D. 不向无关人员提供电子印章

79. 下列属于中国石化公文无纸化适用范围的是（　）。

A. 总部层级公文

B. 集团公司、股份公司专题会及总师办公会等会议纪要

C. 总部签报

D. 总部接收的中央文件

80. 下列属于中国石化公文无纸化适用范围的是（　）。

A. 总部层级公文

B. 部门工作表单

C. 部门层级签报

D. 党组、集团公司、股份公司涉密文件

81. 下列对中国石化公文无纸化的适用范围表述正确的是（　）。

A. 总部层级公文包括党组、集团公司、股份公司发文

B. 集团公司、股份公司专题会及总师办公会等会议纪要

C. 不含总部接收的中央文件

D. 不含涉密文件

82. 下列属于中国石化公文无纸化的适用范围的是（　　）。

A. 总部层级公文

B. 集团公司、股份公司专题会及总师办公会等会议纪要

C. 中央文件

D. 涉及国家秘密、企业核心商密文件

83. 下列关于电子公文发文稿纸必填项的说法，不正确的是（　　）。

A. 主送、标题等必填项由文书填写

B. 主送、标题等必填项由拟稿人填写

C. 主送、标题等必填项由部门负责人填写

D. 主送、标题等必填项由办公室主任填写

84. 下列关于电子公文正文及附件格式的说法，正确的是（　　）。

A. 公文正文起草使用版式文件格式

B. 公文正文起草使用通用格式

C. 正文与附件一般不得使用压缩文件格式

D. 附件可以为通用格式

85. 下列关于电子公文正文及附件格式的说法，不正确的是（　　）。

A. 公文正文起草使用图片文件格式

B. 公文正文起草使用通用格式

C. 正文与附件可使用压缩文件格式

D. 附件可以为通用格式

86. 下列关于电子公文正文及附件格式的说法，正确的是（　　）。

A. 公文正文起草使用压缩文件格式

B. 公文正文起草使用通用格式

C. 正文与附件可使用压缩文件格式

D. 附件可以为通用格式

87. 下列关于电子公文正文及附件格式的说法，不正确的是（　　）。

A. 公文正文起草使用图片文件格式

B. 公文正文起草使用通用格式

C. 正文与附件可使用压缩文件格式

D. 附件应为压缩文件格式

88. 下列关于无纸化办公流程控制的说法，正确的是（　）。

A. 电子公文按照“谁拟稿、谁跟踪、谁催办”的原则

B. 对办理时间较长或非正常停滞的文件，各单位文书或拟稿人应主动及时催促当前环节处理人办理

C. 原则上在文书环节的办理时间不超过1个工作日

D. 由拟稿单位在公文管理系统中实时跟踪所拟电子公文的后续处理情况，直至办结

89. 下列关于无纸化办公流程控制的说法，正确的是（　）。

A. 电子公文按照“谁拟稿、谁跟踪、谁催办”的原则

B. 原则上在文书环节的办理时间不超过2个工作日

C. 原则上在文书环节的办理时间不超过1个工作日

D. 对办理时间较长或非正常停滞的文件，各单位文书或拟稿人应主动及时催促当前环节处理人办理

90. 下列关于无纸化办公委托办理授权的说法，不正确的是（　）。

A. 拟稿人任何情况下不能授权

B. 拟稿人出差，不具备移动办公条件的，应在离岗前及时通过公文管理系统委托功能，将本人公文处理权限委托代办人，由代办人代为办理电子公文

C. 拟稿人任何情况下均可授权

D. 急办和限办文件，由部门负责人来催办

91. 中国石化秘密事项包括（　）。

A. 国家秘密　B. 商业秘密　C. 工作秘密　D. 个人秘密

92. 中国石化定密工作的原则包括（　）。

A. 最小化　B. 精准化　C. 法制化　D. 全程化

93. 对于涉密载体的管理，以下说法正确的是（　）。

A. 制作涉密载体，应当标明密级和保密期限

B. 传递秘密载体应指派专人进行，传递绝密级涉密载体实行2人护送制

C. 阅读绝密级载体要做到办文人员和阅读人员“双见面”

D. 复制绝密级秘密载体，应经过本单位负责人批准并履行登记手续

94. 以下哪些情况应当按泄密事件处理？（ ）

A. 涉及国家秘密的文件、资料或其他物品下落不明，自发现之日起，绝密级10日内查无下落的

B. 涉及国家秘密的文件、资料或其他物品下落不明，自发现之日起，机密级30日内查无下落的

C. 涉及集团公司核心商业机密的文件、资料或其他物品下落不明，自发现之日起，30日内查无下落的

D. 涉及国家秘密的文件、资料或其他物品下落不明，自发现之日起，秘密级50日内查无下落的

95. 中国石化商业秘密保护范围主要包括（ ）。

A. 战略规划、管理方法、商业模式、改制上市、并购重组、产权交易等经营信息

B. 财务信息、投融资决策、产购销策略、资源储备、重要客户信息、招投标标底等经营信息

C. 科研、设计、程序、流程等技术信息

D. 产品配方、制作工艺、制作方法、技术诀窍等技术信息

96. 中国石化普通商业秘密保护期限，根据需要可设定为（ ）。

A. 5年　　B. 10年　　C. 长期　　D. 公布前

97. 下列关于中国石化核心商业秘密保护期限说法正确的是（ ）。

A. 不超过30年

B. 不超过20年

C. 不可预见时限的可定为“长期”或者“公布前”

D. 无保护期限

98. 一份中国石化普通商密文件保密期限是10年，密级标识错误的是（ ）。

A. 中国石化 商密▲10年　　B. 中国石化 商密10年▲

C. 中国石化 商密★10年　　D. 中国石化 商密10年★★

99. 下列关于集团公司核心商业秘密标识描述正确的是（   ）。

A. 中国石化 商密▲▲ 10 年　　B. 中国石化 核心商密▲▲ 20 年

C. 中国石化 商密▲▲长期　　D. 中石化 商密▲▲公布前

100. 下列属于需要归档的是（   ）。

A. 符合国家档案局《企业文件材料归档范围和档案保管期限规定》要求的文件材料

B. 符合总部各部门工作职责等管理要求的文件材料

C. 在工作中形成办理的文字、电子、声像和实物等文件材料

D. 符合总部《内部控制手册》和业务流程等管理要求的文件材料

101. 下列关于归档文件范围的说法，正确的是（   ）。

A. 根据国家档案局《企业文件材料归档范围和档案保管期限规定》应该归档的

B. 根据《内部控制手册》和业务流程等管理要求应该归档的

C. 对在工作中形成办理的文字、电子、声像和实物等文件材料，依照归档原则要求，制定归档明细表，一年修订一次

D. 对在工作中形成办理的文字、电子、声像和实物等文件材料，依照归档原则要求，制定归档明细表，三年修订一次

102. 向集团公司报送公文的有关要求，下列表述正确的是（   ）。

A. 应当以本单位名义报送

B. 涉及国家秘密或中国石化商密的应严格按规定标注密级和期限

C. 按照集团公司领导分工，抄送集团公司领导同志个人

D. 公文内容涉及总部多个部门时，更换主送机关多头报送

103. 向集团公司报送公文的有关要求，下列表述正确的是（   ）。

A. 除集团公司领导同志直接交办的事项外，各企业不得将公文直送领导同志个人

B. 不得以单位负责人名义报送公文

C. 不得向总部报送公文的同时主送集团公司领导同志个人

D. 不得向总部报送公文的同时抄送集团公司领导同志个人

104. 向集团公司报送的公文，公文使用的汉字、(　　) 等，按照国家标准和规定执行。

A. 数字　　B. 外文字符　　C. 计量单位　　D. 标点符号

105. 转变文风作风，下列做法正确的是 (　　)。

A. 严格落实中央八项规定精神和党组实施细则

B. 简化领导同志职务称谓，一般称同志，不使用“尊敬的”

C. 对领导同志批示、讲话、工作部署等，不使用“重要指示”“重要批示”“重要讲话”等表述

D. 一般情况下，不得向领导同志个人报送公文

106. 向集团公司报送公文的有关要求，下列表述正确的是 (　　)。

A. 不得以“白头”形式报送

B. 不得更换主送机关后，向党组、集团公司、股份公司多头报送

C. 不得更换主送机关后，向集团公司领导同志个人多头报送

D. 可以更换主送机关，并同时向党组、集团公司、股份公司或集团公司领导同志个人报送

107. 报送请示性公文的有关要求，下列表述正确的是 (　　)。

A. 应做到一文一事　　B. 原则上主送一个上级机关

C. 应标注签发人　　D. 通过政务信息系统或公文系统报送

108. 向集团公司报送请示性公文，下列做法正确的是 (　　)。

A. 应给总部及总部部门留出研究决策的时间

B. 紧急事项应在正文中注明紧急原因

C. 不得通过限时件报送非紧急事项

D. 特殊情况下，可以通过紧急公文方式报送非紧急事项

109. 向集团公司报送请示性公文，下列做法正确的是 (　　)。

A. 核实清楚背景，全面掌握情况

B. 提出明确建议

C. 原则上主送一个上级机关

D. 一件请示中可夹杂 2~3 个请示事项

110. 向集团公司报送请示和报告类公文，下列做法正确的是（　）。

A. 请示应标注签发人姓名

B. 报告应标注签发人姓名

C. 请示类公文需在附注处注明联系人和联系电话

D. 报告中夹带请示事项

111. 主送集团公司党组、集团公司、股份公司的公文，下列做法正确的是（　）。

A. 由集团公司综合管理部文件档案室统一接收

B. 同一公文更换主送机关后再按总部部门职权范围报送相关部门

C. 不得直接报送总部其他部门

D. 通过限时件、紧急公文方式报送

112. 根据集团公司有关公文管理制度，规范公文报送，下列做法正确的是（　）。

A. 主送集团公司党组、集团公司、股份公司的公文，由集团公司综合管理部文件档案室统一接收

B. 主送集团公司党组、集团公司、股份公司的公文，须抄送总部相关部门

C. 相同内容的公文，不得在更换主送机关后再行报送

D. 相同内容的公文，不得通过多渠道重复报送

113. 向总部及总部部门报送公文，下列做法正确的是（　）。

A. 属总部部门职权范围内的具体事项，直接报送该部门

B. 直属单位可以单位党委名义报送

C. 直属单位可以单位名义报送

D. 直属单位所属及控股单位原则上不得直接报送

114. 集团公司有关公文管理制度规定，公文报送要注重时效并确保安全，正确的方式有（　）。

A. 一般应通过公文管理系统报送

B. 涉密公文根据需要通过机要交换递送

C. 涉密公文根据需要通过机要邮局递送

D. 已送达公文如需更改内容，应替换内容后以原文号和签发日期报送

115. 集团公司有关公文管理制度规定，直属单位报送公文，下列做法正确的是（　）。

A. 可以单位党委名义向总部及总部部门报送公文

B. 可以单位名义向总部及总部部门报送公文

C. 直属单位的二级单位原则上可以直接向总部及总部部门报送公文

D. 直属单位的二级单位原则上不得直接向总部及总部部门报送公文

116. 集团公司电子公文管理规定，加强公文接收打印环节的管理，特别是接收带有“红头”“红章”的公文，遇到字体、行间距等明显偏差的，下列做法正确的是（　）。

A. 及时联系文件制发部门确认

B. 在不影响办理的情况下，不用处理

C. 在不影响归档的情况下，不用处理

D. 与文件制发部门一起查找解决问题，确保文件准确规范

117. 业务部门在电子文件归档时，应按照国家有关要求对其检查的是（　）。

A. 安全性　　B. 可用性　　C. 真实性　　D. 完整性

118. 董事长、总经理、总裁办公会、党组会纪要起草、审签的具体要求有（　）。

A. 董事长办公会在会后 2 个工作日完成审签

B. 总经理办公会纪要在会后 3 个工作日完成审签

C. 总裁办公会纪要在会后 3 个工作日完成审签

D. 党组会纪要起草并提交审签，最长不超过 1 周

119. 集团公司、股份公司专题会纪要起草、审签、印发的具体要求有（　）。

A. 起草部门在会后 2 个工作日内完成起草和会签，并提交集团公司综合管理部核稿

B. 如无较大修改意见，集团公司综合管理部于核稿当日送公司领导审签

C. 公司领导签发后在 1 个工作日内印发

D. 协调工作量较大的，最长不超过 1 周印发

120. 各类会议纪要制发的要求，下列表述正确的有（　）。

A. 总裁办公会纪要在会后 3 个工作日完成审签

B. 党组会纪要起草并尽快提交审签，最长不超过 1 周

C. 集团公司专题会纪要在会后 2 个工作日内完成起草和会签

D. 超越时限办理的会议纪要，相关责任部门需作出书面说明

121. 集团公司综合管理部拟办的文件或公司领导批示给总师级领导、部门负责人阅办的文件，总师级领导、部门负责人（　）。

A. 要及时阅处并及时退回集团公司综合管理部文件档案室

B. 不得自行扩大范围

C. 不得滞留原件，影响后续办理

D. 确需部门内部阅办或转其他部门办理的，可按照相关规定复印使用和管理

122. 集团公司《关于整改当前公文管理中突出问题的通知》中，有关文件清样校对的要求，表述正确的是（　）。

A. 文件起草单位收到校对提醒通知后，在 1 个工作日内完成文件清样校对

B. 文件起草单位收到校对提醒通知后，在 2 个工作日内完成文件清样校对

C. 拟稿人员无法及时校对时，起草单位需安排其他人员代为校对

D. 拟稿人员无法及时校对时，需提前告知集团公司综合管理部

123. 集团公司《关于整改当前公文管理中突出问题的通知》中，有关文件清样校对的要求，表述正确的是（　）。

A. 文件会签单位收到校对提醒通知后，在 1 个工作日内完成文件清样校对

B. 文件起草单位收到校对提醒通知后，在 1 个工作日内完成文件清样校对

C. 拟稿人员无法及时校对时，文件会签单位需安排其他人员代为校对

D. 拟稿人员无法及时校对时，文件起草单位需安排其他人员代为校对

124. 集团公司《关于整改当前公文管理中突出问题的通知》中，对公文传播的要求，表述正确的是（　）。

A. 严格遵守保密规定

B. 严禁在微信、网络上发布、传递涉密信息

C. 严禁在微信、网络上发布、传递内部信息

D. 严禁在微信、网络上发布、传递公文内容

125. 严格遵守保密规定，严禁在微信、网络上发布、传递（ ）。

A. 涉密信息 B. 内部信息 C. 公文内容 D. 公文内容截图

126. 集团公司《关于整改当前公文管理中突出问题的通知》中，对各单位机要取件人员的要求有（ ）。

A. 要相对固定

B. 要每年更换

C. 变动时及时向集团公司综合管理部文件档案室备案

D. 变更的人员要参加相关业务培训

127. 集团公司《关于整改当前公文管理中突出问题的通知》中，对文件定密管理的要求，下列表述正确的是（ ）。

A. 实行“谁主管、谁定密、谁负责”

B. 拟稿人进行定密并作出相应密级标志

C. 审核人进行密级审核，避免该定不定、定密不准的现象发生

D. 对于按内部资料管理的文字图片无须提醒标注

128. 下列属于保密委员会工作责任的是（ ）。

A. 落实中央保密委员会、国务院国资委保密委员会和集团公司党组、同级党委有关保密工作的部署及要求

B. 研究制定本单位保密工作规划，审定年度工作计划，审定保密规章制度并推动实施

C. 推动保密工作责任制落实，制定保密管理考核评价标准，组织签订《保密工作责任书》

D. 组织开展商业秘密定密工作，落实商业秘密保护措施，加强对商业秘密保护工作的指导、监督和检查

129. 外事部门作为涉外保密工作归口管理部门，其职责包括（ ）。

A. 负责涉外人员出国保密审查、教育和提醒

B. 协助人事部门与聘用外籍员工签订保密协议，做好保密审查及管理工作

C. 负责外事活动中对涉密载体的保密管理

D. 引进涉密技术，应会同有关部门及时定密、标密

130. 各单位在办理涉及商业秘密的（ ）等业务时，应当与相关方签订保密协议。

A. 咨询、谈判、技术评审　　B. 成果鉴定、合作开发、技术转让

C. 合资入股、外部审计　　D. 尽职调查、清产核资

131. 涉及核心商业秘密的计算机在管理上要做到（ ）

A. 按照涉密计算机进行管理　　B. 涉密不上网、上网不涉密

C. 电脑不乱用、U 盘不乱插　　D. 严格设定信息交换权限

132. 各单位对侵犯本单位商业秘密的行为，要（ ）

A. 依法主张权利　　B. 要求停止侵权

C. 消除影响　　D. 赔偿损失

133. 各单位与员工签订的劳动合同中要含有保密条款。与涉密人员签订的保密协议中，要明确（ ）。

A. 保密内容和范围　　B. 违约责任

C. 双方的权利与义务　　D. 协议期限

134. 列入《中国石化印章管理规定》的其他印章还包括（ ）。

A. 物料领取专用章　　B. 合同专用章

C. 财务专用章　　D. 工资调配专用章

135. 下列应随时归档的文件材料包括（ ）。

A. 属档案信息变更、修改及补充归档的文件材料

B. 固定资产投资建设项目形成的文件材料

C. 机构调整、员工离岗离任，应移交归档的文件材料

D. 其他工作结束后应归档的文件材料

136. 档案库房应达到“八防”要求，是指（ ）。

A. 防盗、防火　　B. 防潮、防尘

C. 防光、防污染　　D. 防有害气体及防有害生物

137. 在档案借阅方面，集团公司综合管理部文件档案室对总部及企业开展的服务内容包括（ ）

A. 档案查阅、档案复制　　B. 来函代查

C. 出具档案证明　　D. 档案业务咨询

138. 涉及（ ）的档案一律不得复制上网，不得擅自复制。

A. 国家秘密　　B. 普通商业秘密

C. 中国石化核心商业秘密　　D. 工作秘密

139. 查阅档案时，不得（ ）档案。

A. 损坏　　B. 删改　　C. 涂抹　　D. 剪贴或拆散

140. 总部工作人员查阅档案时，须出示（ ）。

A. 个人申请　　B. 总部门禁卡

C. 身份证　　D. 部门办公室介绍信

141. 实行专人专柜管理的特类档案包括（ ）

A. 人事任免材料　　B. 党组会议记录材料

C. 案件卷宗　　D. 需特别管理的文件材料

142. 关于档案接收与保管，下列表述正确的是（ ）。

A. 各类档案接收前须认真检查，检查验收合格后方可办理档案移交手续

B. 各类档案应建立管理台账

C. 档案存放应排放整齐，库房、柜架标识清晰

D. 特殊载体档案按保管要求分别存放

143. 改进赴基层调研活动方面，提倡（ ）式调研，帮助基层解决实际困难。

A. 蹲点式　　B. 现场　　C. 随机性　　D. 暗访

144. 关于各单位贯彻落实集团公司和部门文件，下列表述正确的是（ ）。

A. 做好文件传达，所有文件均需及时全面报送执行情况

B. 可结合实际制定务实管用的举措

C. 除有明确规定外，不再制定贯彻落实意见和实施细则

D. 公司和部门以工作表单部署的工作，一般不要求各单位以正式文件报告有关情况

145. 严控参会范围方面，关于视频会议的说法正确的是（　）。

A. 主会场和分会场均要控制规模、简化形式

B. 未经批准不请外地单位负责人到主会场参会

C. 可适当扩大参会范围

D. 外地单位做会议交流发言在分会场发言

146. 关于提高检查考核实效方面，下列说法正确的是（　）。

A. 相关工作必须要有领导批示

B. 相关工作必须要开会传达或有文件支持

C. 不能工作刚安排部署就进行检查考核

D. 不以台账记录、工作笔记为评价标准

147.《关于企业践行“马上就办”工作的指导意见》要求：在服务客户方面，企业应做到（　）。

A. 建立常态化信息沟通机制　　B. 及时了解客户需求

C. 为客户提供全流程解决方案　D. 为客户提供增值服务

148.《关于企业践行“马上就办”工作的指导意见》要求，加强制度体系建设，企业应做到（　）。

A. 完善企业管理制度，确保制度对业务的全覆盖

B. 总部制度要求企业制定下位制度承接落实的，企业原则上在 3 个月内完成承接

C. 强化制度建设的系统性、操作性与时效性，促进各项制度简单明了、管用好用

D. 企业领导要带头执行制度，各项决策应明确制度依据，按制度规定落实管理责任

149.《关于企业践行“马上就办”工作的指导意见》明确了企业内部文件流转各环节的时间要求，下列表述正确的是（　）。

A. 基层单位报送的请示类文件，企业领导一般应在 3 个工作日内签批

B. 部门之间会签类文件，会签部门应在 3 个工作日内签批

C. 会签部门在规定工作日未做回复按“视同同意”处理

D. 部门主办的批复类文件，规定中没有时限要求的，应在3个工作日内批复或提出办理意见

150.《关于企业践行“马上就办”工作的指导意见》中规定：党组安排部署的没有明确办理时限要求的单项任务，企业应做到（　）。

A. 明确责任领导　　B. 明确责任部门

C. 及时提出办理意见　　D. 原则上不得超过3个工作日

151.《关于企业践行“马上就办”工作的指导意见》要求，以提高办文效率为重点，企业应（　）。

A. 优化内部文件流转程序　　B. 明确各环节时限要求

C. 提高办文效率　　D. 推动内部管理规范高效

152. 对于部门之间会签类文件，会签部门应做到（　）。

A. 3个工作日内提出会签意见

B. 规定工作日内不能完成会签的，应主动回复不能会签原因

C. 规定工作日内不能完成会签的，主动回复当前办理情况

D. 规定工作日内不能完成会签的，主动回复预计完成会签时间

153. 对于部门之间会签类文件，会签部门在规定工作日内不能完成会签的，要（　）。

A. 主动回复不能会签原因

B. 主动回复当前办理情况

C. 主动回复预计完成会签时间

D. 退回来文单位，由来文单位代为会签

154.《关于企业践行“马上就办”工作的指导意见》要求：要畅通员工困难需求反映渠道，对于员工直接反映的困难或需求，企业应做到（　）。

A. 登记备案

B. 能够现场答复的及时给予答复

C. 不能现场答复的，应在2个工作日内提出办理意见

D. 不能现场答复的，应在3个工作日内提出办理意见

155. 以下不属于会计档案归档范围的有（　）。

A. 财务预算材料　　B. 财务计划文件

C. 银行余额调节表　　D. 会计档案销毁清册

156. 企业档案部门的职责之一是监督、指导、检查企业所属单位，包括（　）的档案工作。

A. 派出机构　B. 参股子公司　C. 控股子公司　D. 全资子公司

157. 关于文件与档案，正确的理解包括（　）。

A. 档案是文件的有机体　　B. 档案是文件的精华

C. 档案是文件的归宿　　D. 档案是文件的别称

158. 企业下列哪些文件材料可不归档？（　）

A. 供工作参考的抄件

B. 一般性文件的历次修改稿、各次校对稿

C. 社会中介机构出具的与本企业有关的文件材料

D. 所属和控股企业报送的供参阅的一般性简报、情况反映

159. 文本指同一文件由于作用不同而形成不同的版本，包括：（　）。

A. 正本　B. 副本　C. 试行本　D. 各种文字文本

160. 下列关于“件”的描述正确的说法有（　）。

A. 文件正本与定稿为一件　　B. 转发文与被转发文为一件

C. 总结与计划为一件　　D. 正文与附件为一件

161. 档案工作的基本原则为：（　）。

A. 档案工作实行统一领导、分级管理的原则

B. 便于国家各项工作的利用

C. 维护档案的完整与安全

D. 便于社会各方面的利用

162. 基本建设档案的特点包括：（　）。

A. 形成周期长　　B. 产生单位多

C. 基建档案的数量大　　D. 稳定性

163. 按照信息的加工程度，可把档案信息分为（　）。

A. 原文信息　B. 目录信息　C. 全文信息　D. 编研信息

164. 与照片档案数字化相关的技术参数包括（　）。

A. 光学分辨率　B. 采样精度　C. 位深　D. 色彩模式

165. 按结构确定案卷单元的方法主要适用于（　）。

A. 基本建设工程　B. 机械产品

C. 设备　D. 课题项目

（四）填空题

1. 集团公司______是向党中央请示报告的第一责任人，对向党中央请示报告工作负总责。集团公司领导班子成员负责研究部署______的请示报告工作并提出意见建议。请示报告一般经党组会______或者______，由党组书记签发或者作出。

2. 需要向党中央请示报告的事项，按照职责分工由集团公司______发起并做好材料起草工作，______负责统筹协调，一般须距规定上报时限______个工作日前，将相关材料提交并进入发文程序。

3. 直属单位党委向集团公司党组请示报告，一般视情况采用正式______、______、______等书面方式，特殊紧急情况可以先用口头方式，并做好______，确保有据可查，事后仍要以书面方式补充请示报告。

4. 直属单位党委要明确本单位向集团公司党组报送请示报告的______和______，并切实发挥其职能作用，认真落实相关工作要求。

5. 总部部门主要负责人、直属单位党政主要负责人离开工作所在地（总部统一组织的研修、会议、调研等活动除外）、______、______，应以书面形式报集团公司综合管理部，按程序报批或报告。

6. 对于应请示报告的重大事项，要做到______。明确要求正式报告的，不得以______代替。正式报告应以______形式通过中国石化文公管理系统报送。

7.《中国共产党重大事项请示报告条例条例》适用于下级党组织向______，以及______、______向党组织请示报告重大事项相关活动。

8. 接受归口领导、管理的单位党组织，必须服从______的领导，向其请示报告工作，并按照有关规定向______、______请示报告。

9. 涉及跨区域、跨领域、跨行业、跨系统的重大事项，应当由有关党组织向______联合请示报告。联合请示报告应当明确______。

10. 上级党组织应当从实际出发，对下级党组织请示报告中______、______的同类事项______，促使请示报告精简务实。

11. 向上级党组织请示重大事项，必须______，给上级党组织以______时间。情况紧急来不及请示必须临机处置的，应当按照规定履职尽责，并及时进行______。

12. 党组织应当根据重大事项类型和缓急程度采用______、______方式进行请示报告。

13. 非紧急情况、重大事项处理处于______或者______的请示报告，应当采用书面方式。书面报告视情采用______、______、______等方式。

14. 党组织应当将重大事项请示报告工作情况作为履行全面从严治党政治责任的重要内容，对______进行考核评价。

15. 报送请示性公文，应做到______，原则上主送一个上级机关；不得在报告等______公文中夹带请示事项。

16. 报送集团公司党组、集团公司、股份公司的公文，由______统一接受，不得直接报送______；相同内容的公文，不得在更换主送机关后再行报送，不得通过______报送。

17. 公文报送应注重______并确保安全，一般应通过公文管理系统报送。涉密公文应当通过______、______递送。已送达公文如需更改内容，报送单位需出具说明并及时重新报送修改后的公文，不得简单替换内容后以______报送。

18. 行文理由充分，依据准确，内容简洁、主题突出，表述准确，防止______、______和______。

19. 请示性公文要______，全面掌握情况，提出明确建议，不得______、______。

20. 公文中涉及其他单位职权范围内的事项，须______征求相应单位的意见，力求达成一致。意见不一致时，应______反映相应单位意见。

21. 在日常工作中，要切实树立依靠______的理念，认真学习本职岗位的内外相关制度，做到“家底清楚”。在起草政策性文件时，首先回顾检查相关制度规定，对已有制度规定的，______；需调整完善的，______；新开展的，政策成熟时______。

22. 克服形式主义、官僚主义，防止以文件贯彻文件，减少______，少发______，不发______。

23. 克服部门主义，制发文件要照顾“左邻右舍”“瞻前顾后”，防止一项工作______、______、______。

24. 将总部文件工作作为“为民服务创先争优”活动和转变机关作风的重要内容。将减少和防止总部及部门转发文、______、______、一项工作层层发文、______、超规格和范围发文、超字数限制发文、文种及格式不规范发文等 8 个方面，作为对企业的承诺。

25. 总部部门之间______，以及总部部门与企业之间______、______，不再以“红头文件”形式制发，均改以工作表单形式制发。

26. 要重视签报质量，严格把握《签报》______、内容关、______、______和文字关。

27. 在《总部签报》单呈报部门和会签部门栏内，一般只签署______，以示负责。总部领导批示栏中的呈送项，由______填写。

28. 凡《签报》所请示、报告的内容涉及其他部门业务范围的，要______。如意见不一致，会签部门要提出______，在“会签”处注明所提意见，也可另附，退回呈报部门，必要时由呈报部门牵头协商，待意见一致后呈报。

29. 制定实施党政机关电子公文处理工作办法的目的在于推进该项工作______、______、规范化。

30. 党政机关电子公文是以电子数字形式______、______、______的党政机关公文。

31. 党政机关电子公文与纸质公文在公文种类、______、______、公文拟制、______、公文管理等方面的基本要求一致。

32. 党政机关电子公文处理工作应当坚持______、______、______、______的原则。

33. 党政机关电子公文拟制要素中的审核信息主要包括审核人信息、______、______、修改人信息、______、______。

34. 党政机关电子印章制发、使用、管理应当按照______管理有关规定执行，并符合______、______相关要求。

35. 电子公文系统是电子公文______过程或者部分环节所使用信息系统的统称，包括相关软硬件______和______。

36. 复制、输出涉密电子公文时，应当履行______。复制电子公文应当标注______，便于管理和监督；输出电子公文时应当采取技术手段控制______。复制、输出的电子公文______管理。

37. 各级党政机关应当______、______电子公文的读取、处理设备，确保设备运转正常。电子公文系统设备更新、系统升级时，应当确认______与______兼容，同时对电子公文进行迁移。

38. 中国石化电子公文是指中国石油化工集团有限公司及中国石油化工股份有限公司总部及其各部门、各企事业单位、各分（子）公司通过______传输的______的电子数据文书。

39. 各单位办公室是本单位电子公文的管理部门，并设______负责发送和接收电子公文，人员要相对固定。电子印章要由______、______保管，并在专用计算机上使用。负责______和______工作人员的变动要严格履行交接手续，并及时向集团公司综合管理部文件档案室备案。

40. 各单位办公室要确保及时接收电子公文，每天上、下午至少查看______次，谨防误事。

41. 各单位如______、______或______，应及时处理或请总部运维人员协助处理。

42. 各单位信息管理部门要积极配合总部统一实施中国石化公文管理系统，不得私自对系统进行更改与升级，如需升级、更改，必须报总部信息和数字化管理部______后实施。

43. 企业档案工作是企业研发、生产、经营和管理活动的______管理工作。

44. 凡属归档范围内的文件材料，须向本单位档案部门移交，实行______，任何个人不得据为己有或拒绝归档。

45. 保管期限一般分为永久和定期两种。定期保管档案的年限可根据其参考利用价值分为______和 10 年。

46. 职工死亡后，其档案由原管理部门保存______年后，移交企业综合档案部门保存。

47. 按照《档案馆建筑设计规范》（JGJ 25—2010）规定，档案库房门与地面的缝隙不应大于______，宜采用金属门。

48. 科技档案卷内备考表中的“立卷人”一栏，应由______签字。

49. 用于典藏的纸质档案数字化可存储为无损压缩______格式，后期根据利用需要可转存为 JPEG、PDF 等格式。

50. 企业档案数字化的工作流程包括______和业务流程两个方面。

51. 向档案馆移交、捐赠、寄存档案的单位和个人，对其档案享有______。

52. 产品升级换代、建设项目后评估、改扩建或重建所形成的科技文件应______组卷排列。

53. 重大建设项目建设单位法人应将项目档案工作纳入项目建设管理程序，与项目建设实行______管理。

五　精选试题答案

（一）判断题

1. √　2. √

3. ×　解析：中国石化公文主要包括决定、命令（令）、公告、通告、意见、通知、通报、报告、请示、批复、函、纪要 12 种。

4. ×　解析：中国石化公文主要包括决定、命令（令）、公告、通告、意见、通知、通报、报告、请示、批复、函、纪要 12 种。

5. × 解析：公文处理工作是指公文拟制、办理、管理、整理（立卷）、归档等一系列相互关联、衔接有序的工作。

6. × 解析：公文处理工作是指公文拟制、办理、管理、整理（立卷）、归档等一系列相互关联、衔接有序的工作。

7. × 解析：公文处理工作必须严格执行国家保密法律、法规和其他有关规定，确保国家秘密和企业商业秘密、工作秘密的安全。

8. √ 9. √

10. × 解析：× × 单位干部职务任免时，使用的公文种类是通知。

11. × 解析：× × 单位印发 HSE 工作要点时，应选用的文种是通知。

12. × 解析：× × 单位给予 × × 职工警告处分时，应选用的文种是决定。

13. √ 14. √

15. × 解析：命令（令）适用于公布行政法规和规章；宣布施行重大强制性行政措施；嘉奖有关单位和人员。

16. × 解析：命令（令）适用于公布行政法规和规章；宣布施行重大强制性行政措施；嘉奖有关单位和人员。

17. √ 18. √

19. × 解析：公告适用于向国内外宣布重要事项或者法定事项。

20. × 解析：公告适用于向国内外宣布重要事项或者法定事项。

21. √ 22. √

23. × 解析：通告适用于在一定范围内公布应当遵守或者周知的事项。

24. √ 25. √

26. × 解析：意见适用于对重要问题提出见解和处理办法。

27. × 解析：意见适用于对重要问题提出见解和处理办法。

28. √ 29. √

30. × 解析：通知适用于发布、传达要求下级机关执行和有关单位周知或执行的事项，批转、转发公文。

31. × 解析：通知适用于发布、传达要求下级机关执行和有关单位周知或者执行的事项，批转、转发公文。

32. ×　解析：通知是传达要求下级机关执行的具体事项，意见是提出具体措施和执行要求，发挥的是指导功能。

33. ×　解析：通知适用于发布、传达要求下级机关执行和有关单位周知或者执行的事项，批转、转发公文。

34. √　35. √

36. ×　解析：通报也适用于传达重要精神和告知重要情况。

37. ×　解析：被 ×× 单位通报的人或事具有代表性和针对性，可以是好坏两方面的典型。

38. ×　解析：被 ×× 单位通报的人或事具有代表性和针对性，可以是好坏两方面的典型。

39. ×　解析：通报适用于表彰先进，批评错误，传达重要精神和告知重要情况。

40. ×　解析：×× 单位对 ×× 爆炸事故进行评价分析、指出严重后果、作出某种决定时，使用的公文种类是通报。

41. √　42. √

43. ×　解析：报告适用于向上级机关汇报工作，反映情况，回复上级机关的询问。

44. ×　解析：报告适用于向上级机关汇报工作，反映情况，回复上级机关的询问。

45. ×　解析：请示和报告虽均为上行文，但用途和目的不同。

46. ×　解析：请示必须事先行文，报告在事前、事中或事后均可行文。

47. ×　解析：×× 单位向上级机关汇报 2020 年度经济技术指标完成情况时，使用的公文种类是报告。

48. √　49. √

50. ×　解析：请示适用于向上级机关请求指示、批准。

51. ×　解析：请示适用于向上级机关请求指示、批准。

52. ×　解析：×× 单位希望上级机关协调解决本单位人防工程收费问题，需以请示的文种向上级机关行文。

53. √ 54. √

55. × 解析：批复适用于答复下级机关请示事项。

56. × 解析：批复适用于答复下级机关请示事项。

57. √ 58. √

59. × 解析：函适用于不相隶属机关之间商洽工作，询问和答复问题，请示批准和答复审批事项。

60. × 解析：函适用于不相隶属机关之间商洽工作，询问和答复问题，请示批准和答复审批事项。

61. √ 62. √

63. × 解析：纪要适用于记载、传达会议主要情况和议定事项。

64. × 解析：会议纪要只记录与会人员共同议定的事项或达成的共识。

65. √ 66. √

67. × 解析：各单位的行文关系，应根据隶属关系和职权范围确定。

68. × 解析：上行文、下行文、平行文均可联合行文。

69. × 解析：各单位的行文关系，应根据隶属关系和职权范围确定。一般不得越级行文，特殊情况需要越级行文的，应当同时抄送被越过的机关。

70. × 解析：各单位在各自职权范围内，可以互相行文。

71. × 解析：总部各部门原则上不得直接向成员单位的业务处室和下属单位行文。

72. × 解析：属于部门职权范围内的事务，由部门自行行文或联合行文，联合行文时应当明确主办部门。

73. × 解析：请示应当一文一事，原则上主送一个上级机关，根据需要同时抄送上级机关和同级机关，不抄送下级机关。

74. × 解析：请示应当一文一事，原则上主送一个上级机关，根据需要同时抄送上级机关和同级机关，不抄送下级机关。

75. × 解析：受双重领导的机关向一个上级机关行文时，必要时抄送另一个上级机关。

76. ×　解析：上级机关向受双重领导的下级机关行文，必要时抄送该下级机关的另一个上级机关。

77. ×　解析：同级党政机关、党政机关与其他同级机关必要时可以联合行文。

78. ×　解析：不得在报告等非请示性公文中夹带请示事项。

79. √　80. √

81. ×　解析：防止发与相关制度矛盾的文件。

82. ×　解析：防止发超规格和范围的文件。

83. ×　解析：凡规章制度已作出明确规定的，一律不再制发文件。

84. ×　解析：现行文件规定仍然适用的，不再重复发文。

85. √　86. √

87. ×　解析：总部部门联合行文时，既不能超越规格行文，也不能降低规格行文，影响公文效力。

88. ×　解析：部门之间对有关问题未经协商一致，不得各自向下行文。

89. ×　解析：总部部门报集团公司（股份公司）领导的签报、情况反映、汇报材料等，本部门领导签字后，交集团公司综合管理部登记转送。

90. ×　解析：该办法适用于集团公司党组向党中央、直属单位党委向集团公司党组，以及党员、领导干部向党组织请示报告重大事项相关活动。

91. √

92. ×　解析：中共领导同志交办事项的研究办理情况为集团公司党组向中央报告事项。

93. √

94. ×　解析：特殊、敏感时期员工思想动态情况是直属单位专项报告内容，由直属单位党委向集团公司党组报告。

95. √

96. ×　解析：直属单位党委委员职务的辞去、免去或者自动终止需要由直属单位党委向集团公司党组报备。

97. √

98. × 解析：按照规定需要请示的涉外工作交往活动，党员要向党组织请示。

99. √

100. × 解析：党组织应当及时办理党员、领导干部的请示事项，必要时可以对报告事项作出研究处理。

101. √ 102. √ 103. √ 104. √ 105. √ 106. √ 107. √ 108. √

109. × 解析：总部部门之间、部门与企业之间工作往来一般采用便函或电话形式。

110. √ 111. √

112. × 解析：发扬“短实新”文风，压缩文件篇幅。

113. × 解析：发扬“短实新”文风，压缩文件篇幅。

114. × 解析：发扬“短实新”文风，压缩文件篇幅。

115. √ 116. √

117. × 解析：一般性工作安排、专业领域工作要点或工作方案等以工作表单形式行文。

118. × 解析：一般性工作安排、专业领域工作要点或工作方案等以工作表单形式行文。

119. × 解析：以工作表单部署的工作，一般不要求各单位以正式文件报告有关情况。

120. × 解析：各单位贯彻落实公司和部门文件，可结合实际制定务实管用的举措，除有明确规定外，不再制定贯彻落实意见和实施细则。

121. × 解析：原则上总部每个部门只保留一种专业简报。

122. × 解析：各单位要严格按照文件发布层级和有关规定做好中央文件的阅读传达，不得擅自扩大或缩小阅读传达范围。

123. × 解析：绝密级中央文件不得复制、汇编。

124. √

125. × 解析：各单位到集团公司综合管理部取中央文件，要做到安全及时，取回后及时登记。

126. ×　解析：集团公司综合管理部每月发 1 次中央文件清单，以便各单位及时核对。

127. √

128. ×　解析：中国石油化工集团有限公司的印章、中国石油化工股份有限公司的印章，由集团公司刻制。各企事业单位、股份公司各分（子）公司的印章由各单位自制。

129. √

130. ×　解析：各企事业单位、股份公司各分（子）公司的印章由各单位自行启用。

131. √

132. ×　解析：各单位要加强用印管理，严格用印审批手续，未经本单位领导批准，不得擅自使用单位印章。

133. √

134. ×　解析：如发现伪造印章或使用伪造印章者，应及时向公安机关或印章所刊名称单位举报。

135. √

136. ×　解析：签报包括请示、报告两种形式。

137. ×　解析：签报要求一事一报，总部签报适用于总部门和有关专业公司。

138. ×　解析：由集团公司综合管理部填写。

139. ×　解析：凡签报所请示、报告的内容涉及其他部门业务范围的，要先行会签。

140. ×　解析：总部领导批阅后的签报，由集团公司综合管理部文件档案室退呈报部门。

141. ×　解析：签报单必填写标题、编号、缓急、制度依据、是否总师审核、密级、标题、拟稿人姓名。

142. ×　解析：需总师审核的签报内容，由主办部门负责将签报发送总师审核。

143. × 解析:《签报》不得直送或横传。

144. × 解析：总部（部门）与企业之间重大安排不可以工作表单形式制发。

145. √ 146. √

147. × 解析：中国石化电子公文是指中国石油化工集团有限公司及中国石油化工股份有限公司总部及其各部门、各企事业单位、各分（子）公司通过中国石化公文管理系统传输的具有规范格式的电子数据文书。

148. √ 149. √

150. × 解析：电子公文传输是指电子公文的生成、发送和接收过程。

151. √ 152. √

153. × 解析：各单位电子印章统一由各单位在中国石化电子印章管理系统制发。

154. × 解析：电子印章的管理和使用等同于实物印章。

155. √ 156. √ 157. √ 158. √ 159. √

160. × 解析：发送电子公文必须严格履行审批手续，以单位名义发出的公文，必须经单位主要领导或主管领导签发。

161. √ 162. √

163. × 解析：电子公文与相同内容的纸质公文具有同等行政法律效力。

164. √ 165. √

166. × 解析：负责电子公文传输和电子印章管理的工作人员不得向无关人员透露操作程序和公文内容。

167. × 解析：涉及国家秘密、企业核心商密的文件，不得在公文管理系统中办理。

168. √

169. × 解析：没有职务信息栏。

170. √

171. × 解析：电子公文的附件可以使用通用格式。

172. √

173. ×　解析：一般的排序是公文办理情况说明文档、正文文档和附件文档。

174. √　175. √　176. √

177. ×　解析：国家事务重大决策中的秘密事项属于国家秘密。

178. ×　解析：国防建设和武装力量活动中的秘密事项属于国家秘密。

179. ×　解析：国民经济和社会发展中的秘密事项属于国家秘密。

180. ×　解析：国家秘密的密级分为绝密、机密、秘密三级。

181. √

182. ×　解析：国家秘密及其密级的具体范围，由国家保密行政管理部门分别会同外交、公安、国家安全和其他中央有关机关规定。

183. √　184. √

185. ×　解析：传递涉密载体应当通过机要交通、机要通信或者指派专人进行。传递绝密级载体实行 2 人护送制。

186. ×　解析：保存涉密载体，要选择安全保密的场所和部位，并需配备必要的保密设备。

187. ×　解析：复制涉密载体，应经过本单位负责人批准，履行登记手续，复制件加盖复制机关、单位的戳记，并视同原件管理，不得改变其密级、保密期限和知悉范围。

188. ×　解析：按规定应清退的涉密载体要如数清退，不得自行销毁。

189. √

190. ×　解析：涉及国家秘密的文件、资料或其他物品下落不明，自发现之日起，绝密级 10 日内、机密级 30 日内、秘密级 50 日内查无下落的，应当按泄密事件处理。

191. ×　解析：涉及集团公司核心商业秘密的文件、资料或其他物品下落不明的，自发现之日起，30 日内查无下落的按泄密事件处理。

192. ×　解析：保密工作部门接到泄密事件报告后，应立即组织人员开展调查，采取紧急补救措施，并在 24 小时内向上级保密工作部门报告。

193. ×　解析：泄密事件实行一事一报、逐级报告的制度。

194. √

195. × 解析：各单位商业秘密的密级，根据泄露会使企业经济利益遭受损害的程度，确定为核心商业秘密、普通商业秘密两级。

196. × 解析：遇有密级不明确的事项，或产生事项的部门无相应定密权时，应先拟定密级，采取保密措施，并在 10 个工作日内报上级机关部门或保密工作部门确定。

197. × 解析：根据中国石化商业秘密保护基本范围，对国家经济、能源重大方针政策走向的分析、建议及对策属于核心商业秘密的范围。

198. × 解析：根据中国石化商业秘密保护基本范围，尚未公布的改革方案属于普通商业秘密的范围。

199. √

200. × 解析：集团公司普通商业秘密的保护期限不超过 10 年。

201. × 解析：集团公司中长期发展规划以及中长期业务发展计划的保密期限是 5 年。

202. × 解析：集团公司中长期发展计划的主要经济技术指标和措施的保密期限是 5 年。

203. × 解析：集团公司含有建设项目数据的经济评价模型的保密期限是 5 年。

204. √

205. × 解析：集团公司核心商业秘密的保护期限不超过 20 年。

206. × 解析：根据中国石化商业秘密保护基本范围，集团公司酝酿、实施过程中的重大改革方案的保密期限是公布前。

207. × 解析：根据中国石化商业秘密保护基本范围，国家战略储备原油采购整体情况的保密期限是 10 年。

208. × 解析：根据中国石化商业秘密保护基本范围，海外油（气）的生产、经营计划的保密期限是 10 年。

209. √

210. ×　解析：集团公司普通商业秘密的密级标识为“中国石化　商密▲”。

211. ×　解析：集团公司商业秘密的密级和保密期限一经确定，应当在秘密载体（文件、资料的封面左上角或图纸、物品类醒目处）上作出明显标志。标志由权属单位简称（如“中国石化”）、密级、保密期限3部分组成，字体字号规范为3号黑体字。

212. ×　解析：集团公司商业秘密的密级和保密期限一经确定，应当在秘密载体（文件、资料的封面左上角或图纸、物品类醒目处）上作出明显标志。标志由权属单位简称（如“中国石化）、密级、保密期限3部分组成，字体字号规范为3号黑体字。

213. ×　解析：集团公司核心商业秘密的密级标识为“中国石化　商密▲▲”。

214. ×　解析：商业秘密的密级、保密期限变更后，应当在原标明位置附近作出新标志，原标志以明显方式标明废除。

215. √　216. √　217. √　218. √

219. ×　解析：应当以本单位名义报送公文，不得以单位负责人名义报送。

220. ×　解析：不得向总部报送公文的同时并列主送或抄送集团公司领导同志个人。

221. √　222. √

223. ×　解析：不得在报告等非请示性公文中夹带请示事项。

224. ×　解析：报送请示性公文时，应做到一文一事，原则上主送一个上级机关。

225. √

226. ×　解析：同样内容的公文，不得在更换主送机关后，向总部或领导同志个人多头报送。

227. √

228. ×　解析：直属单位所属及控股单位原则上不得直接向总部及总部部门报送公文。

229. × 解析：报送集团公司党组、集团公司、股份公司的公文，由集团公司综合管理部文件档案室统一接收，不得直接报送总部其他部门。

230. √ 231. √ 232. √ 233. √

234. × 解析：公文处理机系统升级、更新字库时要先征得总部公文系统管理人员同意后方可进行。

235. √

236. × 解析：集团公司、股份公司专题会纪要，起草部门在会后 2 个工作日完成起草和会签，提交集团公司综合管理部核稿后送公司领导审签，在签发后 1 个工作日内印发。协调工作量较大的，最长不超过 1 周印发。

237. √ 238. √ 239. √

240. × 解析：集团公司综合管理部拟办或公司领导批示给总师级领导、部门负责人阅办的文件，本人要及时阅处并及时退回综合管理部文件档案室，不得滞留文件，影响后续办理。

241. √

242. × 解析：文件起草单位收到校对提醒通知后，在 1 个工作日内完成文件清样校对。

243. × 解析：文件起草单位收到校对提醒通知后，核稿人员无法及时校对时，起草单位需安排其他人员代为校对。

244. √

245. × 解析：严格遵守保密规定，不得在微信、网络上发布、传递涉密信息、内部信息和公文内容。

246. √

247. × 解析：一般情况下，政策部署类文件不超过 3500 字。

248. √ 249. √

250. × 解析：涉密电子印章载体销毁应当按照国家保密法律法规的规定处理。

251. √

252. × 解析：电子公文系统应当实现可信互联和安全便捷的信息交换。

253. √

254. ×　解析：非涉密的电子公文系统，应当按照网络安全等级保护制度和密码标准规范要求，在建设实施时同步开展系统安全建设工作。

255. √

256. ×　解析：存储涉密电子公文的国家秘密载体应当按照所存储电子公文的最高密级和最长保密期限，在载体表面显著位置标注密级和保密期限并确保安全。

257. √　258. √　259. √　260. √

261. ×　解析：集团公司保密委员会在党组直接领导下，具体负责指导、推动和检查中国石化的保密工作。

262. √　263. √　264. √　265. √　266. √

267. ×　解析：定密工作是指各单位为确保秘密事项安全，维护国家安全和企业利益，依法依规确定、变更或解除国家秘密、商业秘密、工作秘密的活动。

268. ×　解析：各单位产生的秘密事项，应依据国家和集团公司有关定密的法规和制度，按照规定程序及时定密。

269. ×　解析：涉外保密管理是指各单位和境外机构在涉外活动中，对接触和产生的国家秘密、商业秘密和工作秘密依法依规进行保护所开展的相关工作。

270. ×　解析：根据中国石化商业秘密保护规定，管理方法、商业模式均属于商业秘密保护范围。

271. ×　解析：根据中国石化商业秘密保护规定，各单位涉及商业秘密的咨询、谈判、技术评审、合作开发、外部审计等应当与相关方签订保密协议。

272. √　273. √　274. √　275. √

276. ×　解析：根据中国石化总部档案管理实施细则规定，涉及国家秘密的档案，须经档案形成部门同意，方可查阅。

277. ×　解析：根据中国石化总部档案管理实施细则规定，库藏档案因工作需要借出时，使用后应及时归还，借出时间不得超过 7 天，借出档案不得转借他人。

278. √

279. × 解析：根据中国石化总部档案管理实施细则规定，公司战略协议（意向书）、声像档案、电子文件（数据）光盘或移动要盘、奖牌证书、公司接受的赠品等文件材料，在工作结束后 1 个月内向集团公司综合管理部文件档案室移交归档。

280. × 解析：根据中国石化总部档案管理实施细则规定，档案库房、阅览室、办公室实行三分开，非档案人员未经允许不得进入档案库房。

281. √ 282. √ 283. √

284. × 解析：根据中国石化总部档案管理实施细则规定，涉及国家秘密的档案不得借出，确因工作需要借出时，须提供书面申请，借出档案按公司保密管理规定妥善保管。

285. √ 286. √

287. × 解析：根据中国石化总部档案管理实施细则规定，涉及中国石化核心商密的档案一律不得复制上网。

288. × 解析：企业在研发、生产、经营和管理活动中形成的有保存价值的各种形式的文件。

289. × 解析：归档文件排列时批复在前，请示在后。

290. √ 291. √

292. × 解析：企业各类型文件材料的都有各自的形成规律。

293. √ 294. √ 295. √ 296. √ 297. √

298. × 解析：无译文的需要译出标题和原文内容以后归档。

299. √

（二）单选题

1. D 2. A 3. B 4. A 5. B 6. D 7. B 8. D 9. C 10. A 11. A
12. B 13. B 14. A 15. B 16. A 17. D 18. B 19. C 20. A 21. A

22. A　23. A　24. A　25. A　26. A　27. A　28. A　29. A　30. A　31. A
32. A　33. A　34. A　35. A　36. A　37. A　38. A　39. A　40. C　41. C
42. B　43. B　44. A　45. A　46. A　47. A　48. C　49. B　50. A　51. A
52. A　53. B　54. A　55. C　56. D　57. D　58. A　59. A　60. A　61. B
62. D　63. D　64. A　65. A　66. A　67. D　68. C　69. C　70. C　71. B
72. D　73. D　74. C　75. A　76. B　77. D　78. D　79. C　80. B　81. D
82. A　83. C　84. A　85. A　86. C　87. A　88. C　89. B　90. B　91. A
92. B　93. A　94. A　95. A　96. B　97. C　98. D　99. C　100. C　101. A
102. C　103. B　104. D　105. B　106. A　107. C　108. D　109. A　110. D
111. C　112. A　113. B　114. C　115. C　116. D　117. C　118. D　119. C
120. C　121. D　122. A　123. C　124. B　125. D　126. B　127. C　128. C
129. B　130. C　131. D　132. C　133. D　134. D　135. B　136. C　137. A
138. D　139. A　140. D　141. B　142. D　143. D　144. D　145. A　146. D
147. D　148. A　149. C

（三）多选题

1. ABCD　2. ABD　3. ABC　4. AB　5. ACD　6. CD　7. ABCD　8. ABCD
9. ABC　10. AB　11. BCD　12. ABCD　13. CD　14. BC　15. AB　16. BCD
17. AC　18. ABCD　19. ABCD　20. ABCD　21. ACD　22. ABCD　23. ABC
24. BCD　25. ABCD　26. ACD　27. ABCD　28. ABD　29. AC　30. BCD
31. AC　32. ABCD　33. ABCD　34. ABD　35. ABC　36. ACD　37. ABCD
38. CD　39. ABC　40. AB　41. ABCD　42. BCD　43. AB　44. BCD
45. ABCD　46. AD　47. BC　48. AB　49. ABCD　50. BD　51. AB　52. BCD
53. BCD　54. AC　55. BC　56. BCD　57. ABCD　58. ABC　59. CD　60. ABC
61. ABCD　62. ABC　63. AB　64. BC　65. ABCD　66. BD　67. AB
68. BC　69. ABCD　70. ABC　71. AC　72. AC　73. AB　74. ABCD　75. ABD
76. AB　77. ABCD　78. BCD　79. ABC　80. ABC　81. ABCD　82. AB
83. ACD　84. BCD　85. AC　86. BD　87. ACD　88. ABCD　89. ACD

90. ACD　91. ABC　92. ABD　93. ABC　94. ABCD　95. ABCD
96. ABCD　97. BC　98. BCD　99. AC　100. ABCD　101. ABC　102. AB
103. ABCD　104. ABCD　105. ABCD　106. ABC　107. ABC　108. ABC
109. ABC　110. ABC　111. AC　112. ACD　113. ABCD　114. ABC
115. ABD　116. AD　117. ABCD　118. BCD　119. ABCD　120. ABCD
121. ABCD　122. AC　123. BD　124. ABCD　125. ABCD　126. ACD
127. ABC　128. ABCD　129. ABCD　130. ABCD　131. ABC　132. ABCD
133. ABCD　134. BC　135. ACD　136. ABCD　137. ABCD　138. AC
139. ABCD　140. BD　141. ABCD　142. ABCD　143. ACD　144. BCD
145. ABD　146. CD　147. ABCD　148. ABCD　149. ABCD　150. ABCD
151. ABCD　152. ABCD　153. ABC　154. ABD　155. AB　156. ACD
157. ABC　158. ABD　159. ABCD　160. ABD　161. ACD　162. ABC
163. ABD　164. ABD　165. BC

（四）填空题

1. 党组书记；分管部门和领域；集体研究；传批审定
2. 总部部门；综合管理部；5　3. 报告；信息；简报；记录和资料留存
4. 直接责任部门；统一出口　5. 因故无法履职；身患重大疾病
6. 应报尽报；其他方式；正式文件　7. 上级党组织；党员；领导干部
8. 批准其设立的党组织；归口领导；管理单位党组织
9. 共同上级党组织；牵头党组织
10. 主题相近；内容关联；归并整合提出要求
11. 事前请示；充足研判和决策；后续请示报告　12. 口头；书面
13. 相对成熟阶段；不适宜简便进行；正式报告；信息；简报
14. 下级党组织及其主要负责同志　15. 一文一事；非请示性
16. 集团公司综合管理部文件档案室；总部其他部门；多渠道重复
17. 时效；机要交换；机要邮局；原文号和签发日期
18. 形式主义；官僚主义；弄虚作假

19. 核实清楚背景；含糊其辞；语焉不详 20. 事前；全面准确

21. 制度推动工作；强调制度执行；强调补充修订制度；研究制定新的规章制度

22. 转发文件；一般号召性文件；推脱责任、“一发了事”的文件

23. 多头发文；层层发文；重复发文

24. 发一般号召性文；一项工作多头发文；发与相关部门有关制度矛盾的文

25. 一般工作往来；一般日常性；临时性工作安排

26. 政策关；会签关；上会关

27. 负责人姓名和时间；集团公司综合管理部

28. 先行会签；书面意见 29. 科学化；制度化

30. 拟制；办理；管理 31. 公文格式、行文规则、公文办理

32. 统一管理；准确规范；精简高效；安全可靠

33. 审核意见；审核时间；修改内容；修改时间

34. 公章；电子政务认证管理；密码管理

35. 全生命周期；支撑环境；应用系统

36. 审批手续；相关复制信息；输出数量和去向；视同原件

37. 定期检查；及时维护；原有载体；新设备

38. 中国石化公文管理系统；具有规范格式

39. 专职人员；专人；专柜；电子公文传输；电子印章管理 40. 2

41. 名称变更；电子印章损坏；错输密码锁死 42. 审核批准

43. 基础性 44. 集中统一管理 45. 30 年 46. 5 47. 5mm

48. 立卷责任者 49. TIFF 50. 管理流程 51. 优先利用权

52. 单独 53. 同步

第四编

格式规范

一、概述

规范化、标准化是公文外在形式的直观表现，不仅反映公文规范程度、质量高低，而且影响公文办理效率。

我国党政公文格式体例经过不断发展完善，于 2012 年形成目前在用的规范体式。其中，《党政机关公文处理工作条例》规定“公文一般由份号、密级和保密期限、紧急程度、发文机关标志、发文字号、签发人、标题、主送机关、正文、附件说明、发文机关署名、成文日期、印章、附注、附件、抄送机关、印发机关和印发日期、页码等组成”，包括公文的 18 个要素。同年发布的《党政机关公文格式》(GB/T 9704—2012)，则在公文用纸、印制装订要求、公文各要素编排规则、横排表格、计量单位与标点符号及数字的用法、特定格式等方面予以规范，形成了国家层面的推荐标准。

《中国石化公文处理办法》中对公文份号、密级和保密期限、紧急程度、发文机关标志、发文字号、签发人、标题、主送机关、正文、附件说明、发文机关署名、成文日期、印章、附注、附件、抄送机关、印发机关和印发日期、页码等进行了规定。《中国石化公文处理规范》企业标准则从公文办理流程要求、格式要求、印制装订要求等方面予以规范。

公文格式规范不像语言表述、段落安排等有一定的灵活性，它是严格固定的，不因办理单位、人员不同而变化，无论谁办理都尺度相同、标准一致。这也反映出公文格式规范的严肃性、强制性。公文格式是否规范，主是看以下要素是否符合要求：

1. 版头部分。包括公文份号、密级、紧急程度、发文机关标志、发文字号、签发人等。涉密公文应当标注份号，顶格编排在版心左上角第一行，非涉密公文不需标注。密级和保密期限顶格编排在版心左上角第二行，保密期限中的数字用阿拉伯数字标注，密级和保密期限用“★”(集团公司和企业商密用▲）隔开。紧急程度，在公文首页左上角标注，如果需要同时标注份号、密级和保密期限、紧急程度，按照份号、密级和保密期限、紧急程度的顺序自上而下分行排列。发文机关标志，由发文机关全称或者规范化简称加“文件”二字组成，也可以是发文机关全称或者规范化简称；联合行文时的发文机关标志可以并用联署发文机关名称，也可以单独用主办机关名称，如需同时标注联署发文机关名称，应当将主办机关名称排列在前；如有“文件”二字，应当置于发文机关名称右侧，以联署发文机关名称为准上下居中排布。发文字号，由发文机关代字、年份、发文顺序号组成。联合发文时，使用主办机关发文字号；发文字号年份的标注用六角括号；下行文发文字号居中，上行文发文字号居左空一字。上行文签发人，“签发人”三字为仿宋体字，后接签发人姓名；签发人姓名居右空一字，用楷体字；联合行文时，如有多个签发人，签发人姓名按照发文机关的排列顺序从左到右、自上而下依次均匀编排，每行排两个姓名，回行时与上一行第一个签发人姓名对齐。

2．主体部分。包括标题、主送机关、正文、附件说明、发文机关署名、成文日期、印章、附注、附件等。文件标题，一般用2号小标宋体字，一行或多行居中排列，回行时要做到语意完整、排列对称、长短适宜、间距恰当，标题排列时应使用梯形或菱形。主送机关，使用机关全称、规范化简称或者同类型机关统称。正文中结构层次序号，一般按照“一、”“（一）”“1.”“（1）”依次使用。附件说明在正文之下空一行左空两字位置编排“附件”二字，后面标全角冒号和附件名称，如果有多个附件，则依次单独成行向下排列。发文机关署名要用机关全称或规范化简称。公文中有发文机关署名的，应当加盖发文机关印章，并与署名机关相符。会议纪要不加盖印章。联合行文加盖印章时，发文机关署名应按照发文机关顺序整齐排列在相应位置，最后一个印章下压发文机关署名和成文日期。成文日期为会议通过或者发文机关负责人签发的日期，联合发文要署最后签发机关负责人签发的日期。成文日期用阿拉伯数字标注，年、月、日均用全称，不编虚位。附注主要标注公文的传达范围或联系人姓名、联系电话等说明性文字，居左空二字加圆括号编排在成文日期下一行，回行时顶格。在此部分，还有一些其他规范性要求，如正文中首次引文要完整，按照“发文机关＋公文标题＋发文字号”方式引用；公文标题中如能体现发文机关的，按照“公文标题＋发文字号”方式引用。正文中不能夹带图表，等等。

3. 版记部分。包括抄送机关、印发机关和印发日期等。抄送机关应当使用机关全称、规范化简称或者同类型机关统称。印发机关，一般写单位或部门的办公室性质的部室名称，不写其单位或部门。印发日期，指公文的送印日期，用阿拉伯数字完整标注年、月、日，后面加“印发”二字。印发机关、印发日期等版记内容须在文件最末偶数页的最后一行。

除上述之外，还有页码和特定格式也要格要注意。页码，一般用4号半角宋体阿拉伯数字，编排在公文版心下边缘之下，数字左右各放一条一字线；一字线上距版心下边缘7mm，单页码居右空一字，双页码居左空一字。有附件的公文页码标注方面，一种是公文正文包括几个附件且都是正文的组成部分，须把所有附件内容列入整个公文的主体部分，统一编排页码，版记标在公文的最后；另一种是公文有单独排版或单独装订的附件，此时附件不与公文正文统一编排页码，附件另编页码。公文的版记页前有空白页的，空白页和版记页均不编排页码。

特定格式，包括信函格式、纪要格式以及公司内部文书（工作表单）格式等。信函格式，发文机关标志使用发文机关全称或者规范化简称，发文机关名称后不加“文件”二字，居中排布；联合行文时，使用主办机关标志。纪要格式，一般纪要格式的纪要标志由“××××××纪要”组成，不加“文件”二字，居中排布。总部的纪要格式无纪要标志，仅分别在首页左上角标注“×××办公会纪要”“×××专题会纪要”等字样。

二、主要知识点

1. 份号、密级和保密期限、紧急程度的格式与排序。份号用6位3号黑体阿拉伯数字自 000001 开始顶格编排在版心左上角第一行。密级和保密期限用 3 号黑体字，顶格编排在版心左上角份号之下；保密期限中的数字用阿拉伯数字标注。紧急程度用 3 号黑体字，顶格编排在版心左上角。份号、密级和保密期限、紧急程度的顺序自上而下分行排列。

2. 联合发文机关标志的格式。发文机关标志居中排布，一般使用小标宋体字，颜色为红色。字号不大于上级机关发文标志。联合行文时，发文机关标志可以并用联署发文机关名称，也可以单独用主办机关名称。如需同时标注联署发文机关名称，应当将主办机关名称排列在前；如有“文件”二字，应当置于发文机关名称右侧，以联署发文机关名称为准上下居中排布。

3. 发文字号和签发人格式。发文字号编排在发文机关标志下空二行位置，居中排布。年份、发文顺序号用阿拉伯数字标注；年份应标全称，用六角括号“〔 〕”括入；发文顺序号不加“第”字，不编虚位（1 不编为 01），在阿拉伯数字后加“号”字。上行文的发文字号居左空一字编排，与最后一个签发人姓名处在同一行。上行文应标注签发人姓名，由“签发人”三字加全角冒号和签发人姓名组成，居右空一字，编排在发文机关标志下空二行位置。“签发人”三字用 3 号仿宋体字，签发人姓名用 3 号楷体字。

4. 标题格式及标题中标点符号使用要求。标题字体为 2 号小标宋体字，编排在红色分隔线下空二行位置，分一行或多行居中排布。多行标题排列应使用梯形或者菱形。标题中标点符号使用要求：法律、法规、规章名称全称应加书名号，简称不加书名号；发文机关名称部分如有多家联合行文，各发文机关名称用空格隔开，事由部分如出现多个机关、人名并列时，每个机关、人名之间应用顿号隔开，不使用空格；如为“试行”的法规办法、规章制度，“试行”两字应括入圆括号“（ ）”编排在标题后书名号内。

5. 主送机关和正文格式、正文的结构层次要求。主送机关编排于标题下空一行位置，居左顶格，回行时仍顶格，最后一个机关名称后标全角冒号。公文首页必须显示正文。正文的结构层次序数依次可用“一、”“（一）”“1.”“（1）”标注。第一层用黑体字，第二层推荐使用楷体字，第三层和第四层推荐使用仿宋体字标注。如果公文结构层次只有两层，层次序数可以越级使用，第一层用“一、”，第二层既可以用“（一）”，也可以用“1.”，但同一公文中层次序数应一致。第一层标题不接正文，结尾不加标点符号。正文中不夹带表格、图形或图像，表格、图形或图像应按附件处理。

6. 附件说明的排列格式。如有附件，在正文下空一行左空二字编排“附件”二字，后标全角冒号和附件名称。如有多个附件，使用阿拉伯数字标注附件的顺序号（如“附件：1. ×××××”）；附件名称顺序号后面用实心全角句点，附件名称后不加标点符号。附件名称较长需回行时，应与上一行附件名称的首字对齐。

7. 发文机关署名、成文日期和印章。成文日期一般右空四字编排，印章用红色，不得出现空白印章。单一机关行文时，在成文日期之上，以成文日期为准居中编排发文机关署名，印章端正、居中下压发文机关署名和成文日期，使发文机关署名和成文日期居印章中心偏下位置，印章顶端应当上距正文（或附件说明）一行之内。联合行文时，将各发文机关署名按照发文机关顺序整齐排列在相应位置，并将印章一一对应、端正、居中下压发文机关署名，最后一个印章端正、居中下压发文机关署名和成文日期，印章之间排列整齐、互不相交或相切，每排印章两端不得超出版心，首排印章顶端应当上距正文（或附件说明）一行之内。如果出现采取调整行距或字距的措施仍无法解决空白处印章位置不足的极特殊情况，可以将印章加盖在下一空白页，并在该空白页第一行顶格标注“此页无正文”。

8. 附注和附件。附注居左空二字加圆括号编排在成文日期下一行，并在文字外加圆括号，回行时顶格。附件应当另面编排，并在版记之前，与公文正文一起装订。“附件”二字及附件顺序号用 3 号黑体字加粗顶格编排在页面左上角第一行，顺序号后无须加冒号。附件标题居中编排在版心第三行。附件顺序号和附件标题应当与附件说明的表述一致。如附件与正文不能一起装订，应在附件左上角第一行顶格编排公文的发文字号并在其后标注“附件”二字及附件顺序号。

9. 抄送机关、印发机关、印发日期。抄送机关使用 4 号仿宋体字，在印发机关和印发日期之上一行，左右各空一字编排。“抄送”二字后加全角冒号和抄送机关名称，回行时与冒号后的首字对齐，同一系统内同级机关之间用顿号分隔，不同系统机关之间用逗号分隔，最后一个抄送机关名称后标句号。印发机关和印发日期使用 4 号仿宋体字，编排在末条分隔线之上，印发机关左空一字，印发日期后加“印发”二字右空一字。

10. 页码。用 4 号半角宋体阿拉伯数字，编排在公文版心下边缘之下，数字左右各放一条一字线；一字线上距版心下边缘 7mm。单页码居右空一字，双页码居左空一字。公文的版记页前有空白页的，空白页和版记页均不编排页码。公文的附件与正文一起装订时，页码应当连续编排。

三　常见典型问题

公文格式是对公文工作的硬要求，出现未执行相关规范的问题是“硬伤”，无变通余地，必须严格按照规范要求处理。

1. 版头问题

案例 1

甲公司一涉密公文未标注份号，乙公司一涉密公文将密级和保密期限标注在右上角，丙公司一涉密公文标注普通商密时为“单位简称　商密★一年”，丁公司一涉密公文自上而下依次编排份号、紧急程度、密级和保密期限。

处理办法：甲公司涉密公文应标注份号、密级和保密期限；乙公司公文密级和保密期限应顶格编排在版心左上角份号之下；丙公司公文标注商密时应为“单位简称　商密▲ 1 年”；丁公司公文应按照份号、密级和保密期限、紧急程度的顺序自上而下分行排列。

案例 2

甲公司一文件发文字号标注为“××石化 [2020] 第 1 号”，乙公司一文件发文字号标注为“××石化〔2020〕02 号”。

处理办法：年份应当用六角括号“〔 〕”括入；发文序号不加“第”字，不编虚位。甲公司文件发文字号正确写法为“×× 石化〔2020〕1 号”，乙公司正确写法为“×× 石化〔2020〕2 号”。

案例 3

甲公司一上行文无签发人，乙公司一上行文签发人标注为“签发人：张三”。

处理办法：甲公司上行文应标注签发人姓名。乙公司上行文中“签发人”三字应用 3 号仿宋体字，签发人姓名用 3 号楷体字。

2. 标题问题

案例 4

甲公司一上行文标题为“关于落实 ×× 情况的报告”，乙公司一上行文标题为“×× 公司关于申请 ×× 资金的请示”，丙公司一上行文标题为“×× 公司 2019 年工作情况汇报”，丁公司以文件的形式印发制度的标题为“外来参观人员管理办法”。

处理办法：甲公司上行文标题未标明发文机构，乙公司标题中出现词意重复，丙公司上行文标题中无文种，丁公司未借助“通知”印发制度。上述标题应分别改为“×× 公司关于落实 ×× 情况的报告”“×× 公司关于 ×× 资金的请示”“×× 公司关于 2019 年工作情况的报告”“关于印发《外来参观人员管理办法》的通知”。

案例 5

甲公司一文件标题为“关于元旦、春节放假的通知”，乙公司一文件标题为“关于 ×× ×× 同志延迟退休的通知”，丙公司一文件标题为“关于印发《外来参观人员管理办法》（试行）的通知”。

处理办法：公文标题中如无歧义，两个词语之间一般不用标点符号；事由部分如出现机关、人名并列时，应用顿号隔开；如为“试行”的法规办法、规章制度，“试行”两字应括入圆括号“（ ）”编排在标题后书名号内。上述标题应分别改为“关于元旦春节放假的通知”“关于 ××、×× 同志延迟退休的通知”“关于印发《外来参观人员管理办法（试行）》的通知”。

3．主送、抄送问题

案例 6

甲公司的 ×× 厂请示文件主送写：×× 公司办公室、人力资源处，乙公司请示文件主送写：×× 书记，丙公司下行文主送写：总部各部门，各分（子）公司。

处理办法：上行文原则上只能有一个主送机关，甲公司 ×× 厂上行文属于多头主送；乙公司上行文不得主送领导个人；丙公司主送应先写上下级关系，后写直属关系。上述三个文件主送可分别改为“×× 公司办公室”“×× 公司党委”“各分（子）公司，总部各部门”。

案例 7

甲公司的文件版记写“抄报：集团公司安全监管部。”；乙公司作为集团公司的下属分公司，一文件版记写“抄送：×× 市应急管理局、×× 市生态环境局、集团公司安全监管部、×× 厂。”

处理办法：“抄报”已明确废弃使用，应改为“抄送”；多个抄送机关，同一系统内同级机关之间用顿号分隔，不同系统机关之间用逗号分隔，注意把握“先上级、再外部、后内部”的原则。上述两个文件抄送内容可改为“抄送：集团公司安全监管部。”“抄送：集团公司安全监管部，×× 市应急管理局、×× 市生态环境局，×× 厂。”

4．正文问题

案例 8

甲公司一文件正文部分结构层次如下：

一、2019 年工作总结

1. 抓好生产经营工作

（一）抓好原油采购。××××

（二）抓好生产优化。××××

×××× ××××

2. 抓好安全环保工作

×××× ××××

处理办法：正文的结构层次序数依次可用“一、”“（一）”“1.”“（1）”标注。第一层用黑体字，第二层推荐使用楷体字，第三层和第四层推荐使用仿宋体字标注。第一层标题不接正文，结尾不加标点符号；第二层及以下层标题结尾可以加标点符号。上述文件应改为：

一、2019年工作总结

（一）抓好生产经营工作。

1. 抓好原油采购。××××

2. 抓好生产优化。××××

×××× ××××

（二）抓好安全环保工作。

×××× ××××

案例9

甲公司一请示文件正文中第一段：根据中国石化×〔2019〕××号文件要求……；乙公司一请示文件正文中第一段：根据中国石化×〔2019〕××号文件《关于××工作的通知》要求……；丙公司一请示文件正文第一段：根据南京市《南京市关于××工作的通知》（宁政发〔2019〕××号）要求……

处理办法：公文首次引用应完整，按照“发文机关＋公文标题＋文号”的方式引用，公文标题中如能体现发文机关的，可不再注明。前两个文件引用部分应改为“根据《关于××工作的通知》（中国石化×〔2019〕××号）要求……”，第三个文件建议改为“根据《南京市关于××工作的通知》（宁政发〔2019〕××号）要求……”

案例10

甲公司一文件正文中夹带图表。

处理办法：正文中不夹带表格、图形或图像，表格、图形或图像应按附件处理。

5. 附件说明问题

案例 11

甲公司一文件中附件说明标注如下：

附件：《×××× 工作方案》。

乙公司一文件中附件说明标注如下：

附件 1：×××× 工作方案

附件 2：×××× 工作领导小组名单

丙公司一文件中附件说明标注如下：

附件：1. ×××× ×××× ×××× ×××× ×××× ×××× ×××× ×××× ×××× ×××× ×××× ×××× 工作方案

2. ×××× 工作领导小组名单

处理办法：附件名称后不加标点符号；如有多个附件，使用阿拉伯数字标注附件的顺序号；附件名称较长需回行时，应与上一行附件名称的首字对齐。

甲公司一文件中附件说明标注应改为：

附件：×××× 工作方案

乙公司一文件中附件说明标注应改为：

附件：1. ×××× 工作方案

2. ×××× 工作领导小组名单

丙公司一文件中附件说明标注应改为：

附件：1. ×××× ×××× ×××× ×××× ×××× ××××
×××× ×××× ×××× ×××× ×××× 工作方案

2. ×××× 工作领导小组名单

6. 发文机关署名、成文日期和印章问题

案例 12

甲公司和乙公司联合发文，印章未居中下压发文机关署名、成文日期。

甲公司、乙公司和丙公司联合发文，三个单位发文机关署名、成文日期和印章呈一个单位在上，两个单位在下的正三角形。

处理办法：联合行文时，将各发文机关署名按照发文机关顺序整齐排列在相应位置，并将印章一一对应、端正、居中下压发文机关署名，最后一个印章端正、居中下压发文机关署名和成文日期，印章之间排列整齐、互不相交或相切，每排印章两端不得超出版心。联合行文公文末页版式见《中国石化公文处理规范》。甲公司、乙公司和丙公司联合发文，三个单位印章可以排于一行。

7. 附注问题

案例 13

甲公司一请示文件附注标注如下：

〔联系人：×××，电话：×××〕

乙公司文件附注标注如下：

××××××××××××××××××××××

××××

处理办法：附注居左空二字加圆括号编排在成文日期下一行，并在文字外加圆括号，回行时顶格。

甲公司一请示文件附注标注应改为：

（联系人：××× 电话：×××）

乙公司文件附注标注应改为：

（××××××××××××××××××××××××××）

8. 印发机关和印发日期问题

案例 14

甲公司版记印发机关和印发日期字体字号同正文。

乙公司版记印发机关和印发日期分别左、右两端顶格。

处理办法：印发机关和印发日期使用 4 号仿宋体字，编排在末条分隔线之上，印发机关左空一字，印发日期后加“印发”二字右空一字。

四 精选试题

（一）判断题

1.《中国石化公文处理规范》（Q/SH 0758—2019）规定，公文均应当标注份号，份号应左空两格编排在版心左上角第一行。（　）

2. 根据集团公司有关公文管理规定，签发人由“签发人”三字加半角冒号和签发人姓名组成。（　）

3.《中国石化公文处理规范》（Q/SH 0758—2019）规定，如需同时标注密级和保密期限、份号、紧急程度，按照密级和保密期限、份号、紧急程度的顺序自上而下分行排列。（　）

4. 发文机关标志必须由发文机关全称或规范化简称后加“文件”组成。（　）

5. 平行文及下行文的发文字号在发文机关标志下空一行位置居中排布。（　）

6. 公文主送机关过多，导致首页不能显示正文时，应当将主送机关名称移至版记部分。（　）

7. 当正文中需要引用其他公文时，首次引用要按照先引发文字号，后引标题的方式。（　）

8. 对于加盖印章的公文，单一机关行文时，发文机关署名在成文日期之上，以成文日期为准居中编排。（　）

9. 对于加盖印章的公文，联合行文时将印章一一对应、端正、居中下压发文机关署名，主办机关印章端正、居中下压发文机关署名和成文日期，印章之间排列整齐，互不相交或相切，每排印章两端不得超出版心，首排印章顶端应当上距正文（或附件说明）一行之内。（　）

10. 成文日期即为印发公文的日期。（　）

11. 公文中如有多个附件，使用阿拉伯数字标注附件顺序号，附件名称

后不加标点符号，回行时与上一行附件名称的首字对齐。（ ）

12. 如有“附注”，居左空二字加圆括号编排在成文日期下空一行，回行时左空两格。（ ）

13.《中国石化公文处理规范》（Q/SH 0758—2019）规定，会议纪要应加盖印章。（ ）

14. 公文主送机关编排于标题下空二行位置，居左空二格，回行时顶格。（ ）

15.《中国石化公文处理规范》（Q/SH 0758—2019）规定，便函（信函）首页编排页码与普通公文相同。（ ）

（二）单选题

1. 公文的份号，即公文印制份数的顺序号，一般由（ ）位 3 号黑体阿拉伯数字组成。

A. 4　B. 5　C. 6　D. 7

2. 公文如需标注密级和保密期限，一般用（ ）。

A. 3 号黑体字　B. 3 号宋体字　C. 3 号仿宋体字　D. 4 号宋体字

3. 发文字号由（ ）、年份、发文顺序号组成。

A. 发文作者　B. 收文单位　C. 发文机关代字　D. 机关编号

4. 与其他机关联合行文时，表述不正确的是（ ）。

A. 应使用主办机关的发文字号

B. 可以协商确定

C. 只能标注一个机关的发文字号

D. 如需联署发文机关，一般主办机关在前

5. 下列公文要标注签发人姓名的是（ ）。

A. 通知　B. 决定　C. 报告　D. 函

6. 不符合上行文标注签发人要求的是（ ）。

A. 应标注“签发人”三个字加全角冒号和签发人姓名

B. 签发人姓名用 3 号仿宋体字

C. 发文字号与最后一个签发人姓名同行

D. 居右空一字

7. 公文标题要素不包括（　）。

A. 发文机关名称　　B. 事由

C. 文种　　D. 接收机关名称

8. 以下关于公文主送机关说法正确的是（　）。

A. 主送机关是指公文的主要受理机关，应当使用全称或者规范化简称、同类型机关统称，位置在标题下右侧顶格

B. 上行文的主送机关一般是 1 个，请示、批复、函的主送机关只能是 1 个

C. 普发性的下行文，主送机关较多，可以视情况使用统称

D. 公告、通告以及部分事项性通知必须写主送机关

9. 关于公文正文表述不正确的是（　）。

A. 首页必须显示正文

B. 正文结构次序可用一、（1）、1、等

C. 公文正文一般采用 3 号字体

D. 公文正文编排于主送机关名称下一行

10. 公文的成文日期一般以（　）为准。

A. 拟稿日期　　B. 核稿日期

C. 审稿日期　　D. 负责人签发日期

11. 公文中如有附件，下列说法不正确的是（　）。

A. 在正文下空一行左空两字标识“附件”二字

B.“附件说明”处，“附件”二字后标全角冒号和附件名称

C. 如有多个附件，“附件说明”处，使用阿拉伯数字标注附件顺序号（如“附件 :1. ×××”）

D. 附件的首页左上角顶格用 3 号黑体字编排“附件”二字并加冒号

12. 下列关于公文格式页码的说法，不正确的是（　）。

A. 一般使用 4 号半角宋体阿拉伯数字，编排在公文版心下边缘之下，数字左右各放一条一字线

B. 信函首页不显示页码

C. 单页码居左空一字，双页码居右空一字

D. 公文的附件与正文一起装订时，页码应当连续编排

13. 关于公文主送、抄送机关说法错误的是（　）。

A. 主送机关编排在标题下空一行位置，居左顶格，回行时仍顶格，最后一个机关名称后标全角冒号

B. 向企业多层级公开发布的周知性文件通常不需标注主送机关，如果需要，可在版记处标注主送机关

C. 公文并非都标注主送机关

D. 同级机关之间用逗号隔开，在最后一个抄送机关后标句号

14. 关于公文版记中印发机关表述正确的是（　）。

A. 一般用 3 号仿宋体字　　B. 一般用 4 号仿宋体字

C. 编排在末条分隔线之下　　D. 印发机关左空两字

15. 根据集团公司有关公文管理规定，公文的版心尺寸为（　）。

A. 156mm × 225mm（包含页码）

B. 156mm × 225 mm（不包含页码）

C. 210mm × 297mm（包含页码）

D. 210mm × 297mm（不包含页码）

（三）多选题

1. 下列关于份号、密级、紧急程度标注的方式，正确的是（　）。

A. 份号顶格编排在版心左上角第一行

B. 密级和保密期限顶格编排在版心左上角第二行

C. 紧急程度顶格编排在版心左上角

D. 按照份号、密级和保密期限、紧急程度的顺序自上而下分行排列

2. 下列公文中，需要指明主送机关的是（　）。

A. 通知　　B. 请示　　C. 报告　　D. 决定

3. 根据集团公司有关公文管理规定，上行文如有多个签发人时，应该（　）。

A. 只标注主办单位签发人的姓名

B. 将主办单位签发人姓名置于第一行

C. 其他签发人姓名居于主办单位签发人姓名下一行，按发文机关顺序依次排序

D. 其他签发人姓名居于主办单位签发人姓名之后，按发文机关顺序每行排两人，依次排序

4.《中国石化公文处理规范》（Q/SH 0758—2019）规定，下列标题标点符号使用错误的是（　）。

A. 关于商请安排“汽油柴油”出口的函

B. 关于开展“不忘初心、牢记使命”主题教育读书班集中学习研讨的通知

C. 关于做好《中国共产党党内重要法规汇编》接收和使用工作的通知

D. 关于印发《中国石化化工产品批号管理办法》（试行）的通知

5. 关于公文正文的描述，错误的是（　）。

A. 主送机关较多的情况下，首页可以不显示正文

B. 被批转、转发的内容在正文后空两行编排

C. 编排于主送机关名称下一行

D. 一般用 4 号宋体字

6. 根据集团公司有关公文管理规定，关于正文结构层次序数的描述，正确的是（　）。

A. 公文中使用的结构层次序数，一般最多为四层

B. 正文中结构层次序数依次可以用“一、”“（一）”“1.”“（1）”标注

C. 一般第一层用黑体字、第二层用华文中宋体字、第三层用楷体字、第四层用仿宋体字标注

D. 如果公文结构层次只有两层，层次序数可以越级使用，即第二层可以是“（一）”，也可以是“1.”

7. 公文中首次引用文件，按照引用文件的规范要求，下列写法错误的是（　）。

A.《关于进一步加强调查研究工作的意见》（××〔2010〕054 号）

B.《关于进一步加强调查研究工作的意见》(××[2010]54号)

C.《关于开展×××活动的通知》(××〔2010〕第54号)

D.《关于开展×××活动的通知》(××〔2010〕第054号)

8. 对加盖印章的公文，以下关于发文机关署名、成文日期、印章描述正确的是(　)。

A. 发文机关署名一般在成文日期之上

B. 发文机关署名以成文日期为准居中编排

C. 印章端正、居中下压发文机关署名和成文日期

D. 成文日期一般右空二字编排

9. 对不加盖印章的公文，发文机关署名格式正确的是(　)。

A. 在正文下空一行编排

B. 在正文下空二行编排

C. 一般右空二字编排

D. 一般右空四字编排

10. 关于成文日期的数字，正确的是(　)。

A. 成文日期的数字可使用汉字

B. 成文日期的数字应使用阿拉伯数字

C. 年份应当标全

D. 月、日不编虚位

11. 关于附件的格式，正确的是(　)。

A. 附件应当另面编排，并在版记之前，与公文正文一起装订

B. “附件”二字及附件顺序号用3号仿宋体字顶格编排在版心左上角第一行

C. 附件标题居中编排在版心第二行

D. 附件格式要求同正文

12. 下列关于版记的排版，正确的是(　)。

A. 首条分隔线、中间分隔线、末条分隔线粗细一致

B. 末条分隔线与公文最后一面的版心下边缘重合

C. 首条分隔线位于版记第一个要素之上

D. 版记中的分隔线与版心等宽

13. 下列关于主送、抄送机关的位置，正确的是（ ）。

A. 主送机关编排于标题下空一行位置，居左空两格

B. 主送机关编排于标题下空一行位置，居左顶格

C. 抄送机关在印发机关和印发日期之上一行、左右各空一字编排

D. 抄送机关在印发机关和印发日期之下一行、左右各空一字编排

14. 下列关于标注页码的说法，不正确的是（ ）。

A. 公文的版记页前有空白页的，空白页和版记页均不编排页码

B. 公文的版记页前有空白页的，空白页要编排页码

C. 公文的版记页前有空白页的，版记页要编排页码

D. 公文的版记页前有空白页的，空白页不编排页码，版记页编排页码

15. 下列关于集团公司核心商业秘密标识描述正确的是（ ）。

A. 中国石化 商密▲▲ 10 年

B. 中国石化 核心商密▲▲ 20 年

C. 中国石化 商密▲▲长期

D. 中石化 商密▲▲公布前

16. 关于表格，说法错误的是（ ）。

A. 表格内的文字结尾使用句号

B. 一个完整的图表一般应具有备注

C. 正文中可以夹带表格、图形或图像

D. 表格下方的注释文字结尾不标标点符号

17. 公文中“附注”通常包括（ ）。

A. 公文分发范围　　B. 联系人姓名

C. 联系电话　　D. 抄送机关

18. 正式公文中 3 号仿宋体字通常用于（ ）。

A. 发文机关标识　　B. 主送机关名称

C. 签发人姓名　　D. 附件说明

19. 正式公文中 3 号楷体字可用于（　）。

A. 签发人姓名　　B. 二级标题

C. 发文字号　　D. 公文标题

20. 正式公文中 4 号仿宋体字通常用于（　）。

A. 抄送机关　　B. 三级标题

C. 印发机关　　D. 印发日期

（四）填空题

1. 版心内的公文格式各要素划分为______、______、______三部分，______位于版心外。

2. 常规公文标题字体为______小标宋体字，工作表单标题字体为______小标宋体字。

3. 公文标题可分______或______居中排布，回行时要做到词意完整、排列对称、长短适宜、间距恰当，多行标题排列应使用______或者______。

4. 在标题和正文中，表示时间、数值、地域和起止年限时，一般用______，标示数值范围起止或大约数值时，一般用______。

5. A4 纸型的表格横排时，页码位置与公文其他页码保持一致，单页码表头在______一边，双页码表头在______一边。

6. 上行文的发文字号______编排，与______处在同一行。

7. 对于不加盖印章的公文，联合行文时，应先编排______署名，其余发文机关署名______编排。

8. 国家层面公文密级分为______、______、______三类，集团公司层面公文密级分为______、______两类。

9. 对于加盖印章的公文，成文日期一般______编排，用______进行标识。

10. 国标和《规范》中所指的“字”指的是______。

（五）案例分析

案例分析题 1

采油一厂文件

采一[2017]第 07 号

关于更新办公室设备的申请

公司领导:

2015 年以来，我厂为完成公司经营指标，不断优化夺油上产措施，年年超额完成公司下达的任务，为公司持续发展做出了积极贡献。同时，我们不断强化全员成本意识，主动压减非生产性开支，厂机关及所属单位使用的办公设备均为 2015 年以前配置的，部分设备老化严重，已经无法正常使用，特申请购置计算机等办公设备一批，约需资金 46.5 万元。具体如下:

序号	用途	设备	金额
1	厂机关办公室设备更新	计算机、打印机、复印机	12.5
2	8 个直属单位办公桌椅更换	办公桌 64 张，椅子 88 把	29.2
3	2 个会议室投影设备更换	惠普 GMI-8009 投影仪 2 台	4.8
	合计		46.5

— 1 —

另外，为了确保设备采购的顺利进行，我厂拟申请办理网上订购平台的资质认证手续，需要公司提供营业制造、财务许可、信用评价等资料，请领导一并考虑。

附件：《办公设备更新明细表》。

采油一厂

2017年4月12日

采油一厂 2017年4月12日

— 2 —

案例分析题 2

××××××××××公司文件

×××发（2019）11 号　　　　签发人：王小明

关于协调解决综合开发楼管理问题的请示

×××公司领导：

我公司综合开发楼于 1996 年建成投用，建筑面积 8100 平方米，主体 8 层。目前，该楼 1-5 层由我公司使用，其他楼层分别由 A 公司、B 公司、C 公司使用。2018 年股份公司安监局现场检查发现该综合开发楼存在重大火灾隐患，要求对该楼消防系统进行全面整改。据此，我公司制定了整改方案，测算改造资金约 225 万元。目前，该楼由多家单位使用，而管理费由我公司独立承担，每年支出消防维护监控费 4.8 万元、电梯维护监控费 3.5 万元、日常维修及水电暖等费用 100 多万元。

为消除综合开发楼安全隐患、合理分摊费用，申请该楼进行维修改造，明确各单位分摊费用。

妥否，请批示！

二〇一六年四月五日

×××公司办公室	2019年4月5日印发

案例分析题 3

××市发展和改革委员会文件

××发改价管[2016]第 158 号　　　　签发人：×××

关于对我市工业企业厂区生活
用电定量的复函

国网××市供电公司：

你单位《关于 2018 年工业企业厂区居民生活用电定量的请示》收悉。根据《印发关于居民生活用电试行阶梯电价的指导意见》、《关于对企业厂区生活用电实行分算实施办法》规定，我局经研究决定，现函复如下：

（一）、严格区分居民用电与工业用电、对居民生活用电实行阶梯电价，是国家能源管理的方针政策。今年来，我市对只装有总表的厂区居民生活用电实行定量分算，切实减轻了企业用电成本，促进了资源节约和环境保护，应当继续坚持。

（二）、按一年一定原则，核定自 2018 年 8 月起工业企业厂区居民生活用电定量为 46 度/每人月。

（三）、你单位根据企业申报，做好审核汇总，同时报我局备案后执行。

此复。

××市发展和改革委员会

二〇一六年七月九日

（此件公开发布）

抄报：市政府办公室、XXX 副市长	
××市发展和改革委员会	2016 年 7 月 10 日印发

案例分析题 4

×　×　公　司　文　件

××炼化【2019】第 16 号

关于××石化社区申请供电移交的报告

××电力公司：

为深入贯彻落实国务院国资委社区供电移交工作部署，扎实推进中国石化相关单位社区供电移交工作，根据“2019 年 13 号《国务院国有资产监督管理委会关于加强××工作的通知》，我公司计划将石化社区的供电业务向贵公司进行移交。

（一）、××石化社区位于××城区，占地面积两平方公里，有××个生活小区，住宅楼××户居民， 房屋××万套，居住人口××万余人。

（二）、××小区由××供电公司供电，××小区由××石化供电，负荷主要有××栋住宅楼××户居民，××余商户及门脸，××条市政道路，××，××，××国税等××余用户，××石化相关单位。石化社区年用电量约××万度，相关电气资产净值约××亿元。

妥否，请复函。

附件 1. 国务院国资委关于社区供电移交××××××××××××××××。

附件 2. 该社区供电变务的基本情况。

（联系人：×××　电话：××××）

中国石化集团××石化分公司

2019 年×月×日

抄送：公司领导，有关单位、有关部室

××公司办公室　　　　2019 年×月×日印发

案例分析题 5

×××××××××××公司文件

××公司 ××[2019]第××号

关于申请清欠奖励资金的报告

××公司：

为积极应对低油价，改善企业现金流状况，我公司按照总部要求强化两金占用管控，加大了对××年××总部重组上市时划转长期无动态应收款项的清收力度。上述应收款项多为历史遗留，账龄时间长、基础资料缺失、债务人多次变更重组，清收难度极大。经过扎实有效地工作，我公司清收工作成效显著，截止 10 月末，应收外部单位款余额较年初下降××亿元，清理处置长期无动态欠款××亿元。

按照总部财〔××〕××号文《总部应收款项管理办法》××（条款）规定的清欠奖励标准，应得清欠奖励资金××万元，恳请协调××部门相应核增我公司工资总额。

同时，我单位为降低运营成本，拟取消位于××区的销售网点，改在××新设立销售网点一处。恳请早日批准新网点建设。

妥否，请批示！

××××

××年××月××月

抄送：××公司领导，有关单位、有关部室

×××公司办公室　　2019 年××月××日印发

案例分析题 6

××××公司文件

××公司××〔2019〕××号

关于申请拨给灾区贷款专项指标的报告

省行:

江两岸乡、村发生洪水，灾情较重。据初步不完全统计，截止 4 月 20 日，农田受灾总面积达 38000 多亩，各种农作物损失达××多万元，农民个人损失也很大。灾后，我们立即深入灾区了解灾情，并发动干部群众积极开展生产自救。同时，为帮助受灾农民及时恢复生产，我们采取了下列措施:

（一）、对恢复生产所需的资金，以自筹为主。确有困难的，先从现有农贷指标中贷款支持。

（二）、对受灾严重的困难户，优先适当贷款，先帮助他们解决生活问题。截至 4 月 20 日，此项贷款已达××万元。

由于这次灾情过于严重，集体和个人的损失都很大，短期内恢复生产有一定的困难，仅靠正常农贷指标难以解决问题。为此，请省行下达专项救灾贷款指标××万元，以便支持灾区迅速恢复生产。

以上报告当否，请批示!

××银行××市支行
二零一九年四月三十日

抄送：公司领导。

公司办公室　　2019 年 5 月 5 日印发

案例分析题 7

中石化××工程股份有限公司文件

中石化××工程安（2019）65号

关于使用××工程公司股份统筹部分安保基金的申请

集团公司安全监管局：

按照《中国石化安全生产保证基金资金管理办法》、《关于做好 2019 年安全隐患治理和安保基金使用工作的通知》要求，××工程公司全面开展隐患排查，经过隐患评估，将以下三个隐患作为××工程公司专业公司级安全隐患（详见附件）：

1.××××公司关于尧化门单身公寓消防隐患治理；

2.××公司喷漆作业有毒废气隐患治理；

3.××研发中心园区电力系统隐患治理。

三个隐患预计需要资金约 310 万元，现特向集团公司安全监管局申请使用×××××××××统筹部分的安保基金。

妥否，请回复。

附件：

1.《××××公司关于尧化门单身公寓消防隐患治理方案》

2.《××公司喷漆作业有毒废气隐患治理方案》

3.《××研发中心园区电力系统隐患治理方案》

中石化××股份有限公司

2019年4月16日

案例分析题 8

××建设公司文件

中国石化××人〔2018〕55 号

××公司关于调整用工模式实施方案的函

人事部××同志:

根据《关于做好调整用工模式的通知》(集团工单××人〔2018〕5 号)文件要求，为加强我公司劳务派遣用工管理，结合公司劳务派遣用工实际情况，在对劳务派遣工的业务范围进行了认真梳理的基础上，制订了工程建设有限公司调整用工形式实施方案。

一、公司基本情况

二、公司劳务派遣工情况

三、与公司合作的劳务派遣机构情况

四、调整用工模式实施方案

五、风险及防范措施

六、建议

……务必采取措施，尽快回复解决方案。

附件：1.劳务派遣工分布情况

2.务派遣机构基本情况

（45毫米）

××建设公司

2018年4月20日

抄送：公司领导　××工程集团（上级单位）

××建设公司人力资源部　　　　2019年4月21日

案例分析题 9

中国石化××××有限公司

××××[2017]第 74 号

关于×××区块生产自用成品油由××公司组织供应的报告

×××副总经理：

中石化××××有限公司是油田生产自用成品油供应管理部门，其主要职责是负责落实油田生产自用成品油配置计划，从股份公司销售企业采购成品油，并向油田各用油单位供应。

9月22日局主要领导《在集团公司近期重点工作部署视频会后的讲话》中通报了油田有望拿到××××区块的勘探开发权。为做好该区块勘探开发的准备工作，保证勘探开发工作所需的成品油供应，享受国家生产自用成品油退税政策，实现降本增效、效益最大目标，请分公司明确××××区块勘探开发所需成品油由××公司组织供应。

妥否，请批评指正！

中石化×××××有限公司

二〇一七年十月十日

附件 1：×××××××××××××××××××××××××××；

附件 2：×××。

抄报：×××××××××、×××××××××

×××××有限公司党政办公室　　2017 年 10 月 10 日印发

案例分析题 10

××××会议纪要

（第××期）

××××××××××　　　　××年×月×日

关于听取××××发展规划方案的会议纪要

2016年××月××日，在公司第二会议室，副总经理×××主持召开专题会议，听取××××关于发展规划方案的汇报。会议充分肯定了公司开展×××工作的必要性及方案的务实性和可操作性。会议决定：

一、以×××为主体，组建公司可研团队，对下属单位采取市场化的方式进行运作，公司系统内人力资源可统筹调配，2017年务必正式开展可研工作。

二、关于咨询和设计资质的获取。可采取合作挂靠、按规定程序申办及收购等三种方式进行。

二、关于人员问题。对于具备相应资质证书的核心专业技术人员原则上可直接调入引进，重要的专业技术人员可先借调到下属的单位，然后安排到××公司工作，要以开放的思路，采取多种合作方式，充分利用社会上的人力资源为我所用。

四、要鼓励学习，加强培训。请××××处在制定 2017 年培训计划时做好两项工作，一是制定有针对性的取证培训、实践培训、应急培训等专题培训计划；二是制定鼓励政策，鼓励员工学习和取证。

五、请××××根据本次会议精神和可研工作的要求，提出人员引进和可研资质获取的具体工作方案，方案要简明便于操作；抓紧对公司 2017 年要开展的可研工作进行调研，收集和总结公司近年来的项目可研报告，结合安评、环评、能评、职业卫生评价和可研目标，做好衔接工作，进一步细化 2017 年可研工作计划。

送：×××××，×××××；×××××。

发：××××××××，×××××。

××××××××××办公厅　　　　2019 年 9 月 2 日印发

案例分析题 11

××××××石油公司文件

××石油[2019]第 06 号

关于申请安全隐患治理资金的报告

财务部、发展计划部:

为保证公司安全稳定运行和正常工作开展，计划于 2020 年实施部分维修改造项目，需总部解决资金××××万元，具体情况如下:

1、安全隐患项目

根据设备设施的使用情况及现状，迫切需要进行的隐患治理及维修改造项目共××项，主要包括：××××××。

2、经费补助及预算指标

公司目前运营资金紧张，安全隐患治理资金缺口恳请集团公司追加经费拨款予以解决。

妥否，请批示。

附件：××石油公司安全隐患治理项目。

××石油公司

二零一九年五月六日

主送：财务部、发展计划部

××石油公司	2019年5月6日

案例分析题 12

××××××××××公司文件

××华北〔[2018]第 17 号

关于 2018 年××××××项目及投资计划的申请

××××××公司:

根据×××公司《关于规范 2018 年×××××的通知》有关要求，公司本着“重点方向、重点项目、重大隐患”的原则，结合生产实际，编制了我单位 2018 年×××项目及投资计划，共×××项，投资×××万元，现提出申请。

妥否，请批示!

附件一.项目可行性研究报告

附件二.项目收益时间表

××华北分公司

二零一八年七月二十日

××××公司办公室	2018年7月20日印发

案例分析题 13

中国石油化工股份有限公司XX分公司文件

××股份安[2019]第3号　　　　签发人：张中华

关于对6万吨/年聚丙烯装置改造项目进行安全条件审查和变更安全生产许可证的申请

××省应急管理厅：

今年以来，我公司认真贯彻上级决策部署，强化红线意识，狠抓责任落实，实现了安全清洁生产，环保达标排放，质量稳定受控，取得了较好的经济效益。1-6月份累计完成经营收入123亿元，同比提高14%，实现利润9.4亿元，同比提高2.5%，上缴税金11亿元，为国家和地方经济发展做出了重要贡献。

为实现丙烯资源的供需平衡和聚丙烯产品的结构优化，提高企业经济效益，我公司拟实施 6 万吨/年聚丙烯装置改造项目。该项目已经××市发展和改革委员会核查，认为符合国家产业政策和行业准入标准，准予备案，并出具了企业投资项目备案证明。在建设项目可行性研究阶段，我公司委托具有甲级评价资质的安全工程师事务所进行了项目安全条件评价，并出具了安全评价报告。根据《安全生产法》、《危险化学品建设项目安全监督管理办法》（原国家安全监管总局令第45号）等要求，现申请对我公司6万吨/年聚丙烯装置利旧改造项目进行安全条件审查。

同时，我公司主要负责人去年底发生了变更。根据《危险化学品生产企业安全生产许可证实施办法》（原国家安全生产监督管理总局令 41 号）及地方政府有关规定，特申请变更安全生产许可证主要负责人，变更情况详见附件。

专此申请。

附件：《危险化学品生产企业安全生产许可证变更申请书》

中国石化××分公司

2019年1月31日

××分公司安全环保处　　2019年1月31日印发

案例分析题 14

中国石化××××公司文件

××公司〔2019〕第 08 号　　签发人：刘三多

关于《××管道改线工程基础设计》的申请

中国石化销售股份有限公司：

为加快推进××管道环评竣工验收工作，经与地方政府多次协商，我公司拟迁改××管道。我公司于 2018 年 4 月 27 日上报《关于××管道改线工程可行性研究报告的请示》，销售公司于当年 9 月 11 日给予批复。在此基础上，我公司进一步完成了××段管道改线工程基础设计，并于 2019 年 1 月 5 日组织专家进行了内审，主要内容包括：

1、新建管道长 14.5km，改线段老管道长 10.5km。

2、单边定向钻穿越 6 处 600 米。

3、同沟敷设通讯光缆 18 千米，水工保护约 50000 立方左右。

该工程项目估算总投资约 7786.12 万元。

妥否，请批示！

附件：1. 《××道改线工程基础设计》

××××公司

2019 年 01 月 18 日

中国石化××公司经理办公室　　2019 年 01 月 18 日印发

案例分析题 15

中国石化×××××公司文件

××公司〔2019〕第 27 号　　　　签发人：张三丰

关于追加 2019 年修理费用的请示

中国石化××公司：

随着管道投用时间增加，我公司站库设备设施老化日益严重，维修费用逐年增加，拟申请增加维修费用，用于阀门内漏、铁路专用线维修。

一、××油库铁路专用线大修

中国铁路××局集团有限公司于 2018 年 12 月 12 日向我公司××油库库发函，要求我公司限期整改不符合承重标准的专用线石油 1 道、2 道钢轨和已达到大修年限的部分木枕，否则封道。为确保铁路收发油作业，我公司拟对××油库铁路专用线进行大修，主要包括：将原有 43kg/m 钢轨更换为 60kg/m 再用钢轨，长约 2800 延米，将 1500 余根木枕更换为混凝土枕，线路沉落整修约 2800 延米，工程概算约 780 万元。

二、阀门内漏专项维修

我公司针对阀门内漏情况进行全面摸底排查，按照影响油品质量和输油生产程度进行分类，拟对影响输油生产安全的 2 台外管道线路阀、2 台进出站阀门、14 台站内球阀、21 台收发球筒入出口阀门及 32 台下载区阀门等进行修理，费用预计 944.38 万元。

上述两项费用共计 1724.38 万元。

妥否，请批示。

附件 1：北京局集团公司关于石化专用线专项大检查存在问题的函

附件 2：2019 年阀门内漏维修预算表

××××公司

2019 年 04 月 10 日

中国石化××公司经理办公室　　　2019 年 01 月 18 日印发

五 精选试题答案

（一）判断题

1. × 解析：涉密公文应在公文版头标注份号，份号应顶格编排在版心左上角第一行。

2. × 解析：签发人由“签发人”三字加全角冒号和签发人姓名组成。

3. × 解析：如需同时标注份号、密级和保密期限、紧急程度，按照份号、密级和保密期、紧急程度的顺序自上而下分行排列。

4. × 解析：发文机关标志由发文机关全称或规范化简称后加“文件”组成，也可以只使用发文机关全称或者规范化简称。

5. × 解析：平行文及下行文的发文字号在发文机关标志下空二行位置居中排布。

6. √

7. × 解析：当正文中需要引用其他公文时，首次引用要按照先引标题，后引发文字号的方式进行。如“你公司《××关于××××的请示》（××××〔××〕×号）收悉”，再次引用时可使用简称或文号。

8. √

9. × 解析：联合行文时将印章一一对应、端正、居中下压发文机关署名，最后一个印章端正、居中下压发文机关署名和成为日期，印章之间排列整齐，互不相交或相切，每排印章两端不得超出版心，首排印章顶端应当上距正文（或附件说明）一行之内。

10. × 解析：成文日期为签发机关负责人的签发日期，联合行文时，署最后签发机关负责人签发的日期。

11. √

12. × 解析：如有“附注”，居左空二字加圆括号编排在成文日期下一行，回行时顶格。

13. ×　解析：会议纪要不加盖印章。

14. ×　解析：公文主送机关用 3 号仿宋字，编排于标题下空一行位置，居左顶格，回行时仍顶格。

15. ×　解析：便函（信函）首页不编排页码。

（二）单选题

1. C　2. A　3. C　4. B　5. C　6. B　7. D　8. C　9. B　10. D　11. D　12. C　13. D　14. B　15. B

（三）多选题

1. ABCD　2. ABC　3. BD　4. AD　5. ABD　6. ABD　7. ABCD　8. ABC　9. AC　10. BCD　11. AD　12. BCD　13. BC　14. BCD　15. AC　16. AC　17. ABC　18. BD　19. AB　20. ACD

（四）填空题

1. 版头；主体；版记；页码　2. 2 号；20 磅

3. 一行；多行；梯形；菱形　4. 一字线“—”；浪纹线“～”

5. 订口；切口　6. 居左空一字；最后一个签发人姓名

7. 主办机关；依次向下　8. 绝密；机密；秘密；核心商密；普通商密

9. 右空四字；阿拉伯数字　10. 标示公文中横向距离的长度单位

（五）案例分析题

题 1：

1. 发文字号不规范。年份应使用六角括号“〔 〕”括入；发文顺序号不加“第”字，编号不编虚位（7 不编为 07）。

2. 请示发文字号应左空两字排列，右空两字标识“签发人：××”，排列在红色分隔线之上。

3. 文种错误。“申请”不是法定文种，应该为“请示”。

4. 公文标题要素缺失。上行文标题应由发文机关、事由和文种三部分组成。

5. 除上级机关负责人直接交办事项外，公文不能主送给领导个人，应改为“××公司”。

6. 公文应尽量简短明了，直抒其意。正文第一句话与公文主题无关，应删除。

7. 正文中不能夹带表格，可采用附件或文字的方式表述。

8. 请示应“一文一事”，关于提供资质认证平台资料事宜，应另外行文请示。

9. 正文结束应使用“请予批复。”等结语。

10. 附件说明不规范。应在正文下空一行，附件名称不标注标点符号。

11. 请示应增加附注，列出联系人及联系方式。

12. 印章位置不符合规范。印章应端正、居中下压发文机关署名和成文日期，顶端应当上距正文一行之内。

13. 印发机关不应为部门，应为部门办公室。

14. 版记的最后一个要素置于本页最后一行。

15. 印发日期应加“印发”二字。

题 2：

1. 发文字号不规范。年份应使用六角括号“〔 〕”括入。

2. 签发人姓名字体不正确，应为楷体字。

3. 标题不规范。上行文标题应由发文机关、事由和文种三部分组成。

4. 主送机关不规范。除上级机关负责人直接交办事项外，不得以本机关名义向上级机关负责人报送公文。从本文内容看，不是上级机关负责人交办事项，因此，向上级机关负责人行文不规范。

5. 标点符号使用不当。连接号在表示起止范围时，一般用一字线或浪纹线，不应使用短横线。

6. 请示文件应一事一文。从行文内容看，请示涉及多个事项，不符合行文规则。

7. 结束语不规范。文件结尾使用“妥否，请批示！”，应改为“请予批复。”。

8. 发文机关署名缺失。应使用发文机关全称或规范简称。

9. 成文日期格式不规范。成文日期应使用阿拉伯数字。（成文时间 2016 年，此文印发时间为 2019 年，从发文号〔2019〕11 号判断，成文日期不当或错误。）

10. 印章加盖不规范。加盖印章应使发文机关署名和成文日期居印章中心偏下位置，印章顶端应当上距正文（或附件说明）一行之内。

11. 请示应增加附注，列出联系人及联系方式。

12. 未标注页码。一般使用 4 号半角宋体阿拉伯数字，编排在公文版心下边缘之下，数字左右各放一条一字线。单页码居右空一字，双页码居左空一字。

题 3：

1. 版头不规范。年份应使用六角括号“〔　〕”括入；发文顺序号不加“第”字；平行文不应标注签发人。

2. 文件引用不规范。公文引用包括“标题”和“发文字号”两个要素，必要时还应当加上发文机关。应改为：“根据国家发展改革委《印发关于居民生活用电试行阶梯电价的指导意见》（发改价格〔2011〕2617 号）、××市发展改革委《关于对企业厂区生活用电实行分算实施办法》（××〔2009〕××号）规定”。

3. 层次序号不规范。文中结构层次序号一般是：“一、”“（一）”“1.”“（1）”。

4. 正文内容不够简洁。第一条对区分居民用电与工业用电、对居民生活用电实行阶梯电价做法意义的论述与批复事项没有直接关系，应该删去。

5. 计量单位使用不准确。电能的法定计量单位是“千瓦·时”，“度”仅是俗称，公文应当使用法定计量单位。

6. 标点符号不规范。“每人月”应为“人·月”；两个书名号之间不应有顿号（如果引用了发文字号，可以有顿号）。

7. 成文日期不规范。应使用阿拉伯数字将年月日标全。

8. 用印不规范。单一机关行文时，印章应端正、居中下压发文机关署名和成文日期，使发文机关署名和成文日期居印章中心偏下位置，印章顶端应当上距正文（或附件说明）一行之内。

9. 抄送不规范。新条例中取消了抄报、抄发，统一改为抄送；公文的主送和抄送不能是个人；最后一个抄送机关名称后标句号。

10. 印发机关不规范。印发机关不是指公文的发文机关，而是公文的印制主管部门，一般应是办公厅（室）或文秘部门。

11. 未标注页码。一般使用 4 号半角宋体阿拉伯教字，编排在公文版心下边缘之下，数字左右各放一条一字线。单页码居左空一字，双页码居右空一字。

题 4：

1. 发文字号不规范。年份应当用六角括号“〔 〕”插入；发文顺序号不加“第”字。

2. 标题中文种使用不当。本文是不相隶属机关之间相互商洽工作的公文，一般情况下，文种选用函即可。

3. 公文引文要完整，按照“发文机关 + 公文标题 + 文号”的方式引用，公文标题中如能体现发文机关的，可不再注明。改为《国务院国有资产监督管理委员会关于加强 ×× 工作的通知》（国资发〔2019〕13 号）。

4. 文中结构层次序数依次可以用“一、”“（一）”“1.”“（1）”标注，“（一）”不用作一级标题序数。

5. 函件主题不明确，大量篇幅在叙述社区的基本情况，没有明确表明协商的内容。结合具体情况，应以商洽函的语气表达发送单位的意见，语气谦虚，内容简明，主题准确。

6. 附件说明不规范。“附件”二字后用冒号，多个附件，用阿拉伯数字标序号，数字后加点，如“附件：1.”，后加附件名称，附件名称后无标点符号。附件名称较长需回行时，回行首字与上一行首字对齐。

7. 附注不规范。（联系人：××× 电话：××××××××）作为附注，应在成文日期下一行左空二字编排。

8. 版记不规范。此文中，版记应编排在第二页。抄送机关，左空一字编排，最后一个抄送机关名称后标句号。（印发机关左空一字，印发日期后加“印发”二字右空一字。）

9. 公文无页码。参见题 3 的答案 11。

10. 版式问题比较多。如：版头、行距、字距、发文机关标识字体字号大小、公文标题字体字号大小，字体字号、正文字号大小、印章位置与标准不符等。

题 5：

1. 发文机关标志的上边缘至版心上边缘的距离未按照 35mm 执行。

2. 发文字号中年份应当用六角括号“〔 〕”括入，发文顺序号不加“第”字。该文为上行文，发文字号居左空一字编排。

3. 该文为上行文，应标注签发人姓名，由“签发人”三字加全角冒号和签发人姓名组成，居右空一字。“签发人”三字用 3 号仿宋体，签发人姓名用 3 号楷体。

4. 标题不规范、文种不恰当。本文是向上级机关请求批办事项，明显是“请示”，需要上级机关给予批复，所以文种应为“请示”，而非“报告”，标题应为“×× 公司关于 ×× 的请示”。

5. 标题有歧义、不准确。单从“申请清欠奖励资金”这句话理解，其中包含两层意思，本意应该是申请清欠工作所应获得的奖金，还存在申请清理欠交的奖励资金的歧义。

6. 结构不规范。此文主要目的是申请清欠工作所应获得的奖金，但说完主要内容后，又附带请示新设销售网点一事，属“一文两事”，请示要“一文一事”“一事一申请”。

7. 内容不完整。主要申请清欠奖励资金事项中，上级规定具体条款内容不完整，不利于上级有针对性地进行回应相关事宜。

8. 结束语不规范。文件结尾使用“妥否，请批示！”，应用改为“请予批复”。

9. 公文引文要完整，按照“发文机关＋公文标题＋文号”的方式引用，公文标题中如能体现发文机关的，可不再注明。改为《总部应收款项管理办法》（××〔××〕×× 号）。

10. 成文日期排版不正确。成文日期要右空四字进行排版，本文日期出现笔误不应该是“××年××月××月”，而是“××年××月××日”。

11. 版记不规范。版记应编排在第二页。抄送机关，不能抄送个人，左空一字编排，最后一个抄送机关名称后标句号。印发机关左空一字，印发日期后加“印发”二字右空一字。

12. 没有编排页码。页码一般用4号半角宋体阿拉伯数字，编排在公文版心下边缘之下，数字左右各放一条一字线；一字线上距版心下边缘7mm。单页码右空一字，双页码居左空一字。

13. 请示应增加附注，列出联系人及联系方式。

14.“截止”应为“截至”。

15. 版式问题比较多。如：版头、行距、字距、发文机关标识字体字号大小、公文标题字体字号小大，字体字号、正文字号大小等。

题6：

1. 上行文应有签发人。参见题5的答案3。

2. 文种不当。从标题看，这篇公文是向省行提出灾区贷款专项指标的申请，目的是获得省行的批准。从正文的主体部分看，两条措施确属报告性质，但随后出现的专项贷款请求，就不是报告应有的内容了。从结语看，“以上报告妥否，请批示”，有着很强的期复性。因此，综合起来看，这篇公文应改为《××公司关于拨给灾区贷款专项指标的请示》。

3. 主送机关不是全称或规范简称。

4.“截止”应为“截至”。

5. 内容含糊。这是由于原文混淆了报告和请示的界限而造成的。写请示，只需写明请示缘由、请示事项，最后提出请示要求即可，与此无关的内容不应写入。而原文提出的两条措施：“对恢复生产所需的资金，以自筹为主”“对受灾严重的困难户，优先适当贷款”，既不是请示缘由，也不是请示事项，不应该写入文中。

6. 语言不准确。“灾情较重”与后面“这次灾情过于严重”的说法相龃龉。“据初步不完全统计”，“初步”和“不完全”语意重复。

7. 层次序号不规范。“（一）”“（二）”应为“一、”“二、”。

8. 结束语不规范。文件结尾使用“妥否，请批示！”，“！”应用改为“请予批复。”。

9. 成文日期中的数字书写不正确。应用阿拉伯数字将年、月、日应标全称，月、日不编虚位。

10. 版记不规范。此文中版记应编排在第二页。抄送机关，不抄送领导个人。印发机关过于简化，应为“××公司办公室”。

11. 没有编排页码。页码一般用4号半角宋体阿拉伯数字，编排在公文版心下边缘之下，数字左右各放一条一字线；一字线上距版心下边缘7mm。单页码右空一字，双页码居左空一字。

12. 正文第3段有一错别字，“贷敦”应为“贷款”。

13. 版式问题比较多。如：版头、行距、字距、发文机关标识字体字号大小、公文标题字体字号大小，字体字号、正文字号大小、印章位置、日期等。

题7：

1. 发文字号不规范。年份应使用六角括号“〔〕”。

2. 上行文应标注签发人姓名。由“签发人”三字加全角冒号和签发人姓名组成，居右空一字，编排在发文机关标志下空二行位置。“签发人”三字用3号仿宋体字，签发人姓名用3号楷体字。

3. 标题不规范、文种不恰当。改为“中石化××工程股份有限公司关于使用××工程公司统筹部分安保基金的请示”。

4. 文件引用不规范。公文引用包括“标题”和“发文字号”两个要素，必要时还应当加上发文机关。

5. 结束语不规范。请示结束语部分，一般用“请予批复”。

6. 附件说明不规范。用3号仿宋字体在正文下空一行之后，左空2字开始标注“附件”二字，后标全角冒号和附件名称，附件名称不标注标点符号。如果公文带有两个及两个以上附件，附件名称前用阿拉伯数字标注附件的顺序号，顺序号后紧跟一个小圆点。

7. 印章加盖不规范。印章未居中下压发文机关和成文日期，印章顶端与附件说明未在一行之内，

8. 缺少附注。请示需要列出联系人和联系方式。附注居左空 2 字加圆括号编排在成文日期下一行。

9. 缺少版记。

10. 没有编排页码。页码一般用 4 号半角宋体阿拉伯数字，编排在公文版心下边缘之下，数字左右各放一条一字线；一字线上距版心下边缘 7mm。单页码右空一字，双页码居左空一字。

11. 标点符号有误。参见题 3 的答案 6。

12. 标题换行时“的”“了”避免在行首，“和”“及”“暨”避免在行尾。

题 8：

1. 发文机关标志字号过大，应小于集团公司发文标志字号。

2. 首页红色分隔线过粗。

3. 文种不恰当。根据内容来看，行文与收文单位存在业务管理隶属关系，文种改为报告较为妥当。

4. 主送不规范。此件作为公文 应主送单位而不是个人。

5. 越级行文。根据内容来看，此件是越级行文，应将主送改为上级单位“× × 工程集团”。

6. 上行文缺少签发人。参见题 5 的答案 3。

7. 抄送有误。本文为越级行文，应将上级单位“× × 工程集团”由抄送改为主送，且不应抄送公司领导个人。最终应去掉抄送要素。

8. 公文用语不恰当。上行报告列明需要对方单位配合的工作及有关要求，× × 建设公司不是人事部的上级机关不能发布命令。“务必采取措施，尽快回复解决方案。”应该为“特此报告”。

9. 印发机关不规范。印发机关不是指公文的发文机关，而是公文的印制主管部门，一般应是办公室或文秘部门。印发日期后应加“印发”，右空一字。

10. 附件说明不规范。多个附件名称顺序号应对齐。

11. 没有编排页码。页码一般用 4 号半角宋体阿拉伯数字，编排在公文版心下边缘之下，数字左右各放一条一字线；一字线上距版心下边缘 7mm。单页码右空一字，双页码居左空一字。

题 9：

1. 发文字号不规范。年份应使用六角括号“〔 〕”括入，发文顺序号不加“第”字。该公文为上行文，发文字号应居左空一字，同时加注“签发人：×××”，居右空一字，签发人姓名“×××”为 3 号楷体字。

2. 标题不规范、文种不恰当。标题由发文机关名称、事由和文种组成，该公文缺少发文机关名称。根据公文内容和最后请示事项，该公文应是请示类公文，所以文种应为请示。

3. 主送错误。应该是上一级机关名称，不能报送领导个人。

4. 结束语不当。如果按照原文文种“报告”处理，结束语应为“特此报告。”；如果按照“请示”处理，结束语则为“请予批复”。

5. 成文日期不规范。日期应为阿拉伯数字，右空 4 个字符。

6. 缺少附注。请示要注明联系人与联系电话，位置位于成文日期下，首行缩进 2 个字符，圆括号内注明。

7. 附件说明不规范。应在正文下空一行位置，左空 2 字，回行时与冒号后首字对齐。两个及以上附件，第二个及以后附件，只标注顺序号及附件名称，顺序号后紧跟圆点。所有附件名称均无“；”“。”等。

8. 版记错误。版记中抄报应改为抄送，应加句号。

9. 没有编排页码。参见题 8 答案 11。

题 10：

1. 标题不准确。会议纪要的标题应改为“××发展规划方案汇报会纪要”。

2. 结构不完整、不紧凑。缺少与会人员等内容，整体结构尚有进一步优化整理的空间和余地。

3. 表述繁琐、散乱。一般情况下，会议纪要第一段主要表述会议的基本情况及过渡语。应将该例文第一段中“会议充分肯定××”改为“会议

原则同意 ××”并调整到第二段首，作为会议议定事项来处理。再如例文“二、关于人员问题”，内涵偏大、外延偏小，偏离主题，扩大外延或予以删除能表达得更加准确。

4. 段落结构层次序数不连续，第 4 段应为“三、”。

5. 要求不具体。如例文“三、”里的内容，事项大家都明白，但不具体，没有实际可操作性。

6. 职责不明确。该例文中罗列了多项工作，却没有明确执行落实部门，难免形成一纸空文，这是很大的失误。

7. 没有编排页码。页码一般用 4 号半角宋体阿拉伯数字，编排在公文版心下边缘之下，数字左右各放一条一字线；一字线上距版心下边缘 7mm。单页码右空一字，双页码居左空一字。

8. 标点符号不规范。第 2 页第 6 行“做好两项工作”后的逗号，应为冒号。版记中“送”一行的逗号视前后机关属性保持原样或改用顿号，分号应为逗号。

9. 印发日期中的年份有误。应改为 2016 年。

10. 标题换行时，“的”“了”避免在行首，“和”“及”“暨”避免在行尾。

题 11：

1. 发文字号不规范。年份应用六角括号“〔 〕”括入，发文顺序号不加“第”字，不编虚位。

2. 文种不恰当。根据内容来看，此件是下级机关就有关问题向上级机关请求指示、批准，属于请示类文件，标题应该为“××石油公司关于安全隐患治理资金的请示”。

3. 上行文缺少签发人。参见题 5 答案 3。

4. 多头主送。向上级单位行文，原则上只主送一个上级单位。

5. 层次序号不规范。文中结构层次序号一般是：“一、”“（一）”“1.”“（1）”。“1、”中的“、”应为“。”

6. 附件说明不规范。附件名称后不标注标点符号。

7. 成文日期不规范。应使用阿拉伯数字将年月日标全。

8. 缺少附注。参见题 9 答案 6。

9. 版记不规范。特殊情况下，即主送机关过多而使公文首页不能显示正文时，将主送移至版记之中，其他情况下，版记不应显示主送机关名称。

10. 印发机关不规范。印发机关是指公文的印制主管部门，一般应是办公室或文秘部门。

11. 印发日期后应加“印发”二字。

12. 没有编排页码。页码一般用 4 号半角宋体阿拉伯数字，编排在公文版心下边缘之下，数字左右各放一条一字线；一字线上距版心下边缘 7mm。单页码右空一字，双页码居左空一字。

题 12：

1. 上行文缺少签发人。参见题 5 答案 3。

2. 发文字号不规范。年份应使用六角括号“〔 〕”括入；发文顺序号不加“第”字。

3. 标题不规范、文种错误。“申请”不是文种，应为“请示”；缺少发文单位名称，应为“××××××公司关于××××的请示”。

4. 正文中引用发文没有标明发文字号。应为《关于规范 2018 年×××××的通知》(×××××安〔2018〕8 号)。

5. 结束语不规范。“妥否，请批示！”应为“请予批复。”。

6. 附件说明不规范。应在正文下空一行编排“附件”二字；如有多个附件，使用阿拉伯数字标注附件顺序号（如“附件：1. ×××××××”）。

7. 成文日期不规范。应使用阿拉伯数字将年月日标全。

8. 缺少附注。参见题 9 答案 6。

9. 空白页印章。

10. 没有编排页码。页码一般用 4 号半角宋体阿拉伯数字，编排在公文版心下边缘之下，数字左右各放一条一字线；一字线上距版心下边缘 7mm。单页码右空一字，双页码居左空一字。

题 13：

1. 发文机关标志上边缘至版心上边缘距离过大，超过 35mm 的标准。

2. 发文字号不规范。年份应使用六角括号“〔 〕”括入；发文顺序号不加“第”字。

3. 签发人格式不规范。签发人姓名应为楷体。

4. 标题不规范、文种错误。“申请”不是正式公文文种，应改为“请示”缺少发文单位名称，应改为“××公司关于××的请示”。

5. 公文拟制不够精练。公文应做到内容简洁，主题突出，观点鲜明，结构严谨，表述准确，文字精练，正文中第一段属于汇报事项，没有必要。

6. 请示应当一文一事。本文请示事项有2项，应分别行文。

7. 标点符号使用不规范。“1–6月份”中的连接号应为一字线；两个书名号之间不应有顿号。

8. 附件说明不规范。附件说明正文下空一行，不使用标点符号。

9. 缺少附注。参见题9答案6。

10. 印发机关不规范。印发机关不是指公文的业务管理部门，而是公文的印制主管部门，一般应是办公室或文秘部门。

11. 没有编排页码。页码一般用4号半角宋体阿拉伯数字，编排在公文版心下边缘之下，数字左右各放一条一字线；一字线上距版心下边缘7mm。单页码右空一字，双页码居左空一字。

题14：

1. 发文字号不规范。发文顺序号不加“第”字，发文字号不设虚位。

2. 签发人格式不规范。签发人姓名应为楷体。

3. 标题不规范、文种错误。标题中的书名号使用不规范，应去掉；“申请”应改为“请示”；标题应改为“××公司关于上报××管道改线工程基础设计的请示”。

4. 结束语不规范。结束语应为“请予批复。”。

5. 层次序号不规范。文中结构层次序号一般是：“一、”“（一）”“1.”“（1）”。

6. 引文不规范。公文引文不完整，应按照“发文机关＋公文标题＋文号”的方式引用。例文中缺乏发文机关和文号两个要素。

7. 附件说明不规范。附件说明在正文下空一行，单一附件不加顺序号，该附件名称不加书名号。

8. 成文日期、版记印发日期不规范。公文中的成文日期、印发日期均不设虚位，应改为“2019 年 1 月 18 日”。

9. 缺少附注。此件为请示件，正文末尾应列出联系人和联系方式，便于双方及时沟通联系。

10. 数量单位不规范。文中出现多处数量单位，m 和米，km 和千米，写法应该统一，可改为“米”和“千米”。

11. 语言不规范，存在语病。“单边定向钻穿越 6 处 600 米。”存在歧义，可理解为 6 处，每处 600 米，也可理解为 6 处共 600 米。应改为“单边定向钻穿越 6 处共 600 米；公路顶管穿越 7 处共 238 米。”此外，“水工保护约 50000 立方左右”，成分累赘，去掉“约”或者去掉“左右”。

12. 没有编排页码。页码一般用 4 号半角宋体阿拉伯数字，编排在公文版心下边缘之下，数字左右各放一条一字线；一字线上距版心下边缘 7mm。单页码右空一字，双页码居左空一字。

题 15：

1. 发文字号不规范。发文顺序号不加“第”字。

2. 签发人格式不规范。签发人姓名应为楷体。

3. 标题不规范。应为“××公司关于××的请示”。

4. 请示应当一文一事，该请示包括两项费用，应分别请示。

5. 行文语气不当。“中国铁路××局集团有限公司于 2018 年年底向我公司××油库库发函，要求我公司限期整改不符合承重标准的专用线石油 1 道、2 道钢轨和已达到大修年限的部分木枕，否则封道。”函要注意行文语气平和有礼，不要倚势压人或强人所难。“要求限期整改”“否则封道”等语气不当，在转述函件内容时也应注意语气。

6. 公文内容重复啰嗦。“为确保铁路收发油作业，我公司拟对××油库铁路专用线进行大修，主要包括：将原有 43kg/m 钢轨更换为 60kg/m 再用钢轨，长约 2800 延米，将 1500 余根木枕更换为混凝土枕，线路沉落整修约

2800 延米，工程概算约 780 万元。”先后出现两次 2800 延米的概念，可将第一个删去。

7. 附件说明不规范。多个附件格式应为

附件：1. ××××

2. ××××

8. 缺少附注。参见题 9 答案 6。

9. 成文日期、印发日期不规范。公文中的成文日期不应晚于印发日期，不设虚位，应改为“2019 年 1 月 18 日”。

10. 没有编排页码。页码一般用 4 号半角宋体阿拉伯数字，编排在公文版心下边缘之下，数字左右各放一条一字线；一字线上距版心下边缘 7mm。单页码右空一字，双页码居左空一字。

11. 第 1 页倒数第 4 行多一“库”字，应删掉。

第五编

通用知识

一 概述

常言道："功夫在诗外"。要想做好公文处理工作，仅仅熟悉和掌握公文处理知识还不够，还要具有一定的语言文字基础、写作能力，熟悉生产经营、改革管理等业务领域的情况。本篇简要阐述公文处理与写作必须了解掌握的基础知识，供大家学习参考。

从公文处理本身的有关知识看，要熟记公文的概念、特点和作用，了解公文的历史演变等常识，深入领会公文的主旨、结构、材料、语言和表达方式等公文写作要素，掌握公文写作提炼主旨、谋篇布局、材料选用、遣词造句、准确表达等基本方法和技巧。如，公文的特点：法定的权威性、作者和读者的特定性、主旨的直白性、材料的真实性、程式的规范性、语言的严肃性、效用的时限性；公文的作用：规范和准绳、领导和指导、联系和关照、宣传和教育、凭证和史料。再如，公文的主旨是指公文在提出问题、分析问题、解决问题的过程中所表达出来的基本观点和中心思想，主旨要明晰、正确、深刻和集中，主旨一般在公文标题中直接表达，也可在公文的开头或结尾中明确，或在每一层次、每一自然段的开头表达。

从字词的要求看，除做到严谨准确、朴实严肃外，还要注意避免错别字和用词不当。公文写作中，出现错别字经常有两种情形：一是同音别字，譬如"那里"写成"哪里"，"长长"写成"常常"，"一筹莫展"写成"一愁莫展"，"徇私舞弊"写成"循私舞弊"，等等。二是相似别字，相近的字形或意义相近的字相互混淆形成的错别字。譬如，"气概"写成"气慨"，"针砭时弊"写成"针贬时弊"，"繁冗拖沓"写成"繁冗拖杳"，等等。要避免出现错别字，首先思想上要高度重视、严谨细致；其次，要切实弄清所使用字词的真实意思，做到用词准确。譬如，"哪里"的"哪"是个疑问词，"那里"的"那"是个指示代词。"长长"里的"长"是"两点之间的距离大"

的意思，“常常”里的“常”是“经常”的意思。如果是形声字，可以从偏旁上辨析意思。如，“篮子”里的“篮”，偏旁是“竹”，和竹子有关；“蓝色”，偏旁是“艹”，和一种能提炼颜色的草有关。相似别字，可以从意思上辨别。“兔子”里的“兔”，是一种动物，“避免”里的“免”是除去的意思。在公文用语中，要注意近义词的区别，近义词虽然词义相同或相近，但词义程度的轻重、词义的着重点、词义范围的大小和词义使用的对象，以及词义的感情色彩、语体色彩等都不同。在公文写作时，要想精准地反映发文意图，准确表达特定对象，就必须用心反复推敲文字，仔细体会并严格区分近义词之间的细小差别，准确地遣词炼句，将所用词语最切合表达对象的客观实际。

从句子语法要求看，公文多为陈述句、祈使句，叙述时以简明的短句为主，议论时逻辑关系严密的长句也常见。但无论长句短句，都要避免出现病句。病句是指在语法修辞和逻辑上有毛病的句子，违反语法结构规律或客观事理的句子都是病句，前者叫语法错误，后者叫逻辑错误。常见的病句主要有语序不当、搭配不当、成分残缺或赘余、结构混乱（杂糅）、表意不明（歧义）、不合逻辑。“语序不当”常见的有定语位置不当、状语位置不当、虚词位置不当、并列词语排列顺序不当等。“搭配不当”常见的有主谓搭配不当、动宾搭配不当、动补搭配不当、修饰语和中心词搭配不当、虚词搭配不当等。“成分残缺或多余”常见的有主语残缺、谓语残缺、宾语残缺、附加成分残缺、成分赘余等。“结构混乱”常见的有句式杂糅、句中暗换主语、前后矛盾等。“表意不明”常见的有指代不明、费解、歧义等。“不合逻辑”常见的有自相矛盾、概念并列不当、强加因果、主客颠倒、否定不当、不合事理等。

从标点符号的使用看，要掌握标点符号的概念、标点符号的种类，以及各种标点符号的定义、形式和用法，全面了解熟悉《标点符号用法的补充规则》《标点符号若干用法的说明》，正确使用各种标点符号。

二、主要知识点

公文处理工作常识，公文写作起草要求、语言要求、句法要求、导语要求、引证要求、材料要求、结构要求及标点符号用法等。

三、例题解析

（一）填空题

1. 中国石化公文（包括电报）是在生产经营建设和管理过程中形成的具有______和______的文书。

答案：法定效力；规范体式

解析：中国石化公文（包括电报）是在生产经营建设和管理过程中形成的具有法定效力和规范体式的文书。

2. 请找出下列词语中的错别字，并将正确的字更正在后面括号中。

谋利（牟） 辩析（辨） 肖象（像） 膺品（赝）

贪脏枉法（赃） 变本加利（厉） 涣然一新（焕）

3. 标点符号是辅助文字记录语言的符号，是书面语的有机组成部分，用来表示语句的______、______以及标示某些成分（主要是词语）的特定性质和作用。

答案：停顿；语气

解析：标点符号是辅助文字记录语言的符号，是书面语的有机组成部分，用来表示语句的停顿、语气以及标示某些成分（主要是词语）的特定性质和作用。

（二）判断题

1. 中国石化公文文种主要包括决定、命令（令）、通告、建议、通知、通报、报告、请示、批复、函、纪要等12种。

答案：×

解析：该句话错误。中国石化公文文种主要包括决定、命令（令）、公告、通告、意见、通知、通报、报告、请示、批复、函、纪要等12种。

2. 以下词语使用正确：与王师傅比起来，我自愧不如，甘败下风。

答案：×

解析：应为甘拜下风。

3. “党的新闻工作者必须牢记党和人民的嘱托，综观全局、心系大众、勤勉敬业、耳聪目明，扎实深入得做好新闻报道工作”中有错处。

答案：√

解析：“得”应改为“地”。从语法上讲，定语后用“的”，状语后用“地”，补语后用“得”。如“勤劳的人民”“详细地汇报”“打扫得干干净净”。

4. 某图下方的说明文字为：经过全面改造，南湖路加油站面貌焕然一新。这是该站易捷便利店一角。

答案：×

解析：正确的表述应为“经过全面改造，南湖路加油站面貌焕然一新。这是该站易捷便利店一角”。句号用法补充规则：图表中的短语式说明文字，中间可有逗号，但末尾不用句号。即使说明文字较长，前面的语段已出现句号，最后结尾也不用句号。

5. 以下标点符号的用法正确：明天将召开《市场导向下的中国石化供给侧机构性改革研究》课题立项会。

答案：×

解析：不能视为作品的课程、课题、奖品奖状、商标、证照、组织机构、会议、活动等名称，不应用书名号。

6. 以下语句表述正确：一位优秀的有20多年工作经验的湖南石油的非油品销售员被评为省级劳动模范。

答案：×

解析：多项定语的排列顺序一般是：①表示领属或时间、处所；②指称代词或数量词；③动词或动词性短语；④形容词或形容词性短语；⑤名词或名词性短语（带“的”的定语应放在不带“的”的定语之前）。正确答案：湖南石油的（领属）一位（数量）有20多年工作经验的（动词短语）优秀的（形容）非油品（名词）销售员被评为省级劳动模范。

7. 以下语句表述正确：在欢迎仪式上许多同事昨天都向他热情地表示祝贺。

答案：×

解析：复杂状语的排列顺序一般是：①表目的或原因的介宾短语；②表时间的名词或介宾短语；③表处所的名词或介宾短语；④表范围、频率等的副词；⑤表情态的形容词；⑥表对象的介宾短语。正确答案：许多同事昨天（时间）在欢迎仪式上（处所）都（范围）热情地（情态）向他（对象）表示祝贺。

8. 以下语句表述正确：由此可见，当时的设计者们不仅希望该过程中艺术活动是富有创造性的，而且技术活动也是富有创造性的。

答案：×

解析：①两个分句主语相同时，关联词语在主语之后；主语不同时，关联词语在主语之前；②否定副词，一般紧挨着介宾短语，且放在介宾短语的前面；③介宾短语是介词和名词或名词性短语、代词组成的短语，在句子中充当定语、状语或补语，一般不能作谓语，如果介宾短语放在谓语位置上，会导致谓语残缺，可将它移到主语前面去。正确答案：由此可见，当时的设计者们希望该过程中不仅艺术活动是富有创造性的，而且技术活动也是富有创造性的。

9. 以下语句表述正确：全公司职工讨论和听取了总经理关于改善经营管理的报告。

答案：×

解析：并列词语包含着有机的联系，有先后、主次、轻重、大小、远近之分，这些联系和差别相应地直接反映在排列顺序上。正确答案：全公司职工听取和讨论了总经理关于改善经营管理的报告。

10. 以下语句表述正确：他那崇高的革命品质，经常浮现在我的脑海中。

答案：×

解析："品质"不能"浮现"，应把"品质"改为"形象"。

11. 以下语句表述正确：自学奖励办法推动了青年员工们积极自学的热情。

答案：×

解析："热情"不能"推动"，应把"热情"改为"积极性"，或把"推动"改为"激发"。

12. 以下语句表述正确：由于狠抓了成本管理，今年我厂生产成本比去年降低了一倍。

答案：×

解析：动词"降低"与补语"一倍"不搭配，应将修改为"二分之一"或"50%"。

13. 以下语句表述正确：为了提高机关工作效率，必须让机关干部从文山会海中解放出来，少发不必要的文件，少开不必要的会议。

答案：×

解析："不必要的文件"应该不发，"不必要的会议"应该不开，两个"少"字应该修改成"不"字。

14. 以下语句表述正确：只有深化改革，就能促进经济发展。

答案：×

解析："只有"与"就"不搭配，应将"只有"修改为"只要"，或者将"就"修改为"才"。

15. 以下语句表述正确：随着同工同酬制度的落实，使加油员的工作积极性有了很大的提高。

答案：×

解析："随着"把主语隐没了，删除"随着"两字。

16. 以下语句表述正确：最近又发动了全面的质量大检查运动，要在这个运动中建立与加强技术管理制度等一系列的工作。

答案：×

解析："建立"前缺少谓语，应加动词"完成"。

17. 以下语句表述正确：为了全面推广 ×× 油田精减文件和移动办公工作，提高公文办理质量和效率，总部举办了三期公文处理培训班。

答案：×

解析："推广"的应是"经验"，应在"为了全面推广……办公工作"后加"的经验"。

18. 以下语句表述正确：在本届奥运会上，中国乒乓球队囊括并包揽了全部项目的金牌。

答案：×

解析："囊括"和"包揽"是同一个意思，应删除其中一个。

19. 以下语句表述正确：多年来曾被计划经济束缚下的人们也觉悟起来。

答案：×

解析："曾被……束缚"与"在……束缚下"混用，任选一种即可。

20. 以下语句表述正确：中国人民自从接受了马列主义以后，中国的革命就在毛泽东同志的领导下大大改变了样子。

答案：×

解析："中国人民"怎么样了，没接着说下去，却用"中国的革命"另起一句。应该改为"自从中国人民接受了马列主义以后"。

21. 以下语句表述正确："我公司职工全都能自觉地遵守劳动纪律，只有少数职工有违纪行为。"

答案：×

解析："全都"与"少数"自相矛盾。将"全都"修改成"大都"或"绝大多数"，矛盾就解决了。

22. 以下语句表述正确：近年来，第一加油站和第三加油站建立了紧密的人员培训协作关系，这个站给那个站培养了一批销售能手。

答案：×

解析："这个站"和"那个站"指代不明，"这个站"应明确是"第一站"或是"第二站"。

23. 以下语句表述正确：为了加强对三项制度改革工作的领导，各公司成立了一个领导小组。

答案：×

解析："各公司"指代不明，是各公司分别成立一个领导小组，还是各公司共同成立一个领导小组。

24. 以下语句表述正确：集团公司就2021年公文档案业务竞赛出题范围发出通知，指出公文管理系统、档案管理系统内容部分不作要求。

答案：×

解析：是"公文管理系统、档案管理系统内容部分"还是"其中的一部分"，含混不清。

25. 以下语句表述正确：在喧天的锣鼓声中，这所有名的石油石化老校终于迎来了自己的新生。

答案：×

解析：新生是指"新同学"还是"新生命"，有歧义。

26. 以下语句表述正确：用了将近两年多的时间，才建成这条生产线。

答案：×

解析："将近"和"两年多"自相矛盾。

27. 以下语句表述正确：从事业发展的角度看，还缺乏各类人才与各类科学家。

答案：×

解析："各类人才"包括科学家，不宜并列，二者取其一。

28. 以下语句表述正确：最近我这位朋友去了一趟南方回来，结果他的思想依然如故。

答案：×

解析：去了南方回来思想变了，可以说是去了一趟南方的结果，现在"思想依然如故"，怎么能说是去了一趟的结果。

29. 以下语句表述正确：全公司没有一个人不认为目前的业绩不是全公司职工艰苦奋斗的结果。

答案：×

解析：“没有”“不认为”和“不是”构成三重否定，结果成了否定句，修改时去掉最后一个“否定”。此句把“不是”修改成“是”句子就意识表达正确了。

30. 以下语句表述正确：天上皓月当空，地上灯火辉煌，千家万户都沉浸在除夕之夜的欢乐之中。

答案：×

解析：“除夕之夜”哪来的“皓月”呢？

31. 以下语句表述正确：要想取得优异的业绩，必须付出劳动。

答案：×

解析：应是“付出艰辛的劳动”。

32. 在图表下的说明文字末尾使用标点符号正确：经过翻新改造，昔日破旧的倒班宿舍如今面貌焕然一新！

答案：×

解析：句号用法补充规则：图表下的短语式说明文字，中间可有逗号，但末尾不用句号，也不用“！”“？”等。正确使用应为：经过全面改造，昔日破旧的倒班宿舍如今焕然一新。

33. 以下语句标点符号使用正确：我也不知道自己究竟错在什么地方？

答案：×

解析：我也不知道自己究竟错在什么地方。（正确）

34. 以下语句标点符号使用正确：我是谁？我从哪里来？我到哪里去？是哲学思考的问题。

答案：×

解析：问号使用规则：使用问号应以句子表示疑问语气为依据，而不是根据句子中包含有疑问词。当含有疑问词的语段充当某种句子成分，而句子并不表示疑问语气时，句末不用问号。正确使用应为：我是谁，我从哪里来，我到哪里去，是哲学思考的问题。

35. 以下语句标点符号使用正确：党员干部要认真研读《习近平谈治国理政》、《习近平新时代中国特色社会主义思想三十讲》、《习近平关于国有企业改革发展和党建论述摘编》等权威读本。

答案：×

解析：引号、书名号并用规则：标有引号的并列成分之间、标有书名号的并列成分之间通常不用顿号。若有其他成分插在并列的引号之间或并列的书名号之间（如引语或书名号之后还有括注），宜用顿号。正确用法为：党员干部要认真研读《习近平谈治国理政》《习近平新时代中国特色社会主义思想三十讲》《习近平关于国有企业改革发展和党建论述摘编》等权威读本。

36. 以下语句标点符号使用正确：各企业要大力弘扬以“苦干实干”、“三老四严”为核心的石油精神，大力发扬“求真务实”、“精细严谨”、“家国情怀”的石化优良传统。

答案：×

解析：引号、书名号并用规则：标有引号的并列成分之间、标有书名号的并列成分之间通常不用顿号。若有其他成分插在并列的引号之间或并列的书名号之间（如引语或书名号之后还有括注），宜用顿号。正确用法为：各企业要大力弘扬以“苦干实干”“三老四严”为核心的石油精神，大力发扬“求真务实”“精细严谨”“家国情怀”的石化优良传统。

37. 以下语句标点符号使用正确：各职能部门在对外投资管理工作中要各司其职、互相配合，财务部门负责组织对外投资的审核工作；生产经营管理部门和相关事业部负责协调、组织对外投资的分析和研究；人事部门负责对外投资的劳动人事管理；法律部门负责相关合规审核等。

答案：×

解析：标准规定：用分号隔开的几个并列分句不能由逗号统领或总结。正确用法为：各职能部门在对外投资管理工作中要各司其职、互相配合：财务部门负责组织对外投资的审核工作；生产经营管理部门和相关事业部负责协调、组织对外投资的分析和研究；人事部门负责对外投资的劳动人事管理；法律部门负责相关合规审核等。

38. 以下语句标点符号使用正确：一是养老保险安置。对进入企业工作的失地农民要同企业员工一样纳入企业职工基本养老保险；二是医疗保险安置。城镇居民医疗保险制度已建立，可参加城镇居民医疗保险。

答案：×

解析：分号用法补充规则：分项列举的各项有一项或多项已包含句号时，各项的末尾不能再用分号。正确用法为：一是养老保险安置。对进入企业工作的失地农民要同企业员工一样纳入企业职工基本养老保险。二是医疗保险安置。城镇居民医疗保险制度已建立，可参加城镇居民医疗保险。

39. 以下语句标点符号使用正确：根据《××事业部、××事业部关于××分公司××装置可行性研究报告的批复》（××规〔2012〕59号）文件要求，特制定本方案。

答案：×

解析：书名号内标示停顿时用空格。正确使用为：根据《××事业部 ××事业部关于××分公司××装置可行性研究报告的批复》（××规〔2012〕59号）文件要求，特制定本方案。

40. 以下语句标点符号使用正确：为加强对基层微腐败整治工作的领导，决定成立××公司基层微腐败整治工作领导小组（组长由××党委书记担任副组长由××纪委书记担任。），负责该项工作的协调处理。

答案：×

解析：括号内行文末尾需要时可用问号、叹号和省略号。除此之外，句内括号行文末尾通常不用标点符号。正确使用为：为加强对基层微腐败整治工作的领导，决定成立××公司基层微腐败整治工作领导小组（组长由××党委书记担任，副组长由××纪委书记担任），负责该项工作的协调处理。

41. 以下语句标点符号使用正确：附件：××公司整治微腐败工作领导小组成员名单。

答案：×

解析：如有附件，在正文下空一行左空二字编排“附件”二字，后标全角冒号和附件名称。如有多个附件，使用阿拉伯数字标注附件顺序号（如“附件：1. ×××××”）；附件名称后不加标点符号。正确使用为：附件：××公司整治微腐败工作领导小组成员名单。

42. 以下语句标点符号使用正确：“有条件要上，没有条件创造条件也要上”。这句话充分展现了石油人战天斗地的精神。

答案：×

解析：当引文完整且独立使用，或虽不独立使用但带有问号或叹号时，引号内句末点号应保留。正确使用为：“有条件要上，没有条件创造条件也要上。”这句话充分展现了石油人战天斗地的精神。

（三）单选题

1. 中国石化公文（包括电报），是（　）的重要工具。

A. 在生产经营建设和管理过程中形成的具有法定效力和规范体式的文书

B. 传达贯彻党和国家的方针政策，发布规章制度，实施管理措施，指导、布置和商洽工作

C. 请示和答复问题，报告、通报和交流情况

D. 以上选项均正确

答案：D

解析：该题考查了中国石化公文概念的完整内容。

2. 下列各句中，没有错别字的一句是（　）。

A. 经过5年探索，中国石化建立了涵概上中下游各个板块的共享服务业务体系

B. 党员干部要积极弘扬主弦律，传递正能量

C. 成品油管道建设如火如荼，管输已成为扩大油品资源辐射范围的重要手段

D. 若管理不善，非但不能解决历史遗留问题，反而为基层凭添许多新的问题

答案：C

解析：应为涵盖、主旋律、平添。

3. 在文中横线处填入下列词语，正确的一项是（   ）。

①《党政领导干部公开选拔和竞争上岗考试大纲》已于 2004 年 4 月 29 日通过新华社向全国进行______。

② 2004 年 8 月 24 日，国务院______《国家行政机关公文处理办法》。

③《中华人民共和国行政许可法》已于 ×× 年 ×× 月 ×× 日通过，现予以______。

A. 宣布、发布、公布　　B. 公布、宣布、发布

C. 发布、公布、宣布　　D. 宣布、公布、发布

答案：A

解析："宣布"是指公开告诉大家。"发布"是指宣布（命令、指示、新闻等）。"公布"是指（法律、命令、文告、通知事项等）公开发布，使大家知道。

4. 下列句子标点符号使用正确的一项是（   ）。

A. "污染排放违规"、"雾霾天气危害"、"道路交通拥挤"等，已成为城市建设和管理的难题。

B. 本次'七·一'表彰，单位共评选出优秀共产党员、优秀党务工作者 10 名、先进党组织 10 个。

C. 她看上去只有十三、四岁。

D. 经过紧张的抢险，挖出了宽 20 米、深 10 米的作业坑。

答案：D

解析：A 句中"标有引号的并列成分之间通常不用顿号"；B 句中"以月、日为标志的事件或节日，用汉子数字表示时，只在一、十一和十二月后用间隔号"，故应为"七一"；C 句中"相邻或相近两数字连用表示概数通常不用顿号"。

（四）多项选择题

1. 中国石化公文是中国石化及其所属机关部门和企事业单位在处理公务活动中形成的有着特定效能和广泛用途的文书，具有以下作用（   ）。

A. 规范和准绳　B. 领导和指导　　C. 联系和关照　　D. 宣传和教育

E. 凭证和史料

答案：ABCDE

2. 以下词语中，有错别字的项是（　　）。

A. 沉湎酒色、万事俱备、陈词滥调

B. 略见一斑、再接再励、迫不及待

C. 融汇贯通、万古长青、不胫而走

D. 既往不咎、不落窠臼、百战不殆

答案：BC

解析：应为：再接再厉、融会贯通。

3. 关于“权利”和“权力”，用法正确的是（　　）。

A. 全国人民代表大会是最高国家权力机关

B. 公安机关有依法拘留违法犯罪人员的权利

C. 领导干部要树立正确的权利观

D. 税法保护纳税人的合法权利不受侵犯

答案：AD

解析：“权力”表示政治上的强制力量，也可表示在职责范围内的管理权和指挥权。如：国家的一切权力属于人民。“权利”，指依照法律和章程应当享有的权力和利益，跟“义务”相对。如：每个人都有受教育学文化的权利。

4. 下列语句标点用法错误的是（　　）。

A. 会上，有三、四十位同志发了言

B. 加快发展二、三产业是这次会议重要决策之一

C.（一）、督办协调情况

D. 孝敬父、母，友爱兄弟、姐妹

答案：ACD

解析：A 句中“相邻或相近两数字连用表示概数通常不用顿号”；C 句中“加括号后的序次语后面不用任何点号”；D 句中“父母和兄弟姐妹都是特指一个词语，不用点号分开”。

（五）案例分析题

2019年，××××公司成品油经营再上新台阶，全年销售成品油××××万吨，其中零售××××万吨，直分销××万吨，××××。

上述内容为秘书小王起草的××××公司2020年工作报告的开头，请您帮助其修改完善。

修改稿：2019年，××××公司成品油经营再上新台阶，全年销售成品油××××万吨，其中零售××××万吨，直分销××××万吨，同比分别增长（或下降）××%、××%、××%，××××。

解析：该段开头文字表述问题主要是事务不清。概述一年工作成绩，不仅需要交代事物的量，而且要明确讲明事物的质，给人直观感受。本例这种写法，由于孤立地讲2019年成品油经营情况，不进行横向或纵向比较，又缺乏总的提法，让人看不清事物的质。

公文起草开头常见错误主要有开篇离题、引据不当、态度不明、事物不清、情况繁杂、平淡无力、依据欠当和立论有误等。

四 精选试题

（一）填空题

1. 党政机关公文是党政机关实施领导、履行职能、处理公务的具有特定效力和规范体式的文书，是______，公布法规和规章，指导、布置和商洽工作，______，报告、通报和交流情况的重要工具。

2. 中国石化公文（包括电报）是在生产经营建设和管理过程中形成的具有______和______的文书。

3. “公文”名称，始见于______。

4. 请将下列词语中的错别字找出，并修改在后面的括号里。

立杆见影______　厉精图治______　谋取暴利______

5. 公文经常采用______、______和______三种表达方式。

（二）判断题

1. 党政机关公文是党政机关实施领导、履行职能、处理公务的具有特定效力和规范体式的文书。（ ）

2. 党政机关公文是传达贯彻党和国家的方针政策，公布法规和规章，指导、布置和商洽工作，请示和答复问题，报告、通报和交流情况等的重要工具。（ ）

3. 党政机关公文处理工作是指公文拟制、办理、管理等一系列相互关联、衔接有序的工作。（ ）

4.《党政机关公文处理工作条例》中规定公文的种类主要有 12 种。（ ）

5. 党政机关公文主要有 15 类文种，其中不适用于中国石化的文种有决议、公报和议案。（ ）

6. “脚踏实地，按步就班，从基层做起，成功的几率就愈大”中有错别字。（ ）

7. 以下词语使用正确：与王师傅比起来，我自愧不如，甘败下风。（ ）

8. “我们要为石油石化事业奋斗终身。”这句话中没有错别字。（ ）

9. “小王向公司领导详细的汇报了这次调研地情况。”这句话中字词使用正确。（ ）

10. “截至 2019 年 12 月 31 日，省公司机关举办了 12 期机关大讲堂”。这句话没有错别字。（ ）

11. 引用时，若引文具有独立性，引用部分末尾的标点符号应放在引号外边。（ ）

12. 以下这句话标点符号使用正确：一年来，他先后在《人民日报》（海外版）、《光明日报》《学习时报》等报纸上发表了关于党员干部教育管理的一系列文章。（ ）

13. 以下标点符号的用法正确：明天将召开《市场导向下的中国石化供给侧机构性改革研究》课题立项会。（ ）

14. 以下语句无语病：我们应当注重培养自己解决、分析、观察问题的能力。 （ ）

15. 以下语句无语病：做好生产救灾工作，决定于干部作风是否深入。 （ ）

16. “王为民非常酷爱石油事业，并表现出一种崇高的献身精神”这句话有语病。 （ ）

17. “这家公司虽然规模不大，但曾两次荣获省科学大会奖，三次被授予省优质产品称号，产品远销全国各地和东南亚地区。”这句话没有语病。（ ）

18. 以下语句无语病：批评和自我批评是有效的改正错误提高思想水平的方法。 （ ）

19. “三个部门的负责人在会议室开会，研究今年全员成本目标管理工作。”这句话没有语病。 （ ）

20. “由于这次安全事故，第三加油站为此关闭了近三个月。”这句话正确。 （ ）

（三）单项选择题

1. 党政机关公文不能用于（ ）。

A. 个人向组织交代问题

B. 公布法规和规章

C. 传达贯彻党和国家的方针政策

D. 请示和答复问题

2. 中国石化公文是在生产经营建设和管理过程中形成的（ ）。

A. 具有法定效力和固定体式的文书

B. 具有法定效力和规范体式的文书

C. 重要文书

D. 正规文书

3. “公文”这一称谓最早出现于什么时期？（ ）

A. 元明清时期　B. 唐宋时期　C. 魏晋南北朝　D. 两汉时期

4. 下列词语中没有错别字的一组是（　）。

A. 瞒怨　粗旷　炫耀　　B. 缜密　辐射　震憾

C. 坐落　坐标　座位　　D. 追溯　蜂拥　博奕

5. 下列成语中有错别字的一组是（　）。

A. 一鼓作气　一筹莫展　　B. 一如既往　继往开来

C. 不假思索　甘拜下风　　D. 滥竽充数　墨守陈规

6. 依次填入下列横线处的词语，最恰当的一组是（　）。

①人与人之间要减少误会，化解矛盾，和谐相处，那么加强彼此______是非常重要的。

②每天天还没亮，位于城郊的农贸市场批发市场就______起来，人们又开始了一天的劳作。

A. 沟通　喧哗　B. 勾通　喧闹　C. 勾通　喧哗　D. 沟通　喧闹

7. 在文中横线处填入下列词语，正确的一项是（　）。

菜籽油含有亚油酸、亚麻酸、花生酸等三种人体______的脂肪酸，还有油酸。菜籽油能______胆固醇在小肠的吸收，还能促进肝内胆固醇的降解和排出，因此，对______心血管病的发生有一定作用。

A. 必须　抑止　防治　　B. 必须　抑制　防止

C. 必需　抑止　防治　　D. 必需　抑制　防止

8. 在文中横线处填入下列词语，正确的一项是（　）。

①《党政领导干部公开选拔和竞争上岗考试大纲》已于 2004 年 4 月 29 日通过新华社向全国进行______。

② 2004 年 8 月 24 日，国务院______了《国家行政机关公文处理办法》。

③《中华人民共和国行政许可法》已于 ×× 年 ×× 月 ×× 日通过，现予以______。

A. 宣布　发布　公布　　B. 公布　宣布　发布

C. 发布　公布　宣布　　D. 宣布　公布　发布

9. 在文中横线处填入下列词语，正确的一项是（　）。

①公司领导对新进大学生______。

②新的薪酬分配办法更加科学合理，激发了全体员工积极性，大家工作______。

③李总工程师幽默风趣的授课______。

A. 关怀备至　干劲倍增　倍受欢迎

B. 关怀备至　干劲倍增　备受欢迎

C. 关怀倍至　干劲备增　备受欢迎

D. 关怀倍至　干劲备增　倍受欢迎

10. 关于“书名号”的使用有误的一项是（　）。

A.《中国石化报社》三位记者深入公司一线采访

B. 根据集团公司《××××》《××××》等文件要求，我公司认真开展了设备专项检查

C.《第一次经理办公会会议纪要》已经印发

D. 按照公司党委安排，我认真阅读了《毛选》四卷

11. 下列句子标点符号使用正确的一项是（　）

A. “污染排放违规”、“雾霾天气危害”、“道路交通拥挤”等，已成为城市建设和管理的难题。

B. 本次‘七一’表彰，单位共评选出优秀共产党员、优秀党务工作者10名、先进党组织10个。

C. 她看上去只有十三、四岁。

D. 经过紧张的抢险，挖出了宽20米、深10米的作业坑。

12. 关于分号的使用及说法不正确的是（　）

A. 用于分项列举的各项之间。

B. 表示复句内部并列关系的句子之间的停顿。

C. 内容有分量，尽管文章短小也是有分量的；内容没分量，即使写得再长也没有用。

D. 只有健全社会主义法治，才能使社会主义民主法律化、制度化，才能用法律手段管理经济；才能维护安定团结的政治局面，保障社会主义现代化建设顺利进行。

13. 下列引号使用正确的是（　　）

A. 听了 ×× 书记的“七一讲话”，我心潮澎湃，浑身充满了干劲儿。

B. 天津港“8·12 爆炸事故”，给我们敲响了警钟。

C. 公司“十三五规划”，描绘了未来五年的宏伟蓝图。

D. 从山脚向上望，只见火把排成许多“之”字形，一直连到天上。

14. 下文中的括号使用不正确的是（　　）

A. 中国石化〔2019〕1 号文件　　B.【新华社南京消息】

C.〔唐〕杜甫著　　D. 根据国发 [2011]3 号文件要求

15. 下文中的问号使用不正确的是（　　）

A. 难道这些在平凡岗位上默默无闻的员工不值得歌颂吗？

B. 你哪里也不去吗？

C. 我也不知道他究竟躲到什么地方？

D. 马致远（1250？—1321），元代大都人，戏曲家、散曲家。

16. 下文中标点符号使用正确的是（　　）

A. 这点困难就能把我们吓到吗？！

B. 表示人，事物，行为之间的相互对待关系。

C. 2019、12、5

D. 参加今天比赛的有办公室、人力资源处、安全处……等。

17. 下文标点符号使用不正确的是（　　）

A. 北京紫禁城有四座城门：午门、神武门、东华门、西华门。

B. 小王笑着点了点头：“我就是这么想的。”

C. 张华上了大学，李萍进了技校，我当了工人：我们都有美好的前途。

D. 艾滋病有三个传播途径：血液传播，性传播和母婴传播，日常接触不会传播艾滋病。

18. 以下公文中没有语病的是（　　）

A. 祝贺 ××× 凯旋归来。

B. 全体干部员工要牢牢记住这个刻骨铭心的难忘的教训。

C. 通过各项有力措施实现降本节费 2.8 亿元左右。

D. 如此事件处理不当，将引发稳定问题。

19. 以下没有语病的是（ ）

A. 安全生产必须警钟长鸣，希望各单位以此为鉴，吸取教训，改进错误。

B. 对全厂设备进行维修，虽对生产有所影响，但不致影响到全年生产计划的完成。

C. 大会讨论的问题基本达成了一致意见。

D. 油品产量和质量均大幅增加。

20. 以下表述没有语病的是（ ）

A. 两家企业的原油产量悬殊非常小。

B. 二十多年的工作磨练，使他积蓄了很多实践经验。

C. 因为考核不及时、处罚不到位，部分外包单位变得更加变本加厉。

D. 党员干部要坚决抵制不正之风，各级纪检监察部门要行使好检查监督的权力，对违规违纪的党员干部及时查办。

21. 以下表述中没有语病的是（ ）

A. 这一事件在领导和群众中广泛地引起了讨论。

B. 某某同志在工作期间，多次被评为先进员工和模范单位。

C. 公司组织有关人员围绕提高产品质量为中心，对工艺设计、设备保养和质量检测等环节存在的问题进行了整改。

D. 厂长采纳了两个工人的合理化建议。

22. 以下表述没有语病的是（ ）

A. 公司一旦败诉，将至少支付五十万元以上的赔偿。

B. 如何确保比赛过程合法、透明，成为困扰本届组委会的首要问题。

C. 对于员工的缺点，不能袒护，而应该及时提出来，加以帮助。

D. 请通知有关人员 7 月 15 日前去汇报。

23. 以下表述没有语病的是（ ）

A. 只有从根本上解决了为哪些人的问题，就能更好地为人民服务。

B. 听了他对事实真相的陈述，我在心里由衷地感谢他。

C. 针对国际原油价格步步攀升，美国、印度等国家纷纷建立或增加了石油储备，我国也必须尽快建立国家的石油战略储备体系。

D. 热烈欢迎竞赛比武获奖选手凯旋。

24. 以下表述没有语病的是（　）

A. 各部门一定要加强交通安全教育，防止不要发生交通事故。

B. 鉴于赵某以权谋私，违法乱纪，在群众中造成恶劣影响，决定撤销赵某的 ×× 职务。

C. 我们可不要白白虚度了此生。

D. 这次展览会展出了几千年前刚出土的文物。

25. 以下表述没有语病的是（　）

A. 湖南省历史博物馆近日展出了数以万计新出土的八千年前的栽培稻。

B. 早晨五六点钟，通往机场的街道两旁便站满了数万名欢送人群。

C. 开考半小时后，就有人陆续交卷。

D. 第二航站楼交付使用后，设备可达到国际领先水平，旅客过安检通道的时间，将从目前的 10 分钟缩短至 1 分钟，缩短了 10 倍。

（四）多项选择题

1. 党政机关公文是党政机关实施领导、履行职能、处理公务的具有特定效力和规范体式的文书，是（　）的重要工具。

A. 传达贯彻党和国家的方针政策，公布法规和规章

B. 请示和答复问题

C. 指导、布置和商洽工作

D. 报告、通报和交流情况

2. 公文的特点有（　）。

A. 法定的权威性、作者和读者的特定性

B. 主旨的直白性、材料的真实性

C. 程式的规范性、语言的严肃性

D. 效用的时限性

3. 以下词语中，有错别字的是（　）。

A. 暴炸　辩析　肖像　机率　　B. 躁热　呕气　渲泄　毗临

C. 座标系　照像机　赝品　　D. 欠收　牟利　缴税　既使

4. 以下词语中，没有有错别字的是（　）。

A. 变本加利　涣然一新　并行不背

B. 出类拔萃　川流不息　独当一面

C. 要言不繁　防患未燃　费寝忘食

D. 厉行节约　连锁反应　名列前茅

5. 以下有错别字的项是（　）

A. 投资了1200万元，兴建了东城区六年制小学。

B. 特殊区段建设配套实施，高标准规划，高起点建设。

C. 要做到规划一个，实施一个，完善一个，贮备一个，保证按照产销研用一体化……

D. 一直延续着规模偏小，产量低下，受益不高的状态。

6. 以下词语中，数字表述错误是（　）。

A. "九一三"事件、"一二八"事件、3–5日

B. "九·一三"事件、"一·二八"事件、3日–5日

C. "九一三"事件、"一·二八"事件、3日—5日

D. "九一三"事件、"一·二八"事件、3–5日

7. 以下词语中，有错别字的项是（　）。

A. 一炷香、一刹那、一滩泥　　B. 一炷香、一刹那、一摊泥

C. 碳酸钙、主旋律、检察院　　D. 炭酸钙、主弦律、检察院

8. 关于"截止"和"截至"，用法正确的是（　）。

A. 截至2018年11月1日　　B. 截止2018年11月1日

C. 截止时间　　D. 截至时间

9. 关于"权利"和"权力"，用法错误的是（　）

A. 全国人民代表大会是最高国家权力机关。

B. 公安机关有依法拘留违法犯罪人员的权利。

C. 领导干部要树立正确的权利观。

D. 税法保护纳税人的合法权利不受侵犯。

10. 关于“启示”和“启事”，用法正确的是（　）。

A. 招聘启事　B. 招聘启示　C. 征集启事　D. 征集启示

11. 关于“法治”和“法制”，用法错误的是（　）。

A. 加强社会主义法制建设，做到有法可依、有法必依、执法必严、违法必究

B. 从“人治”到“法治”，是一个国家的巨大进步

C. 构建法制社会、打造法制政府，早已是社会共识、人心所向

D. 法制是一种理想的社会治理状态

12. 关于“制定”和“制订”，用法正确的是（　）。

A. 遵循 WTO 国民待遇规则和国际惯例，制定本法（《企业所得税法》）

B. 要借新一轮税制改革的契机，尽快研究制订《税收基本法》

C. 本办法由 ××× 制定并解释

D. 做好相关制度的制定修订工作

13. 关于“遏止”和“遏制”，用法正确的是（　）。

A. 文化的改革如长江大河的流行，无法遏止

B. 要严格落实“八项规定”相关要求，坚决遏制违规公务消费

C. 要严厉打击违法犯罪活动，坚决遏止大案要案多发的态势

D. 这就遏制了金融部门的发展

14. 关于书名号，用法错误的是（　）。

A.《×××× 丛书》

B. 请如实填写《××× 登记表》和《××× 统计表》

C. 一个以《评选最美石油工人》为题的大型活动在全系统展开

D. 关于转发《最高人民法院关于贯彻执行〈中华人民共和国民法通则〉若干问题的意见》的通知

15. 关于顿号，用法错误的是（　）。

A. 会上，有三、四十位同志发了言

B. 加快发展二、三产业是这次会议重要决策之一

C.（一）、督办协调情况

D. 孝敬父、母，友爱兄弟、姐妹

16. 关于分号，用法正确的是（　）

A. 附件：1. 工作小组成员名单；

　　　2. 工作小组工作规则。

B. 人还没看见，已经先听见歌声了；或者人已经转过山头望不见了，歌声还余音袅袅。

C. 一是养老保险安置。对进入企业工作的 ××× 要一样纳入企业职工基本养老保险；二是医疗保险安置。城镇居民可参加城镇居民医疗保险。

D. 据欧盟 1999 年年底对世界上 32 个茶叶出口国和地区的分析结果，农药残留水平低的国家包括非洲产茶国和亚洲印度尼西亚和斯里兰卡；残留水平高的国家包括中国、日本、越南；居两者之间的国家，包括印度等。

17. 关于引号，用法错误的是（　）

A. ×××× 并制定“烟草专卖法”作保障。

B.《婚姻法》第十二条所规定的“自始无效”，是指 ××××。

C. 被告人 ××× 申辩称，我当时虽然在现场，但……

D.“去枝寻干法”也可称为“成分简缩法”“压缩法”“紧缩法”。

18. 关于破折号，用法正确的是（　）。

A. 我一直坚持读书，想借此唤起弟妹对生活的希望——无论环境多么困难

B. 2018 年 3 月——5 月

C. 先天下之忧而忧，后天下之乐而乐

　　——范仲淹

D. 先天下之忧而忧，后天下之乐而乐

　　—范仲淹

19. 关于括号，用法错误的是（　）。

A. 中国石化 ×××× 有限公司（简称 ×××× 公司）

B. 中国石化化工销售有限公司简称（×××× 公司）

C. 根据 ××× 会上提出的相关工作要求（详见会议纪要），……

D. 根据 ××× 会上决定的事项（以上具体内容，详见会议纪要。），……

20. 关于发文字号，写法错误的是（　）。

A. 财资发〔2017〕× 号　　B. 财资发（2017）× 号

C. 财资发【2017】× 号　　D. 财资发 [2017]× 号

21. 以下文字有语病的是（　）

A. ×× 市分公司非油品销路激增。

B. ×× 市分公司有多家夫妻老婆店……。

C. 在春节期间，要努力搞好水运、海运、陆运、铁路运输……

D. 经 ×× 研究同意，并报 ×× 部门批准，同意设立…。

22. 以下没有语病的是（　）

A. 通过学习习近平新时代中国特色社会主义思想，党员干部对加强党的政治建设有了深刻的认识。

B. ×××× 公司党委作出了学习 ××× 同志的先进事迹。

C. 科技人员的工作热情普遍活跃。

D. 越是在改革不断深入的形势下，越要抓紧党风党纪。

23. 以下文字有语病的是（　）

A. 在师傅的精心培养下，作为学徒的新入职员工的工作显著提高了水平。

B. 不认真调查研究，怎么能写出好的文章来是可想而知的。

C. ×× 单位是博士学位授权单位。

D. 要充分发挥基层党组织的战斗堡垒作用，……。

24. 以下有语病的是（　）

A. 我们肩负着培养大批德才兼备的年轻干部队伍的任务。

B. 勤奋的工作换来了丰厚的成果。

C. 保护国家、集体和公民的合法权益。

D. 凡国有资产严重流失的企业，一概追究领导责任。

25. 以下文字有歧义的是（　）

A. 会场一边站一名保安。

B. 下班后无事不得在工作岗位上闲谈。

C. 主办人员提醒该部门领导，他未予以重视。

D. 公司领导亲自讲课，突出强调加强政治理论学习的重要意义。

（五）案例题

1. 请用规范的修改符号改正下文中的错误。

2019 年，我公司全力以赴打好市场攻艰战，全体员工契而不舍走访客户，积极开展“4 访 5 进”营销活动，大力拓展市场，截止 2019 年 11 月 31 日，销售成品油 760 万吨，同比增长百分之五，增幅在销售企业名列前矛；同时，坚持励行节约，狠抓了成本管理，吨油费用比去年降低了一倍。

2. 请使用公文规范的表达方式修改下面这则表扬通报。

“不忘初心，牢记使命”主题教育开展以来，公司领导们坚持加强政治理论学习，非常刻苦用功，用“贵有恒，何必三更起五更眠；最无益，莫过一日曝十日寒”这句话来形容，一点也不为过；同时加大深入基层力度，全省系统每一座加油站都留下了他们深深的脚印。他们的作风深深感染了全体员工，大家心潮澎湃，决心全力以赴抓好各项工作。

修改稿：____

____

____

____

____

3. 请严格按照公文写作要求修改下面这篇公文。

关于严厉打击整治 ×××× 专项行动有关情况的报告

×××× 部：

今年 2 月 1 日，贵部组织开展了严打 ×××× 违法犯罪专项行动，亲自到 ×××× 公司听取有关情况汇报。3 月 28 日，贵部组织召开 ×× 专项行动电视电话会议。此后，又多次组织力量奔赴重点省（市）召开现场会议，强力督导打击整治专项行动开展，协调指导侦办重要案件，大力推进破案追逃工作，集中整治非法涉油厂点，采取一系列强有力措施，成功摧毁多起涉油大案要案，战果卓著，各地涉油治安秩序持续好转。

贵部今年的工作，××××。

贵部还计划下一步将开展××××工作，××××。

在贵部的组织领导下，各省市高度重视，××××，坚实保障了此次专项行动的打击整治力度，取得了非常好的效果。以××××公司为例，自专项行动开展以来，公司××××形势总体实现了根本性好转，××××等地油气田实现“零”案发。

上述成绩是贵部及××××的结果，充分体现了贵部及××××对推动国有企业发展、保障国家能源和公共安全、保护国有资产和生态环境的鲜明立场，充分体现了贵部及××××。对此，××××公司全体员工表示衷心的感谢和崇高的敬意。

自2002年以来，在××××联席会议的指导推动下，在贵部的组织领导下，在全国××××协作下，××××公司油气安保工作从无到有，逐级形成一套有自身特点的综治工作管理体系，××××工作水平不断提升，××××案件大幅下降。

下一步，××××将认真贯彻党中央、国务院的决策部署，深入落实贵部的各项要求，切实履行主题责任，不断强化内部管理，充实××××，继续全力配合××××工作。

同时，我们希望贵部及××××保持高压严打态势，乘胜追击，彻底斩断××××等涉油犯罪链条，为国家能源生产建设创造长治久安的良好环境。

××××公司

××××年××月××日

修改稿：

4. 公司领导要办公室起草一份“关于精简会议、减少文件的通知”，下面是小王起草的框架标题，请您帮助他修改完善。

关于精简会议、减少文件的通知

总部各部门：

为进一步提高全系统工作效率，减轻基层负担，现将精简会议、减少发文等事项通知如下：

一、会议必须精简。

二、严控控制会议，把住开会关口。

三、压缩会议规模，减少陪会人员。

四、提倡开短会、小会、联合会。

五、改革开会方法。

六、大力压减文件。

七、精炼文件内容。

八、加快文件办理进度。

修改稿：______________________________

5. 公文的语言要求准确、庄重、平实、简明，切忌套话空话连篇。下面是 ×××× 公司贯彻落实上级工作会议精神情况报告的开头，请您修改。

“在 ×××× 以来的大好形势下，在 ×××× 会议精神的鼓舞下，×××× 石化公司认真贯彻落实 ×××× 精神，反复认真学习了 ×××× 工作报告和讲话。通过学习，×××× 石化公司深刻认识到 ×××× 的重要性，进一步明确了 ×××× 的重要意义，从而大大增强了贯彻执行 ×××× 的自觉性。在提高认识的基础上，决定狠抓 ××××，做到 ××××，努力取得 ××××”

修改稿：____

____

____

____

____

____

____

五 精选试题答案

（一）填空题

1. 传达贯彻党和国家方针政策；请示和答复问题

2. 法定效力；规范体式　3.《后汉书 · 刘陶传》或两汉时期

4. 竿；励；牟　5. 叙述；说明；议论

（二）判断题

1. √　2. √

3. ×　解析：公文处理工作是指公文拟制、办理、管理、整理（立卷）、归档等一系列相互关联、衔接有序的工作。

4. ×　解析：《党政机关公文处理工作条例》中规定公文的种类主要有15种。

5. √

6. √　解析：应为按部就班。

7. ×　解析：应为甘拜下风。

8. √

9. ×　解析：定语后面用“的”，状语后面用“地”，补语前面用“得”。应为：“小王向公司领导详细地汇报了这次调研的情况。”

10. √

11. ×　解析：引用时，若引文具有独立性，引用部分末尾的标点符号应放在引号里边。

12. √

13. ×　解析：不能视为作品的课程、课题、奖品奖状、商标、证照、组织机构、会议、活动等名称，不应用书名号。

14. ×　解析：语序不当，应为观察、分析、解决问题。

15. ×　解析：一面对两面，修改为：“是否做好生产救灾工作，决定于干部作风是否深入。”或“做好生产救灾工作，决定于干部作风的深入。”

16. √　解析：“非常”与“酷爱”含义重复。

17. ×　解析：主语不明。这句话的主语是“工厂”，但“三次被授予省优质产品称号”的主语只能是这家工厂的产品，而不能是“工厂”。

18. ×　解析：语序不当。应为“批评和自我批示是改正错误提高思想水平的有效的方法”。

19. √

20. ×　解析：成分多余。“由于”和“为此”两词在句子中保留一个即可。

（三）单项选择题

1. A　2. B　3. D

4. C　解析：埋怨、粗犷、震撼、博弈

5. D　解析：墨守成规

6. D　7. D　8. A　9. B

10. A　解析：中国石化报社是机构名称，不使用书名号。

11. D　解析：AC 均需删除顿号。B 应为“七一”。

12. D　解析：分号应改为句号。

13. D　解析：A 应改为“七一”讲话；B 应改为“8·12”爆炸事故；C 应改为“十三五”规划。

14. D　解析：应为六角括号。

15. C　解析：当含有疑问词的语段充当某种句子成分，而句子并不表示疑问语气时，句末不用问号。

16. A　解析：当句子包含疑问、感叹两种语气且都比较强烈时，可在句子问号后面再加叹号。

17. D　解析：冒号提示范围应与提示性话语保持一致（即在该范围的末尾要用句号点断）。

18. D　解析：A 凯旋与归来语义重复；B 刻骨铭心与难忘语义重复；C 约与左右重复。

19. B　解析：A 改进与错误搭配不当；C 基本与一致矛盾；D 质量与增加搭配不当。

20. D　解析：A 悬殊与非常小矛盾；B 积蓄改为积累；C 更加与变本加厉重复。

21. C　解析：A 应该为引起了广泛地讨论；B 人不能被评为模范单位；D“两个”工人还是建议，存在歧义。

22. B　解析：A 至少与以上重复；C 缺点不能帮助；D“前去”存在歧义。

23.D　解析：A“就能”应为“才能”；B 由衷含有在心里的意思；C“建立或增加了石油储备”删除“建立”两字。

24. B　解析：A“防止不要”是双重否定表示肯定，与语义不符；C 白白与虚度语义重复；D 逻辑混乱或语序不当，“几千年前”和“刚”相互矛盾，应为“刚出土的几千年前的文物”。

25. A　解析：B“数万名”不能搭配“人群”；C 语序不当，应修改为“就陆续有人交卷”；D 缩短了不能用“倍”。

（四）多项选择题

1. ABCD　2. ABCD　3. ABCD　4. BD

5. BCD　解析：B 应为配套设施；C 应为储备；D 应为效益。

6. ABD　7. AD　8. AC　9. BC　10. AC　11. CD　12. ABC　13. ABD

14. ABC　15. ACD　16. BD　17. AC　18. AC　19. BD　20. BCD

21. ABCD　解析：A 选项销路与激增搭配不当。B 夫妻老婆重复。C 选项陆运与铁路运输概念重复。D 选项批准与同意重复。

22. BCD　解析：B 选项应为“先进事迹的决定”。C 选项主谓搭配不当，应为“热情普遍提高”。D 选项应为“越是……越要”。

23. ABC　解析：A 选项应为显著提高了工作水平。B 选项删去“是可想而知的”，加上“呢？”C 选项应为“博士学位授予单位”。

24. ABCD　解析：A 选项删除“队伍”。B 选项丰厚与成果不搭配，丰厚应为丰硕。C 选项应为国家、社会的利益和公民的合法权益。D 选项应为一律追究。

25. ABC

（五）案例题参考答案

题 1：

“攻艰战”修改为“攻坚战”；“契而不舍”修改为“锲而不舍”；“4 访 5 进”修改为“四访五进”；“截止”修改为“截至”；“百分之五”修改为“5%”；“名列前矛”修改为“名列前茅”；“励行节约”修改为“厉行节约”；“降低了一倍”修改为“降低了 50%”。

题 2：

“不忘初心，牢记使命”主题教育活动开展以来，公司领导带头加强政治理论学习，坚持每日学深学透，同时坚持深入基层库站，帮助一线解决困难，带动全体员工真抓实干，全力以赴完成各项工作。

题 3：

关于严厉打击整治 ×× 专项行动有关情况的报告

××× 部：

自贵部组织开展严厉打击整治 ×× 专项行动以来，破获了多起涉油大案要案，战果卓著。×× 公司借助东风、加强管理，油气安保水平得到显著提升。现将有关情况报告如下：

一、×× 公司开展有关工作情况及成效

2 月 21 日，××××，贵部组织开展 ×××× 专项行动。对此次专项行动，×× 公司高度重视，迅速成立了由公司主要领导任组长的 ×× 领导小组，制定 ×× 行动方案，提出明确要求，压实各级责任，××。

×× 总体形势实现根本好转，得益于党中央、国务院的坚强领导，得益于国家有关部委和地方党委、政府的大力支持，更得益于贵部及 ××。这充分体现了贵部对保卫国有资产、保障国家能源和公共安全、保护生态环境的高度重视，充分体现了敢于担当、雷厉风行、求真务实的工作作风。对此，×× 公司全体干部员工表示衷心的感谢和崇高的敬意。

二、×× 公司下一步有关工作思路及建议

×× 是国家重要的基础设施，×× 直接关系到国家能源供应安全和人民生命财产安全。下一步，×× 公司将认真贯彻党中央、国务院的决策部署，严格按照贵部的各项要求，切实履行主体责任，不断强化内部管理，××。

同时，希望贵部 ××××，为国家能源生产建设创造长治久安的良好环境。

×××××公司

×× 年 ×× 月 ×× 日

题 4：

关于进一步精简会议和文件的通知

总部各部门：

为进一步精简不必要的会议和文件，减轻基层负担，提高工作效率，现对精简会议、文件的有关要求通知如下：

一、严格精简会议，提高会议效率

可开可不开的会一律不开，做到少开会；确需召开的会议按照精简、高效的原则，尽量开短会。

（控制会议数量和规模具体要求）

二、严格控制发文，提高公文质量

严格控制发文数量，提高公文质量。可发可不发的文件一律不发，做到少发文；公文力戒穿靴戴帽、空话套话，提倡发短文。

（控制文件数量，提高文件质量的具体要求）

三、明确责任分工，加强审核审批

题 5：

在 ×× 会议结束后，我公司立即进行了传达学习，结合会议要求研究部署了下一步工作，现将有关情况报告如下：

附　　录

2019年中国石化公文处理业务竞赛
总部部门（专业公司）试卷

注意事项

1. 考试时间为：100分钟。
2. 请首先按要求在试卷的标封处填写您的姓名、准考证号和所在部门（单位）的名称。
3. 请仔细阅读各种题目的回答要求，在规定的位置填写您的答案。
4. 不要在试卷上乱写乱画，不要在标封区填写无关内容。

	一	二	三	四	总 分
得 分					

得 分	
评分人	

一、单选题（第1题~第30题。选择一个正确答案，将相应的字母填入题内的括号中。每题0.5分，满分15.0分。）

1.“四个全面”战略布局主要内容是全面建成小康社会、全面深化改革、全面依法治国、(　　)。

A. 全面从严管党　　B. 全面从严治党

C. 全面创新发展　　D. 全面改革开放

2. 2019年，集团公司提出，要坚持新发展理念，按照高质量发展要求，贯彻“四个坚持”兴企方略，践行“改革、管理、创新、发展”工作方针，把“专业化发展、(　　)、国际化布局、(　　)”作为运营准则，创造性地开展工作，充分调动各方面积极性，推动实现质的转变和跃升。

A. 市场化运作　一体化统筹　　B. 一体化运作　市场化统筹

C. 多元化运作　一体化统筹　　D. 信息化运作　市场化统筹

3. 下列各句中，没有错别字的一句是（　　）。

A. 经过 5 年探索，中国石化建立了涵概上中下游各个板块的共享服务业务体系

B. 党员干部要积极弘扬主弦律，传递正能量

C. 成品油管道建设如火如荼，管输已成为扩大油品资源辐射范围的重要手段

D. 若管理不善，非但不能解决历史遗留问题，反而为基层凭添许多新的问题

4. 下列引号使用正确的是（　　）。

A. 听了 ×× 书记的“七一讲话”，我心潮澎湃，浑身充满了干劲儿

B. 天津港“8.12 爆炸事故”，给我们敲响了警钟

C. 公司“十三五规划”，描绘了未来五年的宏伟蓝图

D. 从山脚向上望，只见火把排成许多“之”字形，一直连到天上

5. 下列属于党政机关公文种类的是（　　）。

A. 决议、决定、命令、公报　　B. 公示、通告、意见、通知

C. 建议、通报、报告、请示　　D. 批准、议案、函、纪要

6. 下列关于请示适用情况的说法中，正确的是（　　）。

A. 向上级机关请求指示、批准　　B. 向上级机关汇报工作

C. 向上级机关反映情况　　D. 向上级机关询问情况

7. 向上级机关行文，应当遵循（　　）。

A. 原则上主送一个上级机关

B. 抄送下级机关

C. 以本机关名义向上级机关负责人报送公文

D. 以本机关负责人名义向上级机关报送公文

8. 公文起草应当做到（　　）。

A. 一切从实际出发，分析问题实事求是

B. 内容简洁，主题突出

C. 深入调查研究，充分进行论证

D. 其他选项都正确

9. 公文不能用于（　）。

A. 个人向组织交代问题

B. 公布法规和规章

C. 传达贯彻党和国家的方针政策

D. 请示和答复问题

10. 上行文的标题由哪些要素构成（　）。

A. 发文机关名称、事由、文种　B. 收文机关名称、事由、文种

C. 发文机关名称、事由　D. 收文机关名称、事由

11. 关于行文关系的说法错误的是（　）。

A. 行文关系根据隶属关系和职权范围确定

B. 一般不得越级行文

C. 特殊情况需要越级行文的，应当同时抄送被越过的机关

D. 具有平行关系或不相隶属关系的机关之间不能相互行文

12. 向下级机关行文的说法错误的是（　）。

A. 适用文种有“决定”“命令（令）”“意见”“通知”等

B. 正文中不得夹带图表

C. 发文机关署名可署全称或规范化简称

D. 仅有“通知”类文件中有附注

13. 下列说法错误的是（　）。

A. 同级党政机关、党政机关与其他同级机关必要时可以联合行文

B. 行政机关的公文不得向党的组织作指示、交任务

C. 属于党委、行政各自职权范围内的工作，可以联合行文

D. 涉及两个以上的同级机关、部门和单位的发文，原则上要联合行文

14. 关于会签说法正确的是（　）。

A. 主办部门负责人应在各有关部门会签后审核并签字

B. 会签时应由部门负责人签署姓名、日期和意见

C. 各有关部门应当主动找主办部门会签

D. 主办部门可以代替涉及的其他部门对文件进行会签

15. 经审核不宜发文的公文文稿，应当（　）。

A. 由办公厅（室）修改后予以审核通过

B. 直接作为废稿处理

C. 退回起草单位并说明理由

D. 不予审核，无须作任何处理

16.《党政机关公文格式》（GB/T9704-2012）规定，发文机关标志（　）排布，使用小标宋体字。

A. 左对齐　B. 两侧对齐　C. 居中　D. 右对齐

17. 根据公文格式有关规定，公文正文表述不正确的是（　）。

A. 首页必须显示正文

B. 正文结构层次序数依次可用“一、”“1、”“（1）、”等

C. 公文正文一般采用 3 号字体

D. 公文正文编排于主送机关名称下一行

18. 根据公文处理有关规定，公文的成文日期一般以（　）为准。

A. 拟稿日期　B. 核稿日期　C. 印发日期　D. 签发日期

19. 根据公文处理有关规定，加盖印章的公文，联合行文时，一般将各发文机关署名按照（　）整齐排列在相应位置。

A. 收文机关顺序　B. 发文机关顺序

C. 抄送机关顺序　D. 转发机关顺序

20. 集团公司总部层级发文、签报、专题会议纪要等公文附件格式不应为（　）。

A. doc　B. pdf　C. zip　D. xls

21. 公文的印发传达范围需要变更的，应当（　）。

A. 经办理机关批准　B. 经上级机关批准

C. 经发文机关批准　D. 其他选项都正确

22. 根据公文处理有关规定，下列关于公文格式页码的说法，不正确的有（　）。

A. 一般使用 4 号半角宋体阿拉伯数字，编排在公文版心下边缘之下，数字左右各放一条一字线

B. 信函首页不显示页码

C. 公文的版记页前有空白页的，空白页和版记页不编排页码

D. 公文的附件与正文一起装订时，页码可以不连续编排

23. 因出差等原因不能办理公文，且不具备移动办公条件，应（　）。

A. 在离岗前及时通过公文管理系统委托功能，将本人公文处理权限委托代办人，由代办人代为办理电子公文

B. 在离岗前将自己的公文管理系统密码告知他人，让他人代为办理电子公文

C. 无需委托，返回岗位时及时处理

D. 在离岗前将自己的公文管理系统密码告知部门负责人，请负责人安排其他人代为办理电子公文

24. 关于复制、输出电子公文，下列说法中错误的是（　）。

A. 复制、输出的电子公文视同原件管理

B. 复制电子公文不必标注相关复制信息

C. 输出电子公文应当控制输出数量和去向

D. 复制、输出涉密电子公文应当履行审批手续

25. 总部签报的形式为（　）。

A. 请示、通知　B. 请示、批复　C. 请示、报告　D. 报告、通知

26. 集团公司有关文件规定，董事长、总经理、总裁办公会会议纪要，应在会后（　）个工作日完成审签；党组会会议纪要的起草、审签最长不超过（　）。

A. 5　一周　　B. 3　3 个工作日

C. 3　一周　　D. 5　3 个工作日

27. 收文办理的程序依次是（　）。

A. 签收、登记、初审、承办、传阅、催办、答复

B. 签收、登记、答复、初审、承办、传阅、催办

C. 签收、初审、登记、承办、传阅、催办、答复

D. 签收、承办、初审、登记、传阅、催办、答复

28. 以下哪一项不属于公文办理中“催办”的内容（　　）。

A. 及时了解掌握公文的办理进展情况

B. 及时交办并督促承办部门按期归档

C. 督促承办部门按期办结

D. 紧急公文应当由专人负责催办

29. 中央文件在送领导传阅的过程中，需记录（　　）。

A. 文件名称及送阅时间　　B. 送阅时间及传阅人名字

C. 文件名称及传阅人名字　　D. 文件名称及送取人名字

30. 根据《中共中国石油化工集团有限公司党组贯彻落实中国共产党重大事项请示报告条例实施办法》，集团公司党组向党中央请示的事项包括（　　）。

A. 贯彻落实党中央决策部署中的重要情况和问题，需要作出调整的政策措施，需要持续解决的特殊困难

B. 重大专项工作开展情况

C. 重大敏感事件、突发事件和群体性事件应对处置情况

D. 年度工作总结及下一步工作安排

得　分	
评分人	

二、判断题（第 31 题 ~ 第 60 题。将判断结果填入括号内。正确的打“√”，错误的打“×”。每题 0.5 分，满分 15.0 分。）

31. 中国特色社会主义事业总体布局“五位一体”总体布局的内容是：经济建设、政治建设、文化建设、社会建设、生态建设。（　　）

32.“不忘初心、牢记使命”主题教育的总要求是：守初心、担使命，找差距、抓落实。（　　）

33. 公文一般应当经本机关办公厅（室）主任审批签发。（　　）

34.《党政机关公文处理工作条例》规定“意见适用于对重要问题提出见解和处理办法”，意见不能用于平行文。（　　）

35. ×× 单位给予 ×× 职工警告处分时，应选用的文种是意见。（　）

36. 某企业员工见义勇为事迹在社会上引起强烈反响，其所属企业以通报的形式在企业范围内进行表彰。（　）

37. ×× 单位对 ×× 爆炸事故进行评价分析、指出严重后果、作出某种决定时，使用的公文种类是通知。（　）

38. ×× 单位向上级机关汇报 2018 年度经济技术指标完成情况时，使用的公文种类是请示。（　）

39. 非隶属关系的甲公司向乙公司发送公文标题为《关于赴贵公司协商 ×× 工作的通知》，乙公司办公室可以不予受理。（　）

40. “公文的主旨要直截了当、开宗明义、清楚明白表述出来，绝不能含蓄蕴藉、绕弯子、有歧义”中无错处。（　）

41. 按照行文方向不同，可将公文分为上行文、下行文。（　）

42. 向上级机关行文，原则上主送一个上级机关，根据需要同时抄送相关上级机关和同级机关，不抄送下级机关。（　）

43. 党委、政府的办公厅（室）根据本级党委、政府授权，可以向下级党委、政府行文，其他部门和单位不得向下级党委、政府发布指令性公文或者在公文中向下级党委、政府提出指令性要求。（　）

44.《党政机关公文格式》（GB/T 9704—2012）规定，公文标注份号空两格编排在版心左上角第一行。（　）

45.《中国石化公文处理规范》格式要求中包括版面、版头、主体、版记、页码、印制、签收、登记、归档等内容。（　）

46. 根据公文处理有关规定，三个机关联合上行文，按发文机关顺序编排签发人姓名，每行一般排两个签发人姓名，两个签发人姓名中间空 1 字。首行签发人姓名编排在发文机关标志下空一行位置。（　）

47. 公文的废止，由发文机关、上级机关或者权力机关根据职权范围和有关法律法规决定。公文被废止的，视为自始无效。（　）

48. 机要通信的准寄类别中的文件、刊物类，是指使用机要专用封装用品封装的标注密级、编号和收发件单位名称的国家秘密载体。（　）

49. 石油石化行业国家秘密范围包括绝密级、机密级、秘密级，石油石化企业军用石油石化产品生产、销售、运输、储备计划和执行情况的密级为机密级。 ( )

50. 党政机关电子公文比纸质公文效力低。 ( )

51. 非涉密的电子公文系统，应当在建设实施时同步开展系统安全建设工作，落实安全管理制度和安全防护技术措施。 ( )

52. 电子印章的治安管理由监察机关负责。 ( )

53. 集团公司、股份公司、总部各部门的印章，各直属专业公司和临时机构的印章，各企事业单位、股份公司各分（子）公司的印章均由集团公司启用。 ( )

54.《中共中国石油化工集团有限公司党组贯彻落实中国共产党重大事项请示报告条例实施办法》仅适用于集团公司党组向党中央、直属单位党委向集团公司党组，以及领导干部向党组织请示报告重大事项相关活动。 ( )

55. 定密工作坚持“最小化、全程化、精准化”的原则，做到权责明确、依据充分、程序规范、及时准确，即确保秘密安全，又有利于信息资源合理利用，保障各项工作顺利开展。 ( )

56. 为加快文件办理速度和落实进度，应充分利用信息化手段，必要时可以通过微信、QQ 等聊天工具传阅公文。 ( )

57. 根据“马上就办”工作要求，对于管理制度，会签部门应当在 5 个工作日内完成会签，意见有分歧的，应当在 5 个工作日内提出书面意见反馈主办部门。 ( )

58.《中国石化公文处理规范》流程要求中的“内部文书流程”指的是签报、工作表单、内部明电和会议纪要流程。 ( )

59. 根据集团公司党组关于解决形式主义突出问题为基层减负的重点措施，发扬“短实新”文风，压缩文件篇幅，政策类文件原则上不超过 4000 字。 ( )

60. 中国石化各企事业单位贯彻落实总部及其部门文件，可结合实际制

定务实管用的措施，除有明确规定外，不再制定贯彻落实意见和实施细则，切实解决形式主义问题。（ ）

得 分	
评分人	

三、多选题（第 61 题 ~ 第 100 题。选择一个或多个正确的答案，将相应的字母填入题内的括号中。每题 1 分，满分 40.0 分。）

61. 以下选项属于“四个全面”战略布局内容的是（ ）。

A. 全面建设小康社会　　B. 全面深化改革

C. 全面依法治国　　D. 全面从严治党

62. 关于集团公司“两个三年、两个十年”，下列说法正确的是（ ）。

A. 从 2018 年至 2020 年，决胜全面可持续发展

B. 从 2021 年至 2023 年，公司成立 40 周年时，迈上高质量发展阶段

C. 2035 年前，公司成立 50 周年前后，建成世界一流能源化工公司

D. 到本世纪中叶，公司成立 60 周年前后，建成基业长青的世界一流能源化工公司

63. “不忘初心　牢记使命”主题教育要达到理论学习有收获、（ ）的目标。

A. 思想政治受洗礼　　B. 干事创业敢担当

C. 为民服务解难题　　D. 清正廉洁作表率

64. 下列公文文种选择正确的是（ ）。

A. 各级机关之间商洽工作、询问和答复问题、请求批准和答复审批事项应使用的文种是函

B. 向上级机关汇报工作、反映情况，回复上级机关的询问应使用的文种是报告

C. 表彰先进、批评错误、传达重要精神和告知重要情况应使用的文种是通告

D. 发布、传达要求下级机关执行和有关单位周知或执行的事项，批转、转发公文应使用的文种是通知

65. 下列公文文种中，可以用于上行文的有（ ）。

A. 意见　　B. 命令　　C. 请示　　D. 报告

66. 下列属于决定的适用情况有（ ）。

A. 对重要事项作出决策和部署

B. 奖惩有关单位和人员

C. 嘉奖有关单位和个人

D. 撤销下级机关不适当的决定事项

67. 关于下行文的标题，表述正确的标题有（ ）。

A. 关于 ×× 情况的报告

B. 关于贯彻 ×× 办 ×× 号发文的通知

C. 关于贯彻 ×× 会议精神的通知

D. 关于下达 ×× 的通知

68. 根据公文处理有关规定，公文中首次引用文件，按照引用文件的规范要求，写法错误的是（ ）。

A.《关于进一步加强调查研究工作的意见》（××〔2019〕054 号）

B.《关于进一步加强调查研究工作的意见》（××[2019]54 号）

C.《关于开展 ××× 活动的通知》（××〔2019〕第 54 号）

D.《关于开展 ××× 活动的通知》（××〔2019〕第 054 号）

69. 根据公文处理有关规定，以下哪类文件可以不加附件说明（ ）。

A. 报送类　　B. 批转类　　C. 转发类　　D. 印发类

70. 根据公文处理有关规定，关于成文日期的数字，描述正确的是（ ）。

A. 成文日期的数字可使用汉字

B. 成文日期的数字应使用阿拉伯数字

C. 年份应当标全

D. 月、日不编虚位

71. 根据公文处理有关规定，关于正文首层标题的描述，正确的是（　）。

A. 第一层标题结尾加句号

B. 第一层标题结尾不加标点符号

C. 第一层标题字体为楷体

D. 第一层标题的层次序号为“一、”

72. 根据公文处理有关规定，关于附件说明的格式，编排错误的是（　）。

A. 附件：××××××　　B. 附件：××××××。

C. 附件：1.《××××××》　　D. 附：1.××××××

73. 根据公文处理有关规定，下列关于页码的表述，正确的是（　）。

A. 页码一般用 4 号半角宋体阿拉伯数字

B. 公文的附件与正文一起装订时，页码应当连续编排

C. 信函首页也应标注页码

D. 信函首页不标注页码

74. 根据公文处理有关规定，下列关于主送、抄送机关的位置，正确的是（　）。

A. 主送机关编排于标题下空一行位置，居左空两格

B. 主送机关编排于标题下空一行位置，居左顶格

C. 抄送机关在印发机关和印发日期之上一行、左右各空一字编排

D. 抄送机关在印发机关和印发日期之下一行、左右各空一字编排

75. 行文应当确有必要，讲求实效，注重（　）。

A. 领导决定　B. 针对性　C. 部门意见　D. 可操作性

76. 下列有关行文关系的说法正确的是（　）。

A. 一般不得越级行文

B. 行文关系根据机关的大小确定

C. 行文关系根据职权范围确定

D. 行文关系根据隶属关系确定

77. 对于部门之间会签类文件，会签部门应做到（　）。

A. 3 个工作日内提出会签意见

B. 规定工作日内不能完成会签的，应主动回复不能会签原因

C. 规定工作日内不能完成会签的，主动回复当前办理情况

D. 规定工作日内不能完成会签的，主动回复预计完成会签时间

78. 向下级机关行文，应当遵循以下规则（　）。

A. 主送受理机关，根据需要抄送相关机关

B. 重要行文应当同时抄送发文机关的直接上级机关

C. 党委、政府的部门在各自职权范围内可以向下级党委、政府的相关部门行文

D. 上级机关向受双重领导下的下级机关行文，必要时抄送该下级机关的另一个上级机关

79. 根据公文处理有关规定，对加盖印章的公文，以下关于联合发文机关署名格式描述正确的是（　）。

A. 一般将各发文机关署名按照发文机关顺序整齐排列在相应位置

B. 主办机关位置在前

C. 每排最多 2 个印章

D. 两端不得超出版心

80. 公文发放范围进行调整的情况有（　）。

A. 机关合并

B. 机关撤销

C. 机关新设立，并向本级党委、政府的办公厅（室）提出发文立户申请，经审查符合条件的

D. 未经过审查的新设立机关

81. 根据公文处理有关规定，关于会议纪要，描述正确的是（　）。

A. 会议纪要不需要加盖印章

B. 纪要不写主送机关

C. 纪要标志由“×××××纪要”组成

D. 纪要须写主送机关

82. 关于制发文件下列说法正确的是（　）。

A. 凡总部规章制度已作出明确规定的，一律不再制发文件

B. 总部现行文件规定仍然适用的，不再重复发文

C. 总部规章制度有相关规定的，必要时需制发文件予以明确

D. 总部现行文件规定仍然适用的，必要时需制发文件予以明确

83. 下列关于工作表单的描述正确的是（　）。

A. 一般日常性工作主要包括内部关联交易、原料互供安排、调度令、计划调整等专项业务

B. 定期或日常性的工作安排、工作计划、工作总结和情况通报

C. 在公司内部具有规范性文件同等的作用

D. 适用于公司内部

84. 向集团公司报送请示性公文，下列做法正确的是（　）。

A. 应给总部及总部部门留出研究决策的时间

B. 除突发事件或领导同志另有交代的以外，紧急事项应在正文中注明紧急原因

C. 不得通过限时件报送非紧急事项

D. 特殊情况下，可以通过紧急公文方式报送非紧急事项

85. 主送集团公司党组、集团公司、股份公司的公文，下列做法正确的是（　）。

A. 由集团公司办公厅（文件处）统一接收

B. 同时按总部部门职权范围报送相关部门

C. 不得直接报送总部其他部门

D. 通过限时件、紧急公文方式报送

86. 电子公文要素包括（　）。

A. 版面　　B. 拟制　　C. 办理　　D. 管理

87. 集团公司公文无纸化的适用范围是（　）。

A. 总部层级公文包括党组、集团公司、股份公司发文

B. 集团公司、股份公司专题会及总师办公会等会议纪要

C. 不含总部接收的中央文件

D. 不含涉及国家秘密和企业核心商密的文件

88. 下列关于电子公文的表述正确的是（　）。

A. 与相同内容的纸质公文具有同等的行政效力

B. 与相同内容的纸质公文具有同等的法律效力

C. 行政效力低于相同内容的纸质公文

D. 法律效力低于相同内容的纸质公文

89. 复制的电子公文，应当（　）。

A. 视同原件管理

B. 涉密的，按照相应密级的纸质文件管理规定执行

C. 复制公文无需进行管理监督

D. 标注相关复制信息

90. 电子公文整理归档保管期限中，定期一般分为（　）。

A. 5　　B. 10　　C. 20　　D. 30

91.《中国石化公文处理规范》流程要求中的“发文流程”包括（　）。

A. 拟稿　　B. 核稿

C. 签发　　D. 排版、校对、印制、分发

92. 中国石化商业秘密保护范围主要包括（　）。

A. 战略规划、管理方法、商业模式、改制上市、并购重组、产权交易等经营信息

B. 财务信息、投融资决策、产购销策略、资源储备、重要客户信息、招投标标底等经营信息

C. 科研、设计、程序、流程等技术信息

D. 产品配方、制作工艺、制作方法、技术诀窍等技术信息

93. 一份中国石化普通商密文件保密期限是10年，密级标识错误的是（　）。

A. 中国石化 商密▲10年　　B. 中国石化 商密 10年▲

C. 中国石化 商密★10年　　D. 中国石化 商密 10年★★

94. 根据《中共中国石油化工集团有限公司党组贯彻落实中国共产党重大事项请示报告条例实施办法》，下列关于请示报告内容的规定，正确的是（　）。

A. 具有实质性内容和参考价值

B. 内容翔实准确，注意修辞技巧

C. 有助于党中央、集团公司党组了解情况、科学决策

D. 力戒空洞无物、评功摆好、搞形式主义

95. 关于“截止”和“截至”，用法错误的是（　）。

A. 截至 2018 年 11 月 1 日　　B. 截止 2018 年 11 月 1 日

C. 截止目前，××××　　D. 截至目前，××××

96. 关于括号，用法正确的是（　）。

A. 中国石化 ××× 有限公司（简称 ××× 公司）

B. 中国石化 ××× 销售有限公司简称（××× 公司）

C. 根据 ××× 会上提出的相关工作要求（详见会议纪要）

D. 按照上级文件精神，我司连续召开三次专题会，并做出了相关问题的处理决定（会议讨论充分，记录详实，具体决定详见会议纪要）。

97. 集团公司《关于整改当前公文管理中突出问题的通知》中，有关文件清样校对的要求，表述正确的是（　）。

A. 文件会签单位收到校对提醒通知后，在 1 个工作日内完成文件清样校对

B. 文件起草单位收到校对提醒通知后，在 1 个工作日内完成文件清样校对

C. 拟稿人员无法及时校对时，文件会签单位需安排其他人员代为校对

D. 拟稿人员无法及时校对时，文件起草单位需安排其他人员代为校对

98. 下列关于《总部践行“马上就办”工作方案》内容表述正确的是（　）。

A.“提高签报审批时效”中要求，集团公司领导批示部门办理后，有明确办理时限要求的，部门应当按照要求时限办结；没有明确时限要求，应当在 3 个工作日内提出办理意见

B.“提高部门会签时效”中要求，简化制度审核流程，将制度的信息化审核环节调整到会签环节

C.“提高部门批复时效”中要求，对于企事业单位向总部部门报送的请示类文件，制度规定中有明确办时限要求的，应当在制度规定的时限内办结

D.“配套措施”包括梳理优化总部职能、改进签报管理、优化提升信息系统功能、大力推广应用移动办公、试行“一站式”集中办公、提升人力资源管理、优化完善制度体系、强化考核激励约束

99. 贯彻落实党组关于解决形式主义突出问题为基层减负的重点措施，下列说法中正确的是（　）。

A. 为切实减轻基层负担，避免层层发文，各企业不再承接总部的制度和规定

B. 贯彻落实公司和部门文件，可结合实际制定务实管用的举措

C. 除总部文件有明确规定外，不再要求企业制定贯彻落实意见和实施细则

D. 以工作表单部署的工作，一般不要求各单位以正式文件报告有关情况

100. 转变文风作风，下列做法正确的是（　）。

A. 严格落实中央八项规定精神和党组实施细则

B. 简化领导同志职务称谓，一般称同志，不使用“尊敬的”

C. 对领导同志批示、讲话、工作部署等，不使用“重要指示”“重要批示”“重要讲话”等表述

D. 一般情况下，不得向领导同志个人报送公文

得　分	
评分人	

四、案例分析与写作题（第 101 题～第 103 题。每题 10 分，满分 30.0 分。）

101. 下面是《东风石化公司关于加强知识产权工作的指导意见》文件，请按照公文处理有关规定，找出其错误之处并提出修改意见。

东风石化公司文件

东风石化企〔2018〕23号　　　　签发人：张小强

东风石化公司关于加强知识产权工作的指导意见

2019年8月16日，集团公司召开了知识产权工作会议，王小明副总经理作了极为重要的讲话，强调科技创新是企业立身之本，加强知识产权工作是强企之路。××××。

为深入贯彻落实集团公司加强企业知识产权工作会议精神，结合东风石化公司（以下简称东风石化）实际，现就加强知识产权工作提出以下意见：

一、成绩与不足

东风石化成立50年来，经过几代人的奋斗，知识产权工作成绩显著：××××。

同时也要看到知识产权工作中还存在一些不足：××××。

二、指导思想与总体要求

指导思想是：××××。

总体要求是：××××。

三、充分认识加强知识产权工作的重要意义

知识产权是公司的智力劳动成果，是公司的重要资产和宝贵财富。××××。

四、全面启动知识产权战略研究制定工作

××××，努力在 2019 年底前制定并实施东风石化知识产权战略。

知识产权战略研究制定工作时间表（2019 年）

时间	8 月	9 月	10 月	11 月	12 月
任务	调研、列出提纲	讨论提纲	完成初稿	征求意见、修改	印发执行

五、加强知识产权创造和应用力度

（一）知识产权创造方面。要持续完善和深入实施东风石化知识产权战略，一以惯之，久久为功，××××。

（二）知识产权应用方面。要充分发挥知识产权法律制度，加大创新成果的知识产权确权工作，××××，切实推进知识产权成果的广泛应用。

六、加强人才队伍建设

一是重视人才培养。××××。2020 年起连续 5 年，每年将投入 1~1.5 亿元，全部用于××××。

二是加强队伍建设。××××。2020 年起连续 5 年，每年将××××。

东风石化公司

2019 年 9 月 10 日

102. 下面是东风石化公司有关部门起草的一份通知初稿，请按照公文处理有关规定，找出其错误之处并提出修改意见。

东风石化公司关于进一步做好××发展规划工作的通知

公司发展规划处、生产经营管理处、人事处、科技处、信息化管理处、工程处、安全环保处，炼油厂、化工厂、橡胶厂、储运分公司：

根据集团公司近日印发的“集团规发〔2019〕88号《集团公司关于持续做好××发展规划工作的通知》”精神，以及公司党委副书记、常务副总经理李晓军指示要求，现将进一步做好公司××发展规划工作要求通知下：

一、以××、××为主体，加快组建公司工作团队，对下属单位采取市场化的方式进行运作，公司系统内人力资源可统筹调配，2019年12月底务必组成正式团队。这项工作一定要抓紧，不是说今年剩下的几个月要抓紧，明年也要抓紧，在正式规划方案完成之前，一天也不要放松，各单位一定要记住这一点。

二、抓紧完成咨询和设计资质获取工作：可采取合作挂靠、按规定程序申办及收购等三种方式进行，××××。无论何种方式，都务必保障程序的正当性，不得因时间紧或其他原因，逾越程序，违反规定，造成了不良后果。在制定××发展规划中，务必坚持“有所为，有所不为”，进一步聚焦主业方向，推动产业发展。

1

三、做好技术支持工作。针对存在的技术难题，××××。

四、抓好人员培训工作。人事处制定2020年培训计划时，要考虑如何解决发展规划工作卡脖子问题。××××。

五、要统筹考虑××发展规划。要做到主业与辅业的协调，现在与未来的统一，××××。

（一）××××。

（二）××××。

六、其他要求。

1.××××。

2.××××。

东风石化公司

2019年09月12日

2

103. 请根据以下背景资料，按照“函”的写作格式要求，以“中国石化集团公司”名义拟写一篇给“××省人民政府”的函文稿，字数不低于300字、不超过500字（拟稿时不必考虑字体字号行间距等因素）。

1. 中国石化集团公司建设的华北输气管道二期工程自2018年3月开始，历时17个月，已于2019年8月基本建成，并拟于11月10日前投产。

2. 华北输气管道二期工程是国家重点工程，横跨××省7个市，将在保障华北部分省市2019—2020年采暖季天然气供应中起着重要作用。

3. 华北输气管道二期工程需在投产前完成消防预验收和验收工作。中国石化集团公司商请××省人民政府协调相关单位在2019年10月31日前完成预验收与验收工作。

2019 年中国石化公文处理业务竞赛
企业试卷

注意事项

1. 考试时间为：100 分钟。
2. 请首先按要求在试卷的标封处填写您的姓名、准考证号和所在单位的名称。
3. 请仔细阅读各种题目的回答要求，在规定的位置填写您的答案。
4. 不要在试卷上乱写乱画，不要在标封区填写无关内容。

	一	二	三	四	总 分
得 分					

得 分	
评分人	

一、单选题（第 1 题 ~ 第 30 题。选择一个正确答案，将相应的字母填入题内的括号中。每题 0.5 分，满分 15.0 分。）

1. “四个全面”战略布局主要内容是全面建成小康社会、全面深化改革、全面依法治国、(　)。

A. 全面从严管党　　B. 全面从严治党

C. 全面创新发展　　D. 全面改革开放

2. 2019 年，集团公司提出，要坚持新发展理念，按照高质量发展要求，贯彻“四个坚持”兴企方略，践行“改革、管理、创新、发展”工作方针，把“专业化发展、(　)、国际化布局、(　)”作为运营准则，创造性地开展工作，充分调动各方面积极性，推动实现质的转变和跃升。

A. 市场化运作　一体化统筹　　B. 一体化运作　市场化统筹

C. 多元化运作　一体化统筹　　D. 信息化运作　市场化统筹

3. 下列各句中，没有错别字的一句是（　）。

A. 经过5年探索，中国石化建立了涵概上中下游各个板块的共享服务业务体系

B. 党员干部要积极弘扬主弦律，传递正能量

C. 成品油管道建设如火如荼，管输已成为扩大油品资源辐射范围的重要手段

D. 若管理不善，非但不能解决历史遗留问题，反而为基层凭添许多新的问题

4. 下列引号使用正确的是（　）。

A. 听了××书记的“七一讲话”，我心潮澎湃，浑身充满了干劲儿

B. 天津港“8.12爆炸事故”，给我们敲响了警钟

C. 公司“十三五规划”，描绘了未来五年的宏伟蓝图

D. 从山脚向上望，只见火把排成许多“之”字形，一直连到天上

5. 下列属于党政机关公文种类的是（　）。

A. 决议、决定、命令、公报　　B. 公示、通告、意见、通知

C. 建议、通报、报告、请示　　D. 批准、议案、函、纪要

6. 下列关于请示适用情况的说法中，正确的是（　）。

A. 向上级机关请求指示、批准　　B. 向上级机关汇报工作

C. 向上级机关反映情况　　D. 向上级机关询问情况

7. 向上级机关行文，应当遵循（　）。

A. 原则上主送一个上级机关

B. 抄送下级机关

C. 以本机关名义向上级机关负责人报送公文

D. 以本机关负责人名义向上级机关报送公文

8. 公文起草应当做到（　）。

A. 一切从实际出发，分析问题实事求是

B. 内容简洁，主题突出

C. 深入调查研究，充分进行论证

D. 其他选项都正确

9. 公文不能用于（ ）。

A. 个人向组织交代问题

B. 公布法规和规章

C. 传达贯彻党和国家的方针政策

D. 请示和答复问题

10. 上行文的标题由哪些要素构成（ ）。

A. 发文机关名称、事由、文种　B. 收文机关名称、事由、文种

C. 发文机关名称、事由　D. 收文机关名称、事由

11. 关于行文关系的说法错误的是（ ）。

A. 行文关系根据隶属关系和职权范围确定

B. 一般不得越级行文

C. 特殊情况需要越级行文的，应当同时抄送被越过的机关

D. 具有平行关系或不相隶属关系的机关之间不能相互行文

12. 向下级机关行文的说法错误的是（ ）。

A. 适用文种有“决定”“命令（令）”“意见”“通知”等

B. 正文中不得夹带图表

C. 发文机关署名可署全称或规范化简称

D. 仅有“通知”类文件中有附注

13. 下列说法错误的是（ ）。

A. 同级党政机关、党政机关与其他同级机关必要时可以联合行文

B. 行政机关的公文不得向党的组织作指示、交任务

C. 属于党委、行政各自职权范围内的工作，可以联合行文

D. 涉及两个以上的同级机关、部门和单位的发文，原则上要联合行文

14. 关于签发说法正确的是（ ）。

A. 重要公文和上行文必须由党的主要负责人签发

B. 签发人应当签署意见、姓名和完整日期

C. 重要公文和下行文必须由党的主要负责人签发

D. 签发人圈阅或者签名的，视为不同意

15. 经审核不宜发文的公文文稿，应当（　）。

A. 由办公厅（室）修改后予以审核通过

B. 直接作为废稿处理

C. 退回起草单位并说明理由

D. 不予审核，无须作任何处理

16.《党政机关公文格式》（GB/T 9704—2012）规定，发文机关标志（　）排布，使用小标宋体字。

A. 左对齐　B. 两侧对齐　C. 居中　D. 右对齐

17. 根据公文格式有关规定，公文正文表述不正确的是（　）。

A. 首页必须显示正文

B. 正文结构层次序数依次可用“一、”“1、”“（1）、”等

C. 公文正文一般采用3号字体

D. 公文正文编排于主送机关名称下一行

18. 根据公文处理有关规定，公文的成文日期一般以（　）为准。

A. 拟稿日期　B. 核稿日期　C. 印发日期　D. 签发日期

19. 根据公文处理有关规定，加盖印章的公文，联合行文时，一般将各发文机关署名按照（　）整齐排列在相应位置。

A. 收文机关顺序　B. 发文机关顺序

C. 抄送机关顺序　D. 转发机关顺序

20. 根据公文处理有关规定，主送机关指公文的主要（　），应当使用全称或者规范化简称、统称。

A. 发文机关　B. 主管机关　C. 受理机关　D. 行政机关

21. 公文的印发传达范围需要变更的，应当（　）。

A. 经办理机关批准　B. 经上级机关批准

C. 经发文机关批准　D. 其他选项都正确

22. 两个以上机关联合办理的公文，归档时（　）。

A. 由相关机关归档原件，主办机关保存复制件

B. 由主办机关归档原件，相关机关保存复制件

C. 由主办机关和相关机关同时归档原件

D. 由主办机关和相关机关同时保存复制件

23. 根据公文处理有关规定，下列关于公文格式页码的说法，不正确的有（　）。

A. 一般使用4号半角宋体阿拉伯数字，编排在公文版心下边缘之下，数字左右各放一条一字线

B. 信函首页不显示页码

C. 公文的版记页前有空白页的，空白页和版记页不编排页码

D. 公文的附件与正文一起装订时，页码可以不连续编排

24. 关于复制、输出电子公文，下列说法中错误的是（　）。

A. 复制、输出的电子公文视同原件管理

B. 复制电子公文不必标注相关复制信息

C. 输出电子公文应当控制输出数量和去向

D. 复制、输出涉密电子公文应当履行审批手续

25. 寄递国家秘密载体时，可以通过（　）传递；指派专人传递时，要选择安全的交通工具和交通路线，并采取安全保密措施；设有机要文件交换站的城市，可以通过机要交换站传递涉密载体。

A. 普通邮政部门　　B. 顺丰快递

C. EMS　　D. 机要交通或机要通信部门

26. 关于涉密电子印章载体的销毁，下列说法中错误的是（　）。

A. 应当履行清点、登记、审批手续

B. 由保密主管部门统一组织销毁

C. 销毁时安排专人做好监销工作

D. 由使用单位自行组织销毁

27. 收文办理的程序依次是（　）。

A. 签收、登记、初审、承办、传阅、催办、答复

B. 签收、登记、答复、初审、承办、传阅、催办

C. 签收、初审、登记、承办、传阅、催办、答复

D. 签收、承办、初审、登记、传阅、催办、答复

28. 以下哪一项不属于公文办理中“催办”的内容（　）。

A. 及时了解掌握公文的办理进展情况

B. 及时交办并督促承办部门按期归档

C. 督促承办部门按期办结

D. 紧急公文应当由专人负责催办

29. 根据集团公司党组关于解决形式主义突出问题为基层减负的重点措施，科学确定文件层级，一般性工作安排、专业领域工作要点或工作方案等以（　）形式行文。

A. 正式文件　B. 内部明电　C. 工作表单　D. 电子邮件

30. 根据《中共中国石油化工集团有限公司党组贯彻落实中国共产党重大事项请示报告条例实施办法》，下列事项属于直属单位党委向集团公司党组报备的是（　）。

A. 党委规范性文件

B. 开展劳动竞赛、合理化建议、岗位练兵等群众性活动

C. 团委活动

D. 公司职工提案的审议

得　分	
评分人	

二、判断题（第 31 题 ~ 第 60 题。将判断结果填入括号内。正确的打“√”，错误的打“×”。每题 0.5 分，满分 15.0 分。）

31. 中国特色社会主义事业总体布局“五位一体”总体布局的内容是：经济建设、政治建设、文化建设、社会建设、生态建设。（　）

32. “不忘初心、牢记使命”主题教育的总要求是：守初心、担使命，找差距、抓落实。（　）

33. 公文一般应当经本机关办公厅（室）主任审批签发。（　）

34.《党政机关公文处理工作条例》规定“意见适用于对重要问题提出见解和处理办法”，意见不能用于平行文。（ ）

35. ×× 单位给予 ×× 职工警告处分时，应选用的文种是意见。（ ）

36. 某企业员工见义勇为事迹在社会上引起强烈反响，其所属企业以通报的形式在企业范围内进行表彰。（ ）

37. ×× 单位对 ×× 爆炸事故进行评价分析、指出严重后果、作出某种决定时，使用的公文种类是通知。（ ）

38. ×× 单位向上级机关汇报 2018 年度经济技术指标完成情况时，使用的公文种类是请示。（ ）

39. 非隶属关系的甲公司向乙公司发送公文标题为《关于赴贵公司协商 ×× 工作的通知》，乙公司办公室可以不予受理。（ ）

40.“公文的主旨要直截了当、开宗明义、清楚明白的表述出来，绝不能含蓄蕴藉、绕弯子、有歧义”中无错处。（ ）

41. 按照行文方向不同，可将公文分为上行文、下行文。（ ）

42. 向上级机关行文，原则上主送一个上级机关，根据需要同时抄送相关上级机关和同级机关，不抄送下级机关。（ ）

43. 党委、政府的办公厅（室）根据本级党委、政府授权，可以向下级党委、政府行文，其他部门和单位不得向下级党委、政府发布指令性公文或者在公文中向下级党委、政府提出指令性要求。（ ）

44.《党政机关公文格式》（GB/T 9704—2012）规定，公文标注份号空两格编排在版心左上角第一行。（ ）

45.《中国石化公文处理规范》格式要求中包括版面、版头、主体、版记、页码、印制、签收、登记、归档等内容。（ ）

46. 根据公文处理有关规定，三个机关联合上行文，按发文机关顺序编排签发人姓名，每行一般排两个签发人姓名，两个签发人姓名中间空 1 字。首行签发人姓名编排在发文机关标志下空一行位置。（ ）

47. 公文的废止，由发文机关、上级机关或者权力机关根据职权范围和有关法律法规决定。公文被废止的，视为自始无效。（ ）

48. 机要通信的准寄类别中的文件、刊物类，是指使用机要专用封装用品封装的标注密级、编号和收发件单位名称的国家秘密载体。（ ）

49. 石油石化行业国家秘密范围包括绝密级、机密级、秘密级，石油石化企业军用石油石化产品生产、销售、运输、储备计划和执行情况的密级为机密级。（ ）

50. 党政机关电子公文比纸质公文效力低。（ ）

51. 非涉密的电子公文系统，应当在建设实施时同步开展系统安全建设工作，落实安全管理制度和安全防护技术措施。（ ）

52. 电子印章的治安管理由监察机关负责。（ ）

53. 集团公司、股份公司、总部各部门的印章，各直属专业公司和临时机构的印章，各企事业单位、股份公司各分（子）公司的印章均由集团公司启用。（ ）

54.《中共中国石油化工集团有限公司党组贯彻落实中国共产党重大事项请示报告条例实施办法》仅适用于集团公司党组向党中央、直属单位党委向集团公司党组，以及领导干部向党组织请示报告重大事项相关活动。（ ）

55. 定密工作坚持“最小化、全程化、精准化”的原则，做到权责明确、依据充分、程序规范、及时准确，即确保秘密安全，又有利于信息资源合理利用，保障各项工作顺利开展。（ ）

56. 为加快文件办理速度和落实进度，应充分利用信息化手段，必要时可以通过微信、QQ 等聊天工具传阅公文。（ ）

57. 根据《关于企业践行“马上就办”工作的指导意见》（中国石化企〔2018〕413 号）要求，企业坚持以效率为导向，以问题为中心，抓实抓细“马上就办”重点内容，切实收到“小支点撬动大格局”的效果。（ ）

58.“党委书记刘胜利上任后，果断处理了公司以前一些遗留的信访稳定问题”这句话有语病。（ ）

59. 根据集团公司党组关于解决形式主义突出问题为基层减负的重点措施，发扬“短实新”文风，压缩文件篇幅，政策类文件原则上不超过 4000 字。（ ）

60. 根据《关于企业践行“马上就办”工作的指导意见》(中国石化企〔2018〕413号),部门和基层单位报送的请示类文件,企业领导一般应在3个工作日内签批。 ( )

得 分	
评分人	

三、多选题(第61题~第100题。选择一个或多个正确的答案,将相应的字母填入题内的括号中。每题1分,满分40.0分。)

61. 以下选项属于“四个全面”战略布局内容的是( )。

A. 全面建设小康社会　　B. 全面深化改革

C. 全面依法治国　　D. 全面从严治党

62. 关于集团公司“两个三年、两个十年”,下列说法正确的是( )。

A. 从2018年至2020年,决胜全面可持续发展

B. 从2021年至2023年,公司成立40周年时,迈上高质量发展阶段

C. 2035年前,公司成立50周年前后,建成世界一流能源化工公司

D. 到本世纪中叶,公司成立60周年前后,建成基业长青的世界一流能源化工公司

63. “不忘初心　牢记使命”主题教育要达到理论学习有收获、( )的目标。

A. 思想政治受洗礼　　B. 干事创业敢担当

C. 为民服务解难题　　D. 清正廉洁作表率

64. 下列公文文种选择正确的是( )。

A. 各级机关之间商洽工作、询问和答复问题、请求批准和答复审批事项应使用的文种是函

B. 向上级机关汇报工作、反映情况,回复上级机关的询问应使用的文种是报告

C. 表彰先进、批评错误、传达重要精神和告知重要情况应使用的文种是通告

D. 发布、传达要求下级机关执行和有关单位周知或执行的事项，批转、转发公文应使用的文种是通知

65. 下列公文文种中，可以用于上行文的有（　）。

A. 意见　　B. 命令　　C. 请示　　D. 报告

66. 下列属于决定的适用情况有（　）。

A. 对重要事项作出决策和部署

B. 奖惩有关单位和人员

C. 嘉奖有关单位和个人

D. 撤销下级机关不适当的决定事项

67. 关于下行文的标题，表述正确的标题有（　）。

A. 关于 ××× 情况的报告

B. 关于贯彻 ×× 办 ×× 号发文的通知

C. 关于贯彻 ××× 会议精神的通知

D. 关于下达 ××× 的通知

68. 根据公文处理有关规定，公文中首次引用文件，按照引用文件的规范要求，写法错误的是（　）。

A.《关于进一步加强调查研究工作的意见》（××〔2019〕054 号）

B.《关于进一步加强调查研究工作的意见》（××[2019]54 号）

C.《关于开展 ××× 活动的通知》（××〔2019〕第 54 号）

D.《关于开展 ××× 活动的通知》（××〔2019〕第 054 号）

69. 根据公文处理有关规定，以下哪类文件可以不加附件说明？（　）

A. 报送类　　B. 批转类　　C. 转发类　　D. 印发类

70. 根据公文处理有关规定，关于成文日期的数字，描述正确的是（　）。

A. 成文日期的数字可使用汉字

B. 成文日期的数字应使用阿拉伯数字

C. 年份应当标全

D. 月、日不编虚位

71. 根据公文处理有关规定，关于正文首层标题的描述，正确的是（　）。

A. 第一层标题结尾加句号

B. 第一层标题结尾不加标点符号

C. 第一层标题字体为楷体

D. 第一层标题的层次序号为“一、”

72. 根据公文处理有关规定，关于附件说明的格式，编排错误的是（　）。

A. 附件：××××××　　B. 附件：××××××。

C. 附件：1.《××××××》　　D. 附：1.××××××

73. 根据公文处理有关规定，下列关于页码的表述，正确的是（　）。

A. 页码一般用 4 号半角宋体阿拉伯数字

B. 公文的附件与正文一起装订时，页码应当连续编排

C. 信函首页也应标注页码

D. 信函首页不标注页码

74. 根据公文处理有关规定，下列关于主送、抄送机关的位置，正确的是（　）。

A. 主送机关编排于标题下空一行位置，居左空两格

B. 主送机关编排于标题下空一行位置，居左顶格

C. 抄送机关在印发机关和印发日期之上一行、左右各空一字编排

D. 抄送机关在印发机关和印发日期之下一行、左右各空一字编排

75. 行文应当确有必要，讲求实效，注重（　）。

A. 领导决定　　B. 针对性　　C. 部门意见　　D. 可操作性

76. 下列有关行文关系的说法正确的是（　）。

A. 一般不得越级行文

B. 行文关系根据机关的大小确定

C. 行文关系根据职权范围确定

D. 行文关系根据隶属关系确定

77. 关于行文规则，下列说法正确的是（　）。

A. 不可越级行文，必要时须逐级上报

B. 特殊情况可越级行文，但应当同时抄送被越过机关

C. 各单位在各自职权范围内，可以相互行文

D. 部门之间可以通过电话、面谈解决问题的，不得行文

78. 向下级机关行文，应当遵循以下规则（　）。

A. 主送受理机关，根据需要抄送相关机关

B. 重要行文应当同时抄送发文机关的直接上级机关

C. 党委、政府的部门在各自职权范围内可以向下级党委、政府的相关部门行文

D. 上级机关向受双重领导下的下级机关行文，必要时抄送该下级机关的另一个上级机关

79. 根据公文处理有关规定，对加盖印章的公文，以下关于联合发文机关署名格式描述正确的是（　）。

A. 一般将各发文机关署名按照发文机关顺序整齐排列在相应位置

B. 主办机关位置在前

C. 每排最多 2 个印章

D. 两端不得超出版心

80. 公文发放范围进行调整的情况有（　）。

A. 机关合并

B. 机关撤销

C. 机关新设立，并向本级党委、政府的办公厅（室）提出发文立户申请，经审查符合条件的

D. 未经过审查的新设立机关

81. 根据公文处理有关规定，关于会议纪要，描述正确的是（　）。

A. 会议纪要不需要加盖印章

B. 纪要不写主送机关

C. 纪要标志由“×××××纪要”组成

D. 纪要须写主送机关

82. 关于制发文件下列说法正确的是（ ）。

A. 凡总部规章制度已作出明确规定的，一律不再制发文件

B. 总部现行文件规定仍然适用的，不再重复发文

C. 总部规章制度有相关规定的，必要时需制发文件予以明确

D. 总部现行文件规定仍然适用的，必要时需制发文件予以明确

83. 下列关于工作表单的描述正确的是（ ）。

A. 一般日常性工作主要包括内部关联交易、原料互供安排、调度令、计划调整等专项业务

B. 定期或日常性的工作安排、工作计划、工作总结和情况通报

C. 在公司内部具有规范性文件同等的作用

D. 适用于公司内部

84. 向集团公司报送请示性公文，下列做法正确的是（ ）。

A. 应给总部及总部部门留出研究决策的时间

B. 除突发事件或领导同志另有交代的以外，紧急事项应在正文中注明紧急原因

C. 不得通过限时件报送非紧急事项

D. 特殊情况下，可以通过紧急公文方式报送非紧急事项

85. 主送集团公司党组、集团公司、股份公司的公文，下列做法正确的是（ ）。

A. 由集团公司办公厅（文件处）统一接收

B. 同时按总部部门职权范围报送相关部门

C. 不得直接报送总部其他部门

D. 通过限时件、紧急公文方式报送

86. 集团公司电子公文管理规定，加强公文接收打印环节的管理，特别是接收带有“红头”“红章”的公文，遇到字体、行间距等明显偏差的，下列做法正确的是（ ）。

A. 及时联系文件制发部门确认

B. 及时联系总部文件制发部门寄送纸质文件

C. 与总部公文系统管理人员联系更换打印设备

D. 与文件制发部门一起查找解决问题，确保文件准确规范

87. 下列关于电子公文的表述正确的是（　）。

A. 与相同内容的纸质公文具有同等的行政效力

B. 与相同内容的纸质公文具有同等的法律效力

C. 行政效力低于相同内容的纸质公文

D. 法律效力低于相同内容的纸质公文

88. 复制的电子公文，应当（　）。

A. 视同原件管理

B. 涉密的，按照相应密级的纸质文件管理规定执行

C. 复制公文无需进行管理监督

D. 标注相关复制信息

89. 电子公文整理归档保管期限中，定期一般分为（　）。

A. 5　　B. 10　　C. 20　　D. 30

90. 公文的归档范围有以下哪几类（　）。

A. 本机关产生、撰写的指示、决议、请示、报告、计划、总结等

B. 本机关收到的重要文件、电报、内部事项、电话记录等

C. 下级报来的请示、报告、上级针对本机关工作的指示、批示、批复等

D. 本机关编印的出版物、图表、账簿等以及反映本机关活动的照片、录音、录像、影片等声像资料

91.《中国石化公文处理规范》流程要求中的“发文流程”包括（　）。

A. 拟稿　　B. 核稿

C. 签发　　D. 排版、校对、印制、分发

92. 中国石化商业秘密保护范围主要包括（　）。

A. 战略规划、管理方法、商业模式、改制上市、并购重组、产权交易等经营信息

B. 财务信息、投融资决策、产购销策略、资源储备、重要客户信息、招投标标底等经营信息

C. 科研、设计、程序、流程等技术信息

D. 产品配方、制作工艺、制作方法、技术诀窍等技术信息

93. 一份中国石化普通商密文件保密期限是10年，密级标识错误的是（　）。

A. 中国石化 商密▲ 10年　　B. 中国石化 商密 10年▲

C. 中国石化 商密★ 10年　　D. 中国石化 商密 10年★★

94. 根据《中共中国石油化工集团有限公司党组贯彻落实中国共产党重大事项请示报告条例实施办法》，下列关于请示报告内容的规定，正确的是（　）。

A. 具有实质性内容和参考价值

B. 内容翔实准确，注意修辞技巧

C. 有助于党中央、集团公司党组了解情况、科学决策

D. 力戒空洞无物、评功摆好、搞形式主义

95. 关于“截止”和“截至”，用法错误的是（　）。

A. 截至2018年11月1日　　B. 截止2018年11月1日

C. 截止目前，××××　　D. 截至目前，××××

96. 关于括号，用法正确的是（　）。

A. 中国石化×××有限公司（简称×××公司）

B. 中国石化×××销售有限公司简称（×××公司）

C. 根据×××会上提出的相关工作要求（详见会议纪要）

D. 按照上级文件精神，我司连续召开三次专题会，并做出了相关问题的处理决定（会议讨论充分，记录详实，具体决定详见会议纪要）

97. 以下有语病的是（　）。

A. 我们肩负着培养大批德才兼备的年轻干部队伍的任务

B. 勤奋的工作换来了丰厚的成果

C. 保护国家、集体和公民的合法权益

D. 凡国有资产严重流失的企业，一概追究领导责任

98.《关于企业践行“马上就办”工作的指导意见》（中国石化企〔2018〕413号）中，要求以提高办文效率为重点，企业应（　）。

A. 优化内部文件流转程序　　B. 明确各环节时限要求

C. 提高办文效率　　D. 推动内部管理规范高效

99. 贯彻落实党组关于解决形式主义突出问题为基层减负的重点措施，下列说法中正确的是（　）。

A. 为切实减轻基层负担，避免层层发文，各企业不再承接总部的制度和规定

B. 贯彻落实公司和部门文件，可结合实际制定务实管用的举措

C. 除总部文件有明确规定外，不再要求企业制定贯彻落实意见和实施细则

D. 以工作表单部署的工作，一般不要求各单位以正式文件报告有关情况

100. 转变文风作风，下列做法正确的是（　）。

A. 严格落实中央八项规定精神和党组实施细则

B. 简化领导同志职务称谓，一般称同志，不使用“尊敬的”

C. 对领导同志批示、讲话、工作部署等，不使用“重要指示”“重要批示”“重要讲话”等表述

D. 一般情况下，不得向领导同志个人报送公文

得　分	
评分人	

四、案例分析与写作题（第 101 题 ~ 第 103 题。每题 10 分，满分 30.0 分。）

101. 下面是《东风石化公司关于加强知识产权工作的指导意见》文件，请按照公文处理有关规定，找出其错误之处并提出修改意见。

东风石化公司文件

东风石化企〔2018〕23号　　　　签发人：张小强

东风石化公司关于加强
知识产权工作的指导意见

2019年8月16日，集团公司召开了知识产权工作会议，王小明副总经理作了极为重要的讲话，强调科技创新是企业立身之本，加强知识产权工作是强企之路。××××。

为深入贯彻落实集团公司加强企业知识产权工作会议精神，结合东风石化公司（以下简称东风石化）实际，现就加强知识产权工作提出以下意见：

一、成绩与不足

东风石化成立50年来，经过几代人的奋斗，知识产权工作成绩显著：××××。

同时也要看到知识产权工作中还存在一些不足：××××。

二、指导思想与总体要求

指导思想是：××××。

总体要求是：××××。

三、充分认识加强知识产权工作的重要意义

知识产权是公司的智力劳动成果，是公司的重要资产和宝贵财富。××××。

四、全面启动知识产权战略研究制定工作

××××，努力在 2019 年底前制定并实施东风石化知识产权战略。

知识产权战略研究制定工作时间表（2019 年）

时间	8 月	9 月	10 月	11 月	12 月
任务	调研、列出提纲	讨论提纲	完成初稿	征求意见、修改	印发执行

五、加强知识产权创造和应用力度

（一）知识产权创造方面。要持续完善和深入实施东风石化知识产权战略，一以惯之，久久为功，××××。

（二）知识产权应用方面。要充分发挥知识产权法律制度，加大创新成果的知识产权确权工作，××××，切实推进知识产权成果的广泛应用。

六、加强人才队伍建设

一是重视人才培养。××××。2020 年起连续 5 年，每年将投入 1～1.5 亿元，全部用于××××。

二是加强队伍建设。××××。2020 年起连续 5 年，每年将××××。

东风石化公司

2019 年 9 月 10 日

102. 下面是东风石化公司有关部门起草的一份通知初稿，请按照公文处理有关规定，找出其错误之处并提出修改意见。

东风石化公司关于进一步做好××发展规划工作的通知

公司发展规划处、生产经营管理处、人事处、科技处、信息化管理处、工程处、安全环保处，炼油厂、化工厂、橡胶厂、储运分公司：

根据集团公司近日印发的“集团规发〔2019〕88 号《集团公司关于持续做好××发展规划工作的通知》”精神，以及公司党委副书记、常务副总经理李晓军指示要求，现将进一步做好公司××发展规划工作要求通知下：

一、以××、××为主体，加快组建公司工作团队，对下属单位采取市场化的方式进行运作，公司系统内人力资源可统筹调配，2019 年 12 月底务必组成正式团队。这项工作一定要抓紧，不是说今年剩下的几个月要抓紧，明年也要抓紧，在正式规划方案完成之前，一天也不要放松，各单位一定要记住这一点。

二、抓紧完成咨询和设计资质获取工作：可采取合作挂靠、按规定程序申办及收购等三种方式进行，××××。无论何种方式，都务必保障程序的正当性，不得因时间紧或其他原因，逾越程序，违反规定，造成了不良后果。在制定××发展规划中，务必坚持“有所为，有所不为”，进一步聚焦主业方向，推动产业发展。

1

三、做好技术支持工作。针对存在的技术难题，××××。

四、抓好人员培训工作。人事处制定2020年培训计划时，要考虑如何解决发展规划工作卡脖子问题。××××。

五、要统筹考虑××发展规划。要做到主业与辅业的协调，现在与未来的统一，××××。

（一）××××。

（二）××××。

六、其他要求。

1.××××。

2.××××。

东风石化公司

2019年09月12日

2

103. 请根据以下背景资料，按照“函”的写作格式要求，以“中国石化集团公司”名义拟写一篇给“××省人民政府”的函文稿，字数不低于300字、不超过500字（拟稿时不必考虑字体字号行间距等因素）。

1. 中国石化集团公司建设的华北输气管道二期工程自2018年3月开始，历时17个月，已于2019年8月基本建成，并拟于11月10日前投产。

2. 华北输气管道二期工程是国家重点工程，横跨××省7个市，将在保障华北部分省市2019—2020年采暖季天然气供应中起着重要作用。

3. 华北输气管道二期工程需在投产前完成消防预验收和验收工作。中国石化集团公司商请××省人民政府协调相关单位在2019年10月31日前完成预验收与验收工作。

2019年中国石化公文处理业务竞赛试题总部部门（专业公司）试卷题参考答案

一、单选题

1. B　2. A　3. C　4. D　5. A　6. A　7. A　8. D　9. A　10. A　11. D
12. D　13. C　14. B　15. C　16. C　17. B　18. D　19. B　20. C　21. C
22. D　23. A　24. B　25. C　26. C　27. A　28. B　29. A　30. A

二、判断题

31. ×　解析：中国特色社会主义事业总体布局“五位一体”的内容是：经济建设、政治建设、文化建设、社会建设、生态文明建设。

32. √

33. ×　解析：公文应当经本机关负责人审批签发。

34. ×　解析：意见能用于平行文的文种。

35. ×　解析：××单位给予××职工警告处分时，应选用的文种是决定。

36. √

37. ×　解析：××单位对××爆炸事故进行评价分析、指出严重后果、作出某种决定时，使用的公文种类是通报。

38. ×　解析：××单位向上级汇报2018年度经济技术指标完成情况时，使用的公文种类是报告。

39. √　40. √

41. ×　解析：按照行文方向不同，可将公文分为上行文、下行文、平行文。

42. √　43. √

44. ×　解析：公文标注份号顶格编排在版心左上角第一行。

45. ×　解析：《中国石化公文处理规范》格式要求中包括版面、版头、主体、版记、页码等内容。

46. × 解析：三个或三个以上机关联合上行文，“签发人”三字和全角冒号与首行签发人姓名编排在发文机关标志下空二行位置，按发文机关顺序编排签发人姓名，每行一般排两个签发人姓名，两个签发人姓名中间空 1 字。回行时，每行签发人姓名的第一个字都要对齐，为使人名对齐，两个字的人名中间须空 1 字。发文字号应始终与最后一个签发人姓名处于同一行。

47. × 解析：公文被废止的，视为自废止之日起失效。

48. √ 49. √

50. × 解析：党政机关电子公文与纸质公文具有同等效力。

51. √

52. × 解析：电子印章的治安管理由公安机关负责，具体规定由公安部门会同有关部门另行制定。

53. × 解析：各企事业单位、股份公司各分（子）公司的印章由各单位自行启用。

54. × 解析：该办法适用于集团公司党组向党中央、直属单位党委向集团公司党组，以及党员、领导干部向党组织请示报告重大事项相关活动。

55. √

56. × 解析：严格遵守保密规定，不得在微信、网络上发布、传递涉密信息、内部信息和公文内容。

57. × 解析：会签部门应当在 3 个工作日内完成会签，意见有分歧的，应当在 3 个工作日内提出书面意见反馈主办部门。

58. × 解析:《中国石化公文处理规范》流程要求的中“内部文书流程”指的是签报、工作表单流程。

59. × 解析：发扬“短实新”文风，压缩文件篇幅，政策类文件原则上不超过 3500 字。

60. √

三、多选题

61. ABCD 62. ABCD 63. ABCD 64. BD

65. ACD　66. ABD　67. CD　68. ABCD
69. ABCD　70. BCD　71. BD　72. BCD
73. ABD　74. BC　75. BD　76. ACD
77. ABCD　78. ABCD　79. ABD　80. ABC
81. ABC　82. AB　83. ABCD　84. ABC
85. AC　86. ABCD　87. ABCD　88. AB
89. ABD　90. BD　91. ABCD　92. ABCD
93. BCD　94. ACD　95. BC　96. ACD
97. BD　98. ABCD　99. BCD　100. ABCD

四、案例分析与写作题

略

2019年中国石化公文处理业务竞赛试题企业试卷题答案

一、单选题

1. B　2. A　3. C　4. D　5. A　6. A　7. A　8. D　9. A　10. A　11. D
12. D　13. C　14. B　15. C　16. C　17. B　18. D　19. B　20. C　21. C
22. B　23. D　24. B　25. D　26. D　27. A　28. B　29. C　30. A

二、判断题

31. ×　解析：中国特色社会主义事业总体布局“五位一体”的内容是：经济建设、政治建设、文化建设、社会建设、生态文明建设。

32. √

33. ×　解析：公文应当经本机关负责人审批签发。

34. × 解析：意见能用于平行文的文种。

35. × 解析：× × 单位给予 × × 职工警告处分时，应选用的文种是决定。

36. √

37. × 解析：× × 单位对 × × 爆炸事故进行评价分析、指出严重后果、作出某种决定时，使用的公文种类是通报。

38. × 解析：× × 单位向上级汇报 2018 年度经济技术指标完成情况时，使用的公文种类是报告。

39. √ 40. √

41. × 解析：按照行文方向不同，可将公文分为上行文、下行文、平行文。

42. √ 43. √

44. × 解析：公文标注份号顶格编排在版心左上角第一行。

45. × 解析：《中国石化公文处理规范》格式要求中包括版面、版头、主体、版记、页码等内容。

46. × 解析：三个或三个以上机关联合上行文，“签发人”三字和全角冒号与首行签发人姓名编排在发文机关标志下空二行位置，按发文机关顺序编排签发人姓名，每行一般排两个签发人姓名，两个签发人姓名中间空 1 字。回行时，每行签发人姓名的第一个字都要对齐，为使人名对齐，两个字的人名中间须空 1 字。发文字号应始终与最后一个签发人姓名处于同一行。

47. × 解析：公文被废止的，视为自废止之日起失效。

48. √ 49. √

50. × 解析：党政机关电子公文与纸质公文具有同等效力。

51. √

52. × 解析：电子印章的治安管理由公安机关负责，具体规定由公安部门会同有关部门另行制定。

53. × 解析：各企事业单位、股份公司各分（子）公司的印章由各单位自行启用。

54. × 解析：该办法适用于集团公司党组向党中央、直属单位党委向集团公司党组，以及党员、领导干部向党组织请示报告重大事项相关活动。

55. √

56. × 解析：严格遵守保密规定，不得在微信、网络上发布、传递涉密信息、内部信息和公文内容。

57. × 解析：企业要精准把握“马上就办”重点内容，坚持以问题为导向，以效率为中心，抓实抓细“马上就办”重点内容，切实收到“小支点撬动大格局”的效果。

58. √

59. × 解析：发扬“短实新”文风，压缩文件篇幅，政策类文件原则上不超过3500字。

60. √

三、多选题

61. ABCD 62. ABCD 63. ABCD 64. BD 65. ACD 66. ABD 67. CD
68. ABCD 69. ABCD 70. BCD 71. BD 72. BCD 73. ABD 74. BC
75. BD 76. ACD 77. BCD 78. ABCD 79. ABD 80. ABC 81. ABC
82. AB 83. ABCD 84. ABC 85. AC 86. AD 87. AB 88. ABD 89. BD
90. ABCD 91. ABCD 92. ABCD 93. BCD 94. ACD 95. BC 96. ACD
97. ABCD 98. ABCD 99. BCD 100. ABCD

四、案例分析与写作题

略